KB069712

니모놀로지
mnemonology

기억 전략의 심리학

Mnemonology: Mnemonics for the 21st Century

(Essays in Cognitive Psychology)

by James B. Worthen, and R. Reed Hunt

니모놀로지
mnemonology
기억 전략의 심리학

James B. Worthen · R. Reed Hunt 공저

이재호 · 최윤경 공역

학지사

Ⓜ 역자 서문

우리는 환경의 정보를 지속적으로 보유하는 수단으로 기억의 능력을 발전시켜 왔다. 좋은 기억력은 자신의 지적 능력을 가늠하는 준거가 되며 다른 사람들의 선망의 대상이 된다. 그러한 기억은 인간의 인지 능력의 중요한 부분을 차지하며, 우리는 보다 기억을 잘하기 위해서 다양한 전략을 사용하였다. 그 전략이 기억술인 것이다. 기억의 능력을 향상시키는 기억력에 대한 관심은 지대하지만 정작 기억이 무엇인지, 그 기억 전략인 기억술에는 어떤 기억 특성이 작용하고 있는지에 대한 관심은 그렇게 높지 않다. 이 책은 기억을 잘하기 위한 전략을 알려 주기보다는 기억술에 대한 기억의 본질에 대한 심리학을 알려 주고자 하는 것이다.

현대의 문화, 기술, 과학 등의 획기적인 변화가 일어나면서 인간의 기억에도 많은 변화가 일어나고 있다. 과거에는 기억할 정보를 직접 기억해야 했지만 이제는 모든 기억이 인간이 만든 도구인 기계에 내재되어 있고 인간은 그 도구가 지닌 기억을 선택하기만 하면 된다. 예를 들어, 과거에는 전화번호를 직접 기억하든지 수첩에 기록하여 기록된 장소를 기억하여야 했다. 그러나 이제는 키워드만 사용하면 그 사람과 전화번호를 인출할 수 있다. 그래서 과거에는 사람과 전화번호를 동시에 기억하였지만 이제는 사람 이름과 비밀번호나 키워드만 기억할 뿐이다.

이 책은 단순히 심리학 일반이나 인지심리학에서 볼 수 있는 기억술만을 다루고 있지 않다. 기억술이 어디서 흘러왔는지를 명확하게 보여 주고 있다. 그 과정에서 기억술이 사회나 문화의 배경에서 어떤 역할을 하고 있으며, 어떤 변화의 과정을 겪었는지도 면밀하게 보여 준다. 또한 기억술이 기억의 기초적 연구에 연관되는 내용을 자세하게 다루고 있으며, 나아가 인지재활이나 교육 분야 등에의 적용 측면도 소개하고 있다.

이 책에는 심리학을 처음 접하는 독자에게는 다소 어려운 용어가 등장한다. 그러나 기억술 자체가 일상에서 일어나는 기억의 활동이므로 심리학에 대한 기본 지식만 지니고 있다면 이 책은 심리학의 다음 단계를 위한 디딤돌이 될 수 있으며, 심리학 일반, 인지심리학, 기억심리학, 인지재활, 교육 인지의 영역으로 확장시킬 수 있는 지식을 제공한다.

이 책을 번역하는 동안 도움을 주신 분들이 있다. 초고를 꼼꼼하게 읽고 수정해 준 임용현 선생님과 최순심 선생님께 감사를 드린다. 또한 이 책은 학지사의 김진환 사장님의 적극적인 도움이 없었다면 세상에 태어나지 못했을 것이다. 그 산파의 역할을 해 주신 학지사 관계자 여러분께도 감사를 드린다.

2014년
사회관 연구실에서
이재호, 최윤경

Ⓜ 저자 서문

심리학을 전공하는 교수나 강사가 기억술과 관련된 주제에 조심스레 접근하는 것은 드문 일이 아니다. 심리학 교양이나 인지심리학 과정에서 기억술 강의는 어느 정도 오랜 전통임을 고려해야 한다. 그 전통을 수용하더라도 전체적인 기억술의 유용성과 기억술 교육에는 회의적일 수 있다. 시간이 지나면서 기억술의 정의는 좁아지고, 그 주제에 대한 열정의 결핍으로 이 고전적 예술은 역사적인 호기심으로 폄하되었다. 이런 결과로 기억술은 지난 20년 동안 경험 심리학의 영역 밖에 놓여 있었다. 우리는 이 책을 통해 심리학 연구자, 교육자 그리고 심리학 전공 학생들에게 그 주제의 비옥함을 보여 주어 기억술에 대한 흥미를 되살리고자 한다.

우리는 이 프로젝트를 제안하고 진행하는 과정에서 조언을 주신 로디 뢰디거(Roddy Roediger)께 감사드린다. 러셀 카니(Russell Carney)는 원고를 읽고 다른 두 분의 심사자처럼 최종 원고가 완성되도록 건설적인 고견을 주셨다. 심리학 출판사의 폴 듀크(Paul Dukes)와 스테판 드류(Stephanie Drew)는 우리가 원하는 모든 지원과 격려를 아끼지 않으셨다. 그들의 노력은 이 책을 완성하는 데 값진 도움이 되었다.

M 차 례

Mnemonology
01 근대 심리학에서 기억술이 설 자리는 있는가 _ 13

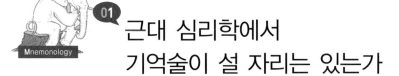

근대 심리학에서
기억술이 설 자리는 있는가

기억술(mnemonics: 기억 수행을 잘 하기 위한 전략적 방법—역
자 주)은 유별난 발명품이다. 어떤 인공물도 이미 완벽하
게 자연적인 형태로 기능하는 자연적인 심리적 과정만을 돕도록
만들어진 경우는 없었다. 여기서 말하는 자연적인 심리적 과정이
바로 기억(memory)이다.

기억술이 존재하는 이유는 많은 사람이 노력을 기울인 기억의 중
요성을 검증하는 데 있다. 그러나 미묘하게도 기억술의 창조에는
자연적으로 진화된 생물이나 심리적 과정의 기억이 많은 기억 활동
을 성취하는 데 부적절하다는 믿음이 숨어 있다. 우리는 자연적인
과정에서 감지된 결핍을 보상하기 위해서 기억술 기법(mnemonic
techniques)이라는 인공물을 발명하였다.

기억술 장치의 발달과 사용은 매우 오랜 역사를 지니고 있다. 이 기간 동안 많은 구체적인 기법이 고안되었으며, 이들 중의 몇몇은 효율성 인증과 함께 어느 정도 진정한 의미의 인공 기억 보철물로 믿어져 왔다. 대부분의 사람이 자신의 기억이 자신이 생각하는 만큼 뛰어나지 않다고 믿는다면, 기억술에 대한 폭넓은 교육과 열정을 예견할 수 있다. 비록 역사적으로는 그러한 사례가 있었지만 현재는 그렇지 않다. 왜 그러한가? 이것이 우리가 이 장에서 기억술 역사의 주요 장면을 간략하게 추적하고자 하는 이유다.

앞으로 알게 되겠지만, 기억술에 대한 열정은 수세기 동안 주기적으로 변해 왔다. 형식적으로 창안된 체계가 정교화, 복잡화되고 또한 이미 하나의 인공물로 취급되어 왔다. 기억술 사용에 대한 정서는 인공적인 기법과 자연적인 기억의 지각된 관계성에 따라 변했다. 비록 명확하게 정의할 수는 없지만, 자연기억은 역사적으로 자연적인 기억 과정으로 여겨지거나, 때로는 인공적인 개입이 없는 신이 부여한 것으로 묘사되기도 하였다(Yates, 1966). 기억의 긍정적인 견해는 자연적인 기억 과정을 보조하기 위해서 만들어진 예술이라고 믿는 것이며, 부정적인 견해는 기껏해야 책략을 양산하거나 나아가서 자연적인 과정을 방해하는 속임수라고 믿는 것이다. 이 장의 역사적 논의의 마지막에서 우리는 이러한 긴장에 직접 직면하게 될 것이며, 기억의 예술이 기억 과학의 주요 흐름으로 도입되는 근대적 융합 과정을 제시할 것이다.

✿ 기억술 사용의 초기 기록

인간이 지구상에 살고 있는 한, 기억에 의존하고 기억을 증진하려고 하였을 것이다. 초기 수렵사회는 한 해의 사냥감이나 식량이 위치한 장소를 파악하기 위해서 기억을 사용하였을 것이다. 실제로 외부(external) 기억술이 2만 8천 년 전에 사용되었다는 고고학적 증거도 있다(D'Errico, 2001). 외부 기억술은 기억을 증진시키기 위해서 주변 환경에 표시한 단서(cues)들이다. 외부 기억술의 현대적 사례는 달력의 날짜에 연필로 표시를 남기거나 동그라미를 치는 것이다. 구석기 시대의 원시인이 나무나 뼈에 주기적인 사건을 누적하여 표시하였다는 증거가 있다(Wynn & Coolidge, 2003). 비록 기록된 구체적인 사건은 알 수 없지만, 이들 원시적 기억술은 현대 사냥꾼이 야생 사냥감이 위치한 장소와 시각을 알기 위해서 달력을 사용하는 것과 매우 흡사하다. 예를 들어, 원시 사냥꾼은 동물의 이동주기를 도표로 그렸고, 계절마다 달라지는 음식 재료가 위치한 장소를 상기(上記)하는 기록을 사용하였을 것이다. 어떤 경우든지 이들의 원시적 외부 기억술이 근대에서 외부 기억술이 제공하는 작업기억의 부담을 감소시키고, 장기적 저장과 인출의 의존성을 최소화하는 것과 같은 기능을 제공했다고 믿을 수 있기에 흥미롭다(Wynn & Coolidge, 2003). 근대에서 사용한 외부 기억술은 2장에서 논의할 것이다.

⚙ 내부 기억술과 구전 문화

내부 기억술(internal mnemonic)은 정보의 초기 과정인 부호화를 증진시키도록 설계된 인지 전략이다. 만약 기억술이 부호화를 성공적으로 촉진시킨다면 정보의 저장과 인출도 당연히 촉진될 것이다. 마찬가지로 내적 기억술이 기억해야 할 정보를 준비하도록 하는 전략으로 사용된다고 본다면, 그 정보는 기억에 정리하여 보관할 수 있으며 필요할 때 쉽게 접근할 수도 있을 것이다.

심리적 과정, 특히 언어와 의사소통의 진화는 생물적 진화가 지니지 못했던 구체적인 기억을 요구하기도 한다(De Chardin, 1959). 초기 구전(혹은 구두, oral) 전통이 재생산적 기억에 있어야 한다는 요구는 잘 이행되었지만(예: Rubin, 1995; Yates, 1966), 자연적 기억이 그런 목적을 만족하도록 진화되지는 않았기 때문에 구전 장르를 발달시키고 유지하기 위해서 자연적인 과정을 위한 인위적 지원이 필요하였다. 알려진 문헌은 없지만 외부 기억술은 기억의 새로운 요구에 부합하여 이용할 수 없었던 것으로 보인다. 그런 기억을 지원하기 위한 인지적 전략의 발달은 새로운 사회문화적 요구에 부응하는 중요한 심리적 적응인 것이다.

다음에 보겠지만, 내부 기억술의 사용은 강력한 구전 전통을 지닌 고대 문화에서는 어디서나 볼 수 있었다. 사실, 구전성(orality: 말로 전달되는 언어-역자 주)에 관한 주요 이론은 구전 문화의 정의적 특징의 하나로 기억술의 사용을 포함하고 있다(Ong, 2002). 고대 웅변가들이 사용한 내부 기억술 중에서 시각적 심상(visual mental

imagery: 환경의 시각적 정보가 기억에 저장된 심적 상태-역자 주)이 그
대표 주제였다.

초기에 사용된 심상(imagery: 물리적 정보가 기억에 정신적 형상으
로 표상된 상태-역자 주) 기반 기억술의 사례는 서기 55년 전에 쓰여
진 마르쿠스 툴리우스 키케로의 『오라토리오(*De Oratore*)』에서 발
견되었다(Yates, 1966). 『오라토리오』에서 키케로는 마차 경기에서
주인의 승리를 기념하는 축하연에서 서정시를 낭독하도록 고용된
케오스의 시모니데스의 이야기를 전했다. 시모니데스의 공연 동안
주인은 시모니데스가 신화 속의 인물인 카스토르와 폴룩스를 과찬
한다고 여겨서 기분이 언짢았다. 결국 주인은 시모니데스에게 지
불하기로 약속한 경비의 반만 지불하고 나머지 반은 카스토르와
폴룩스에게 받으라고 하였다. 주인과 대면 후 시모니데스는 한 쌍
의 방문객에 의해서 연회장 밖으로 불려나왔다. 시모니데스가 연
회장을 떠난 직후 지붕이 무너져 내려서 주인과 그의 모든 손님은
죽어 버렸다. 시모니데스와 대화를 나누려던 방문객은 그의 생명
을 구하기 위해서 도착한 카스토르와 폴룩스라는 사실이 밝혀졌
다. 그 후 참사지역에서 시신을 수습하는 동안 사람들은 시신이 너
무 훼손되어 확인할 수 없다고 판단하였다. 그런데 시모니데스는
연회장에서 각 손님이 앉았던 위치를 회상할 수 있었고 각 시신을
확인할 수 있게 되었다.

이 경험에 근거하여 시모니데스는 처음으로 친숙한 장소의 심상
을 형성하는 기억술 체계를 발달시켰다(Yarmey, 1984). 이를 토대로
사람들은 순서 배열을 사용하여 마음으로 그린 친숙한 장소의 여러
위치에 기억해야 할 항목들을 심적으로 배치하였다. 회상하는 동안

에는 사람들이 마음으로 그린 친숙한 장소를 쉽게 재방문하여 기억된 항목을 인출하였다. 4장에서 보겠지만 이 기억술 기법은 현재 장소법(method of loci: 친숙한 물리적 장소에 기억할 정보를 배열하는 방법-역자 주)으로 알려졌고, 오늘날에도 여전히 사용되고 있다.

고대 그리스나 로마 웅변가들은 기억을 증진시키기 위해서 괴이한 심상(bizarre imagery: 새롭고 이상한 방식으로 만든 심상-역자 주)을 사용하였다. 가장 오래된 라틴어의『수사학 교과서(*Rhetorica Ad Herennium*)』는 발음을 기억하도록 지시(instruction)하는 대화를 제공하였다. 그런 지시의 핵심은 기억된 정보와 연상된 유머나 터무니없는 심상을 만들면 기억의 그 정보를 인출할 가능성이 최대화된다는 주장이다(Yates, 1966). 괴이한 심상의 사용은 기억과 인지 심리학에 관한 근대 교과서에서 다루는 여러 기억술 기법의 한 요소다. 괴이한 심상의 기억술적 효력(effectiveness)에 대한 근대의 연구는 3장에서 논의할 것이다.

✿ 중세 시대

기억술 전략의 과중한 사용은 중세에도 계속되었다. 이 시대에는 기억을 잘하는 것이 매우 숭상되었으며, 기억술 훈련은 교육 체계의 핵심 요소였다(Carruthers, 1990). 더욱이 이 시대의 법률가는 법률과 규범 전체를 다양한 기억술 기법으로 기억해야만 한다고 믿었다(Fentress & Wickham, 1992). 특히 흥미로운 것은 성 빅토르 위고(Hugo of St. Victor)가 옹호한 기억술 체계를 캐루더스(Carruthers,

2002)가 번안한 것이다. 선각자와 마찬가지로 성 빅토르 위고는 기억을 증진하기 위한 심상의 사용을 강력하게 옹호하였다.

그러나 성 빅토르 위고의 가르침에서 가장 두드러진 특징은 기억될 정보의 조직화(organization)를 강조한 것이다. 특히 그는 각기 다른 형태의 동전을 담은 주머니에서 매우 빠르면서도 잠시도 주저하지 않고 적절한 동전을 꺼내는 환전상의 주도면밀한 조직화 유추(analogy: 유사한 현상으로 다른 현상을 기술하거나 설명하는 과정–역자 주)를 사용하였다. 기억되는 정보도 그와 비슷하게 조직화될 것이라고 하였다. 엄격한 정신적 조직화인 기억될 정보는 기억에서 '특이한 위치(distinct location)'에 저장되었고, 간섭에서 벗어나 쉽게 인출되었을 것이다. 비록 고대 웅변가의 장소법이 심상 내에서 순서화된 장소를 제공하였지만, 성 빅토르 위고의 체계는 범주와 도식적 조직화(categorical and schematic organization) 같은 근대의 조직적 기억술 기법에 보다 강하게 연관된 것으로 보인다. 근대의 조직화 기법은 5장에서 논의할 것이다.

보다 제한적인 장소법에 상반되는 조직적 기억술(기억할 정보를 범주로 분류하여 기억하는 전략–역자 주)의 강조는 중세 시대의 한 유행으로 보인다. 캐루더스(Carruthers, 1990)에 따르면 장소법이 1세기와 12세기 사이에 인기가 시들했는데 마치 그 시대의 상술처럼 보였다고 하였다. 그 자리에 각운(rhyme) 같은 기억술 기법이 나타나기 시작했다. 물론 흥미를 끄는 것은 요한 갈란드가 옹호한 각운 기반 기억술 기법에 대한 캐루더스의 묘사다. 요한 갈란드는 사람들이 친숙하지 못한 용어의 의미에 대한 기억을 증진시키기 위해서 친숙하지 못한 용어와 친숙한 용어 사이의 소리 유사성을 사용한다고 하였다. 이 기법은 이차언어 습득을 증진하기 위해서 사용하는 근대의 핵심어법(keyword method: 기억할 단어의 발음의 유사성을 이용하는 기억술−역자 주)과 아주 비슷하다. 핵심어법은 4장에서 논의할 것이다.

기억술로서 괴이한 심상의 옹호가 중세를 거치면서 강하게 남았다. 캐루더스(Carruthers, 1990)는 이 점을 토머스 브래드워딘(Thomas Bradwardine, c. 1290~1349)이 별자리 황도 12궁(zodiac)을 기억하기 위해서 제안한 체계를 인용하여 기술하였다. 브래드워딘은 황도의 각 상징은 상호작용적 심상을 통하여 인접 상징을 연결할 수 있다고 주장하였다. 예를 들어, 사자, 처녀, 천칭, 전갈은 피투성이 사자가 아름다운 처녀를 공격하고 그녀의 팔이 전갈에 쏘여 매우 부어 있는 그 처녀는 천칭의 균형을 잡고 있다는 심상으로 연상되었다. 캐루더스는 브래드워딘이 제안한 모든 심상은 극단적이며 이러한 극단성은 "생소한 것이 친숙한 것보다 더 기억될 수 있다는 기억 심상의 기본 원리에 일치한다."라고 하였다(Carruthers, 1990, p. 134). 이것은 분명히 괴이성(bizarreness)이 중세에서는 기억술적 심상의 규범이었음을 시사한다. 이 브래드워딘의 체계는 5장에서 논의할 근대의 스토리 연결법(linking-by-story method)과 놀랄 정도로 비슷하다.

✿ 르네상스

장소법이 르네상스 동안 기본적으로 중요한 기억술로 재탄생한

것은 널리 알려진 사실이다(Carruthers, 1990; Engel, 1991). 고대 문서
에 대한 참고가 르네상스의 특징이라는 점을 감안하다면 몇몇 초
기 기억술이 이 시기에 재현된 것은 특별히 놀랄 만한 일은 아니다.
그렇지만 고대 문서에서 집중적으로 언급한 장소법을 알지 못했
던 사상가조차도 독립적으로 그 방법의 기본 원리에 도달할 수 있
었다는 사실은 놀랄 만하다(Engel, 1991). 이것은 이전에 존재했던
모든 기억술 기법보다 더 보편적으로 수용할 수 있는 지적 성향
(climate)에 부분적으로 기인하였을 것이다. 더욱이 정신적 능력에
대한 인간성의 강조 역시 기억술 주제에 관한 추가적인 지적 사고
를 부추겼을 것이다(Carruthers, 1990).

르네상스 동안에 기억술의 사용이 보편적으로 수용되기는 하였
지만, 영국의 청교도는 심상 기반 기억술에 이의를 제기하였다
(Couliano, 1987). 청교도는 심상 기반 기억술은 우상숭배이며, 그
기법으로 야기된 괴이한 심상은 종종 외설적이라고 믿었다. 그 논
란의 중심에는 알렉산더 딕선(Alexander Dicson)과 윌리엄 퍼킨스
(William Perkins)가 있었다. 딕선은 장소법의 변형이었던 지오다노
브루노의 기억술 체계의 학생이었다. 브루노의 체계는 심상(mental
imagery)을 많이 사용하였고, 헤르메틱 신비주의(hermetic occultism)
에 연관되었다(Yates, 1966). 퍼킨스는 프랑스 논리학자 페트뤼 라
무스(Petrus Ramus)의 조직적 기억술 기법을 옹호하는 신학자이자
청교도였다. 이러한 딕선과 퍼킨스의 논쟁은 흡사 기억술 기법의
종교에 관한 것처럼 보였다. 특히 퍼킨스가 이끄는 청교도는 심상
기반 기억술을 초자연 및 가톨릭교회와 연관시켰다(Couliano,
1987). 성자의 숭배에 대한 가톨릭교회가 지향하는 바와 유사한 논

쟁처럼 청교도는 심상의 사용을 우상숭배를 반영하는 이단으로 취급하였다. 더욱이 청교도는 브루노의 기억술 체계에서 황도(zodiac) 상징의 사용을 반대하였다(Yates, 1966).

⚙ 과학적 방법의 소개

르네상스 후반기의 학자들은 권위의 영향을 덜 받게 되었고, 지식을 습득하기 위한 좋은 방법으로 체계적 관찰과 실험을 수용하게 되었다. 경험적 연구의 발전과 대중성에 지대한 공헌자인 프랜시스 베이컨(Francis Bacon)은 기억술 기법의 지지자이기도 하였다. 예이츠(Yates, 1966)가 기술하였듯이 베이컨은 수사학자나 웅변가들이 사용한 기억술은 교묘한 쇼맨십이며, 기억술의 주요 가치는 그것의 잠재적 적용을 과학적 탐구로 연결하였던 것이라고 믿었다. 예를 들어, 베이컨은 다양한 장소법의 변형은 즉각적으로 유용한 지식을 창조적 사용에 적용하게 하여 발명을 촉진하는 데 사용할 수 있었다고 주장하였다(Engel, 1997). 이렇게 하여 사람들은 베이컨의 기억술 관점을 교육자가 기억술을 도구로 사용하게 만든 선구자로 여기게 되었다. 교육에서 기억술의 근대적 사용은 7장에서 논의할 것이다.

베이컨이 괴이한 심상을 옹호하지 않은 것은 분명하다(Yates, 1966; Yeo, 2004). 이런 기억술에 관한 베이컨의 입장은 고전적 기억술 기법과 청교도가 옹호한 심상이 없는 조직적 기억술 사이에서 어느 정도 타협한 것처럼 보였다. 베이컨은 장소법과 그의 변형 같은 심상 기반 기억술의 사용을 수용하였지만 심상은 감각적이어야 하며 주로 기억해야 할 정보를 질서정연하게 만드는 데 사용되어야 한다고 주장하였다.

비록 베이컨에 의해서 기억술이 제한적으로 수용되었지만 그다음의 영향력 있는 사상가들은 단호하게 내적 기억술의 사용을 거부하였고 대신에 외적 기억술의 사용을 옹호하였다. 내부 기억술의 사용을 거부한 사람들 사이의 보편적인 두려움은 기억 체계가 극단적으로 손상되기 쉽다는 믿음이었다. 이러한 취약성 때문에 아이디어 간의 내적 연합은 쉽게 왜곡될 수 있고, 그들은 더 이상 세상과 자연스런 연결을 반영할 수 없으며, 심지어 광기에 가까워질 수도 있었다(Yeo, 2004). 이러한 정서를 유지하면서 영국의 경험주의의 시작을 알리는 『인간오성론(*An Essay Concerning Human Understanding*)』(1690)을 저술한 존 로크(Schultz & Schultz, 1992)는 '비망록(common-place book)'으로 알려진 외부 기억술의 사용을 옹호하였다(Yeo, 2004). 비망록은 기억될 정보를 조직화된 제목 아래 작성된 노트의 형식으로 요약하게 하는 일종의 연구 방법이었다. 전형적으로 이런 노트는 학습된 정보를 인출하는 데 필요한 단서로 사용되는 주제와 인용구를 포함하였다. 로크는 이런 방법이 내적 연합과 연결된 잠재적 위험(supposed pitfalls)을 피할 수 있으며 마음을 '훈련시키는(disciplined)' 습관을 발달시킬 수 있다고 믿었다.

로크가 사망할 즈음에는 비망록의 인기는 시들해졌으며, 18세기에는 지적 혐오감의 표적이 되었다(Yeo, 2004). 비망록에 반하는 주요 논쟁은 그것이 학습의 지름길을 찾도록 만드는 방법으로 보였다는 것이다. 특히 그 방법은 깊은 이해보다는 요점 학습을 부추긴다고 믿었다. 그래서 학생들이 어려운 고전을 알기 쉽게 요약한 클리프 노트(CliffsNotes) 시리즈의 사용을 한탄하는 교육자들처럼 그 시대의 학자들은 비망록이 지적 겉치레(pretense)를 촉진한다고 믿었다. 물론 비망록이 인출 단서보다는 지름길로 사용된다고 하더라도 분명히 로크가 사용한 방법과는 일치하지 않는다. 그럼에도 비망록의 명성이 추락하여 19세기에는 그 용어 'commonplace(평범)'가 요즘처럼 하찮은 사실을 의미하는 것으로 사용되었다(Yeo, 2004).

그 방법의 품위가 실추되기는 하였지만, 로크의 조직화(organization), 저장(storage) 그리고 인출(retrieval: 기억된 정보가 활성화되어 작업기억에서 의식되는 과정-역자주)에 대한 강조는 근대 기억 연구자가 연구하는 기본 주제의 효시였다. 더욱이 비망록의 핵심 구성요소는 기억을 촉진하는 데 사용하는 근대의 선행조직자(advanced organizer) 방법과 매우 흡사하다. 선행조직자의 사용은 5장에서 논의할 것이다.

르네상스 말기에 내부 기억술과 멀어지려는 움직임이 있었지만 적어도 이 시대에 만들어진 영향력 있는 내부 기억술이 있었다. 'Stanislaus Mink von Wennsshein'라는 필명을 사용한 요한 저스트 빈켈만(Johann Just Winkelmann)은 숫자를 낱자(letters)로 바꾸어서 기억하게 한 음성 체계를 발달시켰다(Lorayne, 1957). 예를 들어, 숫자 1은 한번에 내려쓰기 때문에 낱자 T와 D를 대표하며, 숫자 2는 두 번 내려쓰기 때문에 N으로 대표되었다. 비슷하게 0~9의 각 숫자는 하나 혹은 그 이상의 낱자와 연합되었다. 본래의 체계에서는 자음만 숫자와 연합되었다. 일단 숫자가 자음으로 부호화되면 모음이 낱자를 발음할 수 있도록 첨가되었다. 이런 방식으로 날짜 같은 중요한 숫자는 더 기억이 잘되는 음소나 단어로 변환되었다. 그 방법은 이후에 리차드 그레이(Richard Grey, 1730)에 의해서 재정리되어 숫자에 모음도 할당하였다. 이러한 방법은 흔히 '기억술 주요 체계' 혹은 '음소 체계'로 불렸으며 근대의 말뚝어법(peg-word method: 기억할 목록을 조직하기 위한 단어를 학습하여 기억 단어의 심상을 형성하는 기억술-역자 주)과 관련되었다. 이에 대해서는 4장에서 논의할 것이다.

⚙ 기억과학의 출현

기억술의 학술적 태도에 충격을 준 가장 중요한 발전은 심리학에서 기억에 관한 경험적 연구의 출현이었다. 그런 발전은 헤르만 에빙하우스(Hermann Ebbinghaus)에 의해서 단독으로 시작되었고, 그의 1885년 논문이 기억에 관한 최초 과학 프로그램으로 발간되었다. 에빙하우스의 원대한 목표는 페흐너(Fechner)의 선구적인 기억의 정신 측정법에 적응하는 것이었다. 그가 지닌 기억의 주제는 영국의 연합주의자에게서 가져왔다(Boring, 1950). 이전 경험의 영향력 없이 기억의 연합이 발달되는 과정을 시험하기 위해서 에빙하우스는 학습과 기억에서 중요한 의미가 암묵적으로 입력되도록 무의미 음절을 표적 재료로 사용하였다. 경험의 빈도가 새로운 재료의 학습과 기억에 작용하는 일차적 결정인이라는 가정을 지니고 에빙하우스가 사용한 원칙적 조작은 반복(repetition)이었다. 예를 들어, 그의 한 실험(Ebbinghaus, 1885/ 1964)은 로드 바이런(Lord Byron)의 서사시 『돈 주앙(*Don Juan*)』의 80음절 연(stanza)을 학습하는 데 요구되는 반복 횟수와 80개의 무의미 음절을 학습하는 데 요구되는 반복 횟수를 비교하였다. 그 결과는 의미 있는 정보를 학습하기보다 무의미 음절을 학습하는 데 9번의 반복이 더 필요하였다.

에빙하우스의 관심이 기억의 기본적 획득에 있었기 때문에 대부분의 실험은 무의미 음절만을 적용하였다. 그의 연합 학습에 대한 관찰이 순수하다는 것을 보다 분명히 하기 위해서 그는 음절을 학습하는 데 어떤 기억술도 사용하지 않았다. "어떤 기억술 기법으로 특별한 연합을 만들어서 무의미 음절을 연결하려는 시도는 없었다. 학습은 자연적인 기억 상에서 단지 반복의 영향만으로 수행되었다."(Ebbinghaus, 1885/1964, 25쪽). 학습 과정의 인위적인 영향력을 제거하기 위한 안심 수단으로 에빙하우스는 특히 초당 2.5항목의 빠른 제시 속도와 암송을 사용하였다. 그런 속도로 인해서 자연 언어나 시각 심상이 매개될 여지가 없었다(Slamecka, 1985).

에빙하우스 프로젝트의 마지막 결과는 기억의 과학적 연구를 정당화하는 것과 이후 80년 동안 인간 학습의 전 영역을 굳건하게 하는 것이었다. 영(Young, 1985)이 논의하였듯이 후자의 효과는 기억술 기법에 관한 흥미를 오랜 동안 단절시키게 하였다. 인간 학습은 기계적 반복을 통한 연합(association)의 획득으로 개념화되었다. 이러한 견해의 적용으로 비록 기억술 기법이 효과가 있다고 알려지기는 하였지만 그 기법의 사용에 대한 관심이 감소하였다.

에빙하우스의 업적은 에빙하우스가 그의 논문을 발간한 직후에 출간된 윌리엄 제임스(William James)의 『심리학의 원리(*Principles of Psychology*)』(1890)에서 논의되었다. 제임스는 에빙하우스보다는 순수한 반복에 대하여 평가절하하면서, 학습(learning)의 효율성과 파지(retention, 把持: 기억할 정보를 기억에 저장하여 유지하는 과정-역자 주)의 향상에 의문을 제기하였다. 특히 그는 기억될 정보가 다른 정보와 체계적인 관계를 형성하는 것이 단순 반복보다 기억을 보조하는 보다 많은 단서를 제공할 수 있다고 주장하였다. 이러한 주장은 부호화 시의 정교화를 인출 시에 필요한 단서와 직접적으로 연결한다. 부호화와 인출의 상호 의존성에 대한 개념은 오늘날 광범하게 수용되고 있고 3장에서 더 논의할 것이다.

제임스(1890)는 기억의 핵심적 과정에 대한 논의 이외에도 기억 향상에 관한 주제도 다루었다. 특히 제임스는 기억 향상을 위해 사용되는 세 가지 유형의 방법을 기술하였다. 기계적 방법(mechanical methods), 신중한 방법(judicious methods), 독창적 방법(ingenious methods)이 그것이다. 기계적 방법은 다양한 양식(multiple modalities)을 통하여 부호화하는 과정을 포함한다. 예를 들어, 제임스는 기억할 정보를 듣고, 보고, 말하고, 쓰는 방법으로 기억을 증진할 수 있다고 하였다. 이들 방법은 패이비오(Paivio, 1971; 1991)의 이중부호화 이론(dual-coding theory) 같은 근대의 다중부호화 이론의 본질을 담고 있다(3장 참조).

제임스가 기술하였듯이 신중한 방법은 범주화(categorization)를 강조하는 조직화 기법(organizational technique)이다. 비록 제임스는 내부, 외부 기억술을 구분하지는 않았지만, 이 유형의 방법은 청교도가 지지한 라무스 방법과 데카르트와 로크의 외부 기억술을 포함한다고 볼 수 있다.

독창적 방법은 형식적 기억술 체계다. 제임스는 유일한 독창적 방법을 기술하였는데 그것은 Stanislaus Mink von Wennsshein(요한 저스트 빈켈만의 필명, 1620~1699)이 제안한 음소 숫자 체계와 일치한다. 흥미롭게도 이 체계는 제임스가 가장 잘 알려지고 가장 흔히 사용한 독창적 방법으로 기술되었다. 그래서 에빙하우스의 업적이 미국에 처음으로 소개되었을 때, 기억술 기법 또한 새로운 재료를 습득하고 파지하는 데 사용되는 훌륭한 방법으로 간주되었다. 실제로 그 시점에서 가장 강조된 것이 기억을 증진하는 것이었다. 그러나 세기가 바뀌면서 에빙하우스의 영향력은 기억술 기법의 인기를 다시 시들하게 만들었다(Young, 1985).

⚙ 기억술의 평가절하

20세기 초기의 사건들은 기억술이 가진 중대함을 감소시켰다. 가장 결정적인 사건은 수사학(rhetoric)이 정규 대학 교육과정에서 사라지기 시작한 것이었다. 수세기 동안 수사학은 교양 연구의 핵심이었고, 기억술은 수사학의 필수적인 구성 요소였다(Yates, 1966). 수사학의 원칙적인 목표는 학생들에게 효과적인 구전(oral) 논쟁을 일으키고 지원하는 훈련을 시키는 데 있었다. 기억술 훈련은 학생들에게 그들 논쟁의 구조와 세부 사항을 기억하게 하는 인공적인 기법을 가르침으로써 이 임무를 도와주었다.

19세기 마지막 10년 동안, 구전 논쟁에 대한 집중적 교육의 지

각된 필요성이 줄어들었다. 수사학은 조각나기 시작하였다. 논리
나 비평 분석의 어떤 주제는 영문학, 철학, 수학으로 흡수되었다
(Kinneavy, 1990). 기억술 훈련을 포함하여 그 이외의 나머지는 모든
교육과정에서 설 땅을 잃어버렸다. 오래 전에 기억술 기법의 보편
적인 관점은 변하여 그들이 더 이상 수사학의 중요한 구성 요소가
아니었다. 대신에 그것은 겉치레뿐인 기억 속임수(memory trick)를
돕는 데 사용되는 술책으로 간주되었다.

　심리학에서 두 가지 특이한 발전이 기억술을 학술적인 은총에서
멀어지도록 함께 사주하였는데, 첫째는 에빙하우스의 아이디어가
확산되는 영향력이었다. 영(Young, 1985)은 에빙하우스 연구의 성공
이 기억술의 관심에 부정적인 영향을 미쳤다고 하였다. 특히 영에
따르면 에빙하우스가 강조한 연합의 발달에 미치는 반복(repetition)
의 중요성은 학습과 기억의 효율성을 높이는 심리학의 기능적 흥미
에 즉각적으로 적용되었다. 우리가 보았듯이 제임스는 기억술의 사
용을 장려한 것은 에인절(Angell)과 손다이크(Thorndike, 1907)[1] 같
은 그의 몇몇 특출한 학생들이 중요한 학습에서 기억술 기법에 적
극적으로 찬물을 끼얹었던 직전의 일이었다. 특히 에인절은 그것
이 '싸구려 물품'에 불과하며 유용성에서도 수용할 수 없을 정도로
낮다고 기술하였다.

　여러모로 에인절의 기억술 비판은 중세와 르네상스 후기의 지식
인이 형식적 기억술 체계가 속임수라고 칭한 비판과 유사하였다.

---

1) 손다이크는 콜럼비아 대학교로 옮기기 전에 하버드 대학교에서 대학원생으로 제임스
　와 함께 연구했으며, 콜럼비아 대학교에서 카텔(Cattell)과 함께 학위논문을 마무리하
　였다(Boring, 1950).

손다이크는 학습과 장기기억의 확실한 통로가 반복을 통해서이며 기억술 전략의 사용을 결코 언급하지 않았다. 콜빈(Colvin, 1911)은 더 나아가 "기억의 속임수를 먼저 섭렵하면 나중에 학습은 유해무익하다고 이해될 것이다."(172쪽; Young, 1985, 492쪽 인용)라고 지적하였다.

20세기 초에 미국 심리학은 교육 단체에 의해서 유난히 감시를 받았다. 교육자들은 효과적 학습을 촉진하는 최상의 방법에 관심을 가졌고, 그래서 '학습의 법칙'에 관심이 있다고 선포한 과학보다는 더 나은 조언이 없는가를 찾고자 하였다. 실험 심리학의 두드러진 주제는 학습이 상당한 반복 이후에만 발달된다는 것이었다. 이러한 분위기에서 기억술 장치의 산물은 학습이라고 간주되지 않았다. 영(Young, 1985)의 도발적인 논쟁은 에빙하우스 연구의 성공이 어떻게 학습을 더 효율적으로 할 수 있는가에서 어떻게 학습이 일어나는가 하는 의문으로 전환되었다는 것이다. 그 변화는 효과적으로 기억술을 반복으로 대치하였고, 교육에서는 반복훈련(rote drill)의 시대로 접어들게 하였다.

기억술의 종말을 가속시킨 심리학의 두 번째 영향은 존 왓슨(John Watson, 1914)이 선포한 행동주의였다. 행동주의의 합리적 근거는 정신적 개념은 행동의 과학적 분석에 어떤 역할도 못한다는 것이다. 다른 것보다 행동주의의 계승은 심상(imagery)의 논의를 심리학 연구와 그것의 적용에서 제거하였다. 기억술은 애초부터 심상과는 불가분의 관계이며, 심리학에서 심상의 무시는 기억술을 무시하는 것과 같다. 미국 심리학의 추세가 다시 심상과 기억술 연구를 선호하게 된 것은 왓슨이 주도했던 50년이 지난 이후였다.

요약하면, 여러 요인이 19세기 말과 20세기 초에 집약되어 기억술에 대한 경외심을 하락시켰고, 그것을 정규 대학 교육과정에서 제거하였다. 수사학이 타 분야로 이주민 신세가 되면서 근본적인 불행이 시작되었다. 수사학의 목적이 높은 자존심을 유지하는 것이라면 기억술은 안전할지 모르지만, 훈련된 웅변가들의 지각된 필요성이 감소되어 기억술 기법은 학술 세계에서 그 자리를 잃어버렸고, 곡예단의 속임수 같은 분위기를 풍기게 되었다.

심리학에서의 발전은 더욱 초라하였다. 학습 법칙에 대한 발달의 강조는 학습 효율성의 촉진에 대한 흥미를 감소시켰고, 반복이 학습의 기본적인 법칙으로 안정되면서 기억술 장치는 외설적인 평판만 받게 되었다. 미국 심리학의 강력한 영향은 과학적 분석에서 정신적 개념을 추방하였으며, 그런 포고령의 수용은 기억술과 더불어 모든 기억에 대한 활동적인 연구를 저버리게 하였다. 이러한 영향에 자극받아서 현존하는 기억술 기법만 연구 분석하였고 새로운 기억술의 발전은 시들해졌다.

✿ 회복의 조짐

20세기 초반 국면까지 기억술 연구는 척박하였지만 간혹 수행된 연구는 특정 기법의 효율성에 대한 경험적 검증을 강조해야 함을 고무시켰다. 그런 강조가 『심리학 회보(Psychological Bulletin)』에 실린 데이비드 힐(David Hill)의 논문으로 1918년 초반에 나타났다. 힐은 "기억술 원리의 정당한 평가는 가능하다."(103쪽)라고 하면서 교실에서 특정한 기억술 기법의 사용을 옹호하였다. 이 연구에서 사용된 기억술은 그의 실험실에서 만들어졌지만 기억술 주요 체계의 영향을 많이 받았으며, 현대의 말뚝 체계와 거의 일치하였다.

힐의 기억술은 숫자 1에서 100을 나타내는 단어의 기억술 목록을 기억하는 것과 같은 단어와 숫자의 체계적 연합이 포함된다. 예를 들어, 힐의 목록에서 단어 air는 숫자 1을 나타내고, bar는 숫자 2를 나타낸다. 지시에 따라서 기억할 목록의 첫 단어가 제시되면 학습자는 한 단어를 기억술 목록의 첫 단어와 연합하는 심상을 만들면 된다. 만약 기억할 목록의 첫 단어가 dog이면 학습자는 '코를 벌름거리며 공기를 마시는 개'의 심상을 형성하면 된다. 회상할 때에는 학습자가 이미 기억한 기억술 목록만 인출하면 된다. 기억술 목록의 각 단어는 심상으로 연합되어 있기 때문에 기억해야 하는 단어를 인출하는 단서가 된다. 힐은 그의 논문에서 수량적 자료는 보고하지 않았지만 그 체계가 24시간 파지 기간 후에 30항목으로 된 목록을 성공적으로 회상하게 하였다고 기술했다. 그리고 힐은 그 증명의 가치에 대해 "모든 학생의 성공이 실제로 교실 수업에서 이루어졌다."(103쪽)라고 기술했다.

힐(1918)의 증명은 또한 출간된 학술논문에 등장한 괴이한 심상의 기억술적 이득에 대한 최초의 암묵적 승인이었다. 특히 힐은 비록 터무니없다고 할지라도 생생한 심상은 학습자에게 단 한 번에 제시된 수많은 단어를 기억하게 할 것이라고 기술하였다. 그러나 힐의 연구는 20세기 초·중반에는 거의 찾아볼 수 없는 사례다.

20세기에 기억술 연구의 파급을 밝히기 위해서 우리는 mnemonics

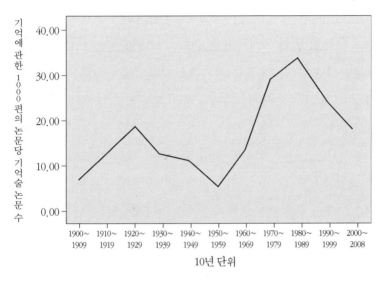

[그림 1-1] 10년 단위로 기억 연구에서 출간된 1,000편의 논문당 기억술 논문의 수

(기억술) 혹은 memory aid(기억 보조)라는 키워드를 사용하여 유명한 학술 데이터베이스에 생성된 출간 논문의 수를 조사하였다. 그래서 대략적인 중심 경향적 지표로서 우리는 기억 영역에서 1,000편의 출간물당 우리의 키워드가 생성한 논문의 수를 계산하였다. 각 10년 단위의 결과가 [그림 1-1]에 제시되었다. 그 표는 기억술 논의의 중심 경향성에서 가파른 감소가 1930년대에 시작하였고, 1950년대에는 바닥에 이르렀음을 보였다. 이 시기가 행동주의의 전성기였다.

1950년대 중반 즈음에 한 변화가 인지심리학의 르네상스를 이끌었다(Lachman, Lachman, & Butterfield, 1979). 새로운 시대정신은 인지적 르네상스를 시작하는 고전적 논문의 증거로서 기억술을 환대하였다. 밀러(Miller, 1956)는 그의 유명한 '마술의 숫자 7'에서 시드

니 스미스(Sydney Smith)의 숫자를 부호화하기 위해서 사용한 기억술을 기억의 범위 검사에서 수행을 증가시킨 사례로 보고하였다. 무엇보다도 밀러는 독자들이 기억술 장치를 속임수가 아니라 기능적 기억 용량을 증가시키는 중요한 기록장치로 보아야 한다고 강조하였다.

부호화(coding)는 학습과 기억에서 핵심 개념이 될 운명을 지니게 되었다(Hunt, 2008). 그리고 기억술이 부호화의 도우미로 인정된 것은 그것의 부흥에 중요한 족적이 되었다. 실제로 [그림 1-1]의 자료는 기억술의 논문 수가 1960년대에서 1980년대에까지 증가됨을 보였다. 심리학 일반이 인지(cognition)의 주제로 귀환함을 반영하는 것이다. 그러나 기억술 연구의 증가된 활동은 기억과 인지 영역에서는 연구 활동이 계속적인 상승을 따라 가지는 못했다. [그림 1-1]에서 보였듯이 출간물의 지표인 기억술 연구는 1980년대부터 급격하게 감소하는 어려움을 겪었다. 누구나 왜 그렇게 기억으로 향한 호의적인 지적 환경과 그 많은 관심이 기억술에는 주어지지 않는지는 의문이었다.

✿ 기억술과 기억의 과학적 연구

비록 우리는 근대 심리학에서 기억술 연구가 상대적으로 부족한 원인을 확실하게 파악하기는 어렵지만 여러 요인에 의심이 간다. 이들 요인 중의 하나는 이미 논의한 것처럼 형식적 기억술이 기억에 대한 교묘한 술책 이외에는 어떤 목적도 없으며 단지 인위적으로 기억을 증진하도록 설계된 기법이라는 인식 같은 자취다.

또 다른 지속적인 걸림돌은 기억의 심리학적 연구의 목표가 기억의 과정을 이해하는 것이지 이들 과정의 효율성을 증진하는 것이 아니라는 것이다. 최근의 여러 발전은 기억의 과학과 전통적 기억술 사이의 간격을 넓혀 놓았다. 자연기억에 대한 최근의 개념화는 성공적인 기억을 위한 기억의 필요성을 최소화하고자 한다. 처리 수준(levels of processing) 틀의 지속적인 영향은 기억이 지각과 이해의 부산물이라는 가정이다(Craik & Lockhart, 1972). 즉, 기억은 우리의 자연적인 경험에서 자발적으로 발생한다는 것이다. 경험을 기억하는 것은 그것을 기억하려는 의도를 요구하지도 그로부터 반드시 이득을 얻지도 않는다. 기억이 작동하는 방법에 대한 이런 가정은 기억을 위해 형식적 기억술 장치를 의도적으로 사용해야 하는 것을 자연스레 받아들이지 못하게 한다.

처리 수준은 또한 좋은 기억을 위해서는 의미 처리의 중요성을 강조하였다. 표면적 정보의 처리는 빈곤한 파지와 연합되어 있다. 한편, 이러한 강조는 에빙하우스에게서 시작된 반복에 관한 역사적인 강조와 상반되며, 단기기억에서 장기기억으로 전이를 위한 기계적 시연(rote rehearsal)에 대한 강조로 마무리될 것이다. 반면에 의미 처리(semantic processing)의 강조는 자연적 기억 산물이 경험의 의미나 요점(gist)이라는 이해(comprehension) 연구로 집약된다. 형식적 기억술은 거의 언제나 문자적 기억(verbatim memory: 글말을 문자 그대로 기억-역자 주)을 양산하는 목표를 지녔다. 자연기억의 작용에 관한 과학적 심리학과 기억술 기법을 적용하는 목표 적용 간의 가정과 결론의 격차는 기억술에 대한 인식을 점차 기억의 중요한 기능과 동떨어진 것으로 간주하게 되었다.

과학적 심리학에서 기억술을 무시하게 된 또 다른 잠재적 요인은 지난 20년간의 거짓 기억(false memory)에 관한 관심의 증폭이었다. 뢰디거와 맥더맛(Roediger & McDermott, 1995)의 저명한 논문에서 시작된 연구는 인간 기억을 반증하는 데에 중점을 두게 되었고, 많은 노력이 기억 오류(memory error) 쪽으로 돌아서게 되었다. 이들 연구의 주요 발견은 많은 사례에서 거짓 기억이 자연적인 이해 작동에서 발생한다는 것이다. 이런 배경에 반하여 기억술에서 기억의 정밀함과 정확성을 강조하였던 그 자체가 기억 연구의 만연된 시대정신과 판이하게 다름이 발견되었다.

기억 연구는 자연기억 과정의 작동에 전념하였고 정의에 의하면 인공적이었던 기억술은 기억 연구의 범위에서 많이 벗어나 있었다. 그런 동안 기억의 인위적 사용에 대한 요구가 수그러든 것은 아니었다. 인간 인지(cognition)의 요구를 감소하고 대치하는 기능을 지닌 기법의 발전은 문자적 기억에 대한 부담을 가중시켰다. 책과 잡지는 도서관보다 인터넷에서 보다 쉽게 볼 수 있고, 편지나 메모는 이메일로 바뀌고, 지폐는 은행 카드에게 양보하고, 구매는 가게보다 컴퓨터 앞에서 이루어진다. 이런 변화는 일시적 유행이 아니라 세기를 걸쳐 계속될 것이다. 이 모든 변화가 지니는 공통점은 무엇일까? 이런 각각의 변화는 기억의 요구를 증가시킨다. 각기 다른 비밀번호와 사용자 아이디(ID)는 온라인 책 찾기, 이메일 보내기, 은행 기록 찾기, 그리고 금융 거래에서 항상 필요하다. 더욱이 신원 도용과 컴퓨터 해킹 같은 삶에서 만나지 않았던 다른 문제들 때문에 사용자 아이디나 비밀번호를 가능한 어렵게 만들고 다른 사람에게 비밀로 해야 한다. 그 결과로 거의 무선적인 숫자와 낱자 열의 기억화가 현대 생활의 필수가 되었다. 중요한 것은 이런 기억 부담이 우리가 기억해야 하는 수많은 상황을 추가하는 것이라면 우리는 정보처리 기술에 대한 새로운 의존성과는 무관하게 기억을 수행해야 한다.

이 책에서 우리의 목표는 전통적인 기억술의 목적과 과학적 심리학에서 자연적인 인간 기억의 연구 간의 화해를 시작하는 데 있다.

우리가 간직해야 할 마음은 기억을 증진하는 데 최상의 과학을 제공하고, 과학적 분석을 위해서 최상의 기억술을 제공하는 데 심혈을 기울이는 것이다. 그러한 노력은 우리가 특정한 요구에 잘 맞는 개인적 전략의 발전을 포함하여, 기억을 촉진하는 기억 연구에서 제공된 틈새를 이용하려는, 전통적으로 생각한 기억술을 뛰어넘는 것이다.

단어 기억술은 과학적 심리학이 업신여기는 매우 명백한 실천(practices)을 의미하기 때문에 우리는 우리의 노력을 기억술학(mnemonology: 저자가 기억술의 위상을 학술적으로 표현하기 위해 만든 용어-역자 주)으로 명명하도록 제안한다. 우리는 이 새로운 용어를 겸손하게, 그리고 두 가지 원칙적인 이유에서 추천한다. 첫째, 우리는 사람들이 일상적으로 생각하는 기억술을 넘어서서 연습(exercise)의 범위를 넓히고자 한다. 둘째, 기억술학은 기억술보다는 우리의 목표에 가까운 의미를 담을 수 있다. 우리는 이렇게 첫 장을 그 차이에 대한 간략한 논의로 마치고자 한다.

✿ 기억술학에서 기억술로 그리고 그 역으로

　기억과학에서의 기억술에 대한 상대적 무시는 형식적 기억술이 오늘날 과학적 견해에서 제거된 것과 반복을 강조한 에빙하우스로 부터 '기억술 기법'이 제거된 것과 같다. 대부분의 사람에게는 기 억술의 의미가 형식적 기억술의 기법으로 망라되었다. 그러나 사 실 정의는 '기억 보조' 혹은 사전에서는 '기억을 증진하는 기법' (Merriam-Webster Collegiate Dictionary, 2007)을 선호한다. 그래서 단 어 mnemonics(기억술)의 실제 의미는 형식적 절차 세트로 정의할 수는 없다.

　기본적 기억 연구가 기억 작동에 근본이 되는 분리된 처리에서 는 상당한 진전이 있었고, 사람들은 성공적인 기억술 기법이 이들 과정에 결합된다고 상상할 수 있다. 중요한 것은 적절한 인지 과정 이 거의 무한 수의 과정으로 작동할 수 있다는 것이다. 그래서 이 론적으로 기억을 증진하는 새로운 방법을 성공적으로 창조하기 위 한 무한한 가능성이 있다. 그러나 기억술의 한정된 정의로는 이러 한 방법이 기억술로 분류될 수 없으며, 그래서 그것은 학술 연구자 와 과학적 지식의 소비자 사이에 존재하는 깊은 골로 빠져들 수도 있다.

　아마도 기억과학과 기억술의 제휴는 기억을 촉진하는 과정을 성공적으로 확인하는 기억 연구의 영역을 명쾌하게 인식함으로써 강화될 수 있다. 우리는 기초 연구에서 이런 영역의 관심을 기억술 학(mnemonology)이라 주장한다. 이들 과정에 대한 확인은 기억을 보조하는 기법의 기초 연구에서 발전할 수 있다. 기억술학은 기억술을 양산할 수 있다. 더욱이 기억술학은 다양한 상황에 대한 그들의 효력과 그들에 내포된 심리적 기제의 기억술 기법이 존재함을 분석할 수 있다. 이런 점에서 기억술의 기억술학적 분석은 기억 과학에서 기초 이론의 발전에 기여할 수 있다.

예를 들어, 수많은 기억술은 효력(effectiveness)을 위해서 정교화(elaboration: 기억할 정보에 기억된 정보를 추가하여 풍부한 의미를 만드는 방법-역자 주)와 조직화(organization) 과정의 결합이 요구된다고 주장되어 왔다(Worthen & Hunt, 2008). 장소법(the method of loci)은 정교화를 요구하는 구성 요소, 조직화를 요구하는 구성 요소, 정교화와 조직화 모두 요구하는 구성 요소를 포함한다. 이것은 고대 기억술 체계에서 하나 이상의 구성 요소가 불필요하다는 의미인가? 만약 그러하다면 기억술의 효력에 필요한 구성 요소를 결정하기 위해서 디자인을 해체하고 검증하는 방법을 사용할 수 있다. 그러한 연구의 가치는 방법의 복잡성을 감소시킬 가능성에 있으며, 궁극적으로 사용자에게 보다 친숙하도록 만들 것이다. 이런 연구는 각각의 형식적 기억술을 위해서 수행할 수 있다가 아니라 수행되어야만 한다.

이 장의 초반에 언급하였듯이 기억술에 대한 우리의 접근은 기억술의 효력에 대한 지시(instructions)를 제한하기보다는 기억술에 내재된 과정을 강조한다. 이러한 접근에 대한 우리의 합리적 이유는 만약 사람들이 기억술 장치에 내재된 기본 과정을 이해한다면, 사람들은 자신을 위해서 다양한 단순 기억술을 생성할 수 있을 것이다. 이러한 자기생성 기억술(기억할 정보를 기억자 스스로 생성하게 하는 기억 전략—역자 주)은 개인의 학습 방식과 목적을 보완하는 이점을 지니게 된다. 말할 필요도 없이 사람들은 자기 자신에 대한 기억술을 속임수나 다른 시간을 소비하는 데 사용하지는 않는다. 새로운 기억술의 창조는 또한 다양한 사용자가 광범한 지식을 기억하는 데 효과적인 기억술 체계가 될 것이다. 더욱이 기억술에 대한 기억술학적 접근은 연구 실험실에서 기존의 기억술을 검증하고, 넓은 적용성을 지닌 새로운 사용자 친숙 기법을 개발하는데 사용될 것이다(Henshel, 1980 참조).

여기서 지지된 기억술학을 적용함으로써 지난 20년 동안 기억술 영역에서 수행된 연구의 하락세가 빠르게, 그리고 손쉽게 역전되는 잠재력을 가질 수 있을 것이다. 현재 생각(reason being)은 비록 기억술 연구가 감소하더라도, 기억 증진에 관련된 과정은 이미 기억 연구의 중심이 되었다고 본다. 마찬가지로 기억술 연구의 부활은 기억술이나 기억술 교육을 배경으로 한 연구자에 의존할 필요는 없다. 오히려 미래의 기억술 연구는 기초 기억 과정의 응용에 관심 있는 연구자에게 달려 있다.

요약하면, 우리 모두는 마치 구석기 시대의 수렵채취인들, 고대 그리스와 로마인들, 중세와 르네상스의 주민들, 그리고 모든 기억술 기법에 대한 비평가들이 그러했듯이 하루 종일 기억에 의존하고 있다. 인간은 일상생활과 협상하기 위해서 기억에 의존하며, 그들이 그렇게 하는 한, 기억을 증진하는 데 흥미를 가지게 될 것이라는 점이 핵심이다. 여기서 우리의 노력은 기억술에 대한 부가적인 연구에 대한 영감을 고취시킬 것이며, 기억의 고전적인 예술을 부활시킬 것이다.

기억술 선택의 일반적인 고려 사항

기억술은 학습과 기억을 목표로 하는 거의 모든 상황에서 유용하지만 하나의 기법이 모든 상황에 적용될 수는 없다. 기억술의 효력은 그 기법이 특정 상황의 적용에 부합되어야 한다. 문제는 특정 상황이 셀 수 없이 다양하다는 것이다. 예를 들어, 사람들은 단순히 12항목의 식품 목록을 기억하기를 원한다. 그리고 다시 라흐마니노프의 피아노 협주곡 2번을 연주하려 한다. 이 상황에서 동일한 기법이 똑같이 효과적이지는 않다. 기억술을 상황에 적용하는 목표가 주어질 때, 우리가 기억술을 선택하기 위한 차원(dimensions)을 구체화한다면 도움이 될 것이다.

이 장에서 우리는 실제적 고려 상황에 연계되어 있으며, 기초 기억 연구에서 확인된 이런 차원들의 몇 가지 중요성을 논의할 것이다. 예를 들어, 우리는 특정 사건에 대한 기억에 내재된 과정이 지식 습득에 내재된 과정과는 다르다는 믿음에 대한 충분한 이유가 있다.

우리는 역시 다른 유형의 기억검사가 다른 유형의 학습에 차별적으로 민감하다는 사실도 알고 있다. 사람들 간의 개인차는 특정 개인에 대한 전략을 선택할 때 반드시 고려되어야 한다. 당신에게 작용한 것이 나에게도 작용하거나 혹은 안 할 수도 있다. 또 다른 중요한 고려 사항은 누가 기억술을 만들었으며 그 사용자는 누구냐 하는 것 등등이다. 이들 각각에 대한 관심은 여러 맥락에서 이 책의 도처에 주기적으로 나타날 것이다. 따라서 우리는 이 장에서 특정 상황에서의 기억술의 선택 문제에 대한 보편적 기술에 전념할 것이다.

⚙ 기억의 유형

이미 잘 알려진 기억의 유형은 적절한 기억술을 선택하는 중요한 고려 사항이다. 여기서 우리는 두 개의 분리된 차원에 관한 기억의 '유형(type)'을 간략하게 기술한다. 그 첫 번째는 맥락 의존적 혹은 맥락 독립적 표상으로 구성된 표상(representation: 환경의 정보가 기억에 저장된 심정 상태나 구조—역자 주)의 유형이다. 이 구분은 기억(memory)과 지식(knowledge)의 차이에 대응한다. 두 번째 구분은 회고적(retrospective) 기억과 미래적(prospective) 기억이다. 이 구분은 과거의 사건에 대한 기억과 미래에 행할 어떤 것에 관한 기억 간의 차이를 함의한다. 이들 양자의 차원에 관한 기억 유형은 다른 단서에 차별적으로 반응하며, 이들 차원에 따라서 효과적인 기억술은 다를 것이다.

기억 대 지식

주어진 학습 상황에 가장 적절한 기억술을 결정할 때, 사람들은 어떤 기억의 유형이 인출(retrieval, 引出) 시에 접근될 것인지를 우선 고려해야 한다. 툴빙(Tulving, 1985)에 따르면 분리된 기억 체계에 표상된 두 가지 기본 유형의 기억이 있는데, 먼저 일화기억(episodic memory)은 구체적이고 시간 날짜 사건과 경험에 관한 기억이다. 예를 들어, 당신이 가장 최근의 방학에 갔던 장소, 당신이 가장 최근에 타이 식당에서 주문한 음식, 그리고 당신이 참석한 니켈백 콘서트의 개막 공연을 했던 사람 등은 모두 일화기억들이다. 이 사건들은 특정 시간과 특정 맥락에서 일어난 구체적 일화들을 표상한다. 이에 비해 의미기억(semantic memory)은 특정한 사건 날짜 일화에 연관되지 않는 일반 지식을 반영한다. 파랑과 노랑은 녹색을 만들고, 바센지는 짖지 않는 유일한 견종이며, 일 = 힘 × 거리로 아는 것은 각각의 의미기억이라 간주할 수 있다.

일화기억과 의미기억이 동시에 부호화되지만 별도로 저장된다고 믿는 것은 중요하다. 예를 들어, 시애틀에서 휴스턴으로 여행하는 비행기에서 책을 읽는 동안 어떤 사람이 미국 원주민 치티마차 부족이 지금은 뉴올리언즈로 알려진 지역에 한때 거주한 사실을 학습했다고 가정하자. 치티마차 부족과 뉴올리언즈 간의 관계성에 관한 지식은 의미기억에 표상된다. 그러나 어떻게(특정 책으로부터)에 관한 정보와 언제(시애틀에서 휴스턴으로 여행하는 동안) 지식이 습득되었는지는 일화기억에 표상된다.

일화기억과 의미기억에 더하여 툴빙(Tulving, 1985)은 의미기억 체계의 하위 체계에 저장된다고 알려진 절차기억(procedural memories: 행위나 동작 같은 연속적인 행동에 대한 암묵적 기억―역자 주)을 기술하였다. 절차지식은 학습된 절차와 기술에 대한 기억을 포함한다. 자전거 타기, 자유투 던지기, 사과 깎기 등은 절차기억의 사례들이다.

현재 목적에서 보면, 각각의 기억 유형이 어떻게 가장 잘 기억하는지의 차이를 기술하는 것은 중요하다. 일화기억의 인출은 그 사건이 일어나는 맥락의 구체적인 단서에 의해서 촉진된다. 즉, 일화기억은 기억될 사건과 함께 부호화된 인출단서가 사용될 때 기억에서 가장 잘 회상된다(Tulving, 1972). 예를 들어, 당신이 당신의 첫 데이트 장소를 기억하려 할 때, 누가 그 데이트에 함께 갔는지에 대한 정보는 그 장소의 인출에 도움이 될 것이다. 일화기억에 대한 맥락의 중요성이 제안되었다면, 일화 정보를 기억하기 위해서 사용되는 가장 적절한 기억술은 학습하는 동안 특정 맥락 단서의 부호화를 촉진하는 것이다.

의미기억은 특정 맥락에 한정되지 않기 때문에, 단서 구체성은 의미기억의 인출에는 덜 중요하다. 더욱이 의미기억은 이미 존재하는 지식 구조와의 연합에 의존한다. 심리학 분야의 첫 잡지를 발간한 사람을 기억하려는 학생에게 2007년 9월 5일 도서관에서 심리학 개론 교과서에서 읽었던 정보를 말하는 것은 도움이 되지 않는다. 그러나 첫 잡지를 출간한 사람이 첫 심리학 실험실을 창설한 사람이라는 사실과 같은 정보와 연합된 단서는 그 학생이 빌헬름 분트라는 답을 기억하게 가능성이 훨씬 높다. 이처럼 기존에 저장된 지식과의 연합을 강조하는 기억술은 맥락특정적 단서를 강조하는 것보다 의미기억에 보다 효과적이다.

절차기억들은 의식적 자각(conscious awareness) 없이도 인출되고 사용된다고 여겼다(Tulving, 1985). 나아가 절차 정보의 의식적 자각은 기술의 수행을 간섭할 수 있다. 어려운 악보를 보는 독주 기타 연주자의 경우를 살펴보자. 만약 그가 그의 주의를 선율보다 각 계명을 연주하는 손가락과 손의 특정 움직임에 준다면, 그의 연주는 확실히 어려울 것이다. 그래서 대부분의 경우에 절차기억(procedural memories)은 의식적 인출을 전혀 요구하지 않는다. 그렇다고 기억술이 절차기억에 적절하지 않은 것은 아니다. 주어진 절차에 연합된 행동을 강화하여 부호화를 증진하는 기억술은 궁극적으로 의식적 인출 없이도 연주를 증진시킬 것이다.

회고와 미래기억

적절한 기억을 선택할 때 고려하는 또 다른 구분은 증진되는 기억이 본질적으로 회고인가 혹은 미래인가 하는 것이다. 회고기억(retrospective memory)은 친구의 집으로 향하는 것 같은 이전에 학습했던 정보를 회상하는 것이다. 미래기억(prospective memory)은 당신이 당신 친구의 집에 가져다주기로 약속한 와인 병을 가져가는 기억과 같은 미래에 어떤 것을 하려는 기억이다. 비록 회고기억이 미래기억보다 널리 연구되었지만, 양쪽 유형의 기억은 모두 중요하며, 서로 상호 의존적이다. 매일 복용해야 하는 약물을 여러 개 처방받은 노인을 생각해 보자. 그는 적절한 시간에 각각의 약물을 기억해야 하며, 또한 약물이 위치한 장소도 기억해야 한다. 만약 미래기억이 실패하면 그 사람은 적절한 시간에 약물을 복용하는 것을 잊게 되며, 그의 건강은 위태롭게 될 것이다. 만약 그가 적절한 시간에 약물 복용에 대한 기억을 하더라도 그 약물을 최근에 어디에 두었는지를 기억하지 못한다면 결과는 같을 것이다. 필요한 약물을 복용할 수 없다.

미래기억의 실패를 때로는 건망증(absent-minded) 망각이라고도 부르는데, 특히 주의가 다른 여러 과제에 분산되어 있다면 문제가 될 수 있다. 더욱이 의도적 과제가 매우 일상화된(scripted or routinized) 과제와 경합한다면 망각될 가능성은 더 높다(Hay & Jacoby, 1996; Sellen, 1994). 예를 들어, 어떤 사람이 일상 업무가 오후 4시 30분까지고, 4시 45분에서 5시 30분까지 체육관에서 운동을 하고, 그러고는 그녀의 남편이 준비한 저녁을 먹는 시간에 맞추기 위해서 특정한 경로로 운전한다고 가정해 보자. 이 사람은 경로가 더 다양한 사람보다 집에 가는 길에 햄버거용 빵의 구입을 망각할 가능성이 높다.

어떤 상황이 회고기억, 미래기억 혹은 양쪽 모두인가는 적절한 기억술을 결정하는 데 중요한 요인이 된다. 일반적으로 기억은 사용된 기억술이 수행될 특정 과제와 과제가 수행되는 적절한 시간과 맥락 사이에 강한 연합을 형성할 수 있을 때 증진된다(Engelkamp, 1998). 더욱이 희귀하거나 특이한 단서가 제공되는 기억술이 특히 도움이 될 수 있다(McDaniel & Einstein, 1993). 중요한 것은 회고와 미래기억 과제들은 양쪽 요인들로부터 이익을 얻을 수 있다는 것이다.

✿ 검사 요인

사람들이 기억을 증진하기 위해서 기억술에 의존하는 수많은 상황이 있다. 이러한 상황은 종종 어떤 종류의 정보를 기억으로부터 재생하는지에 따라 다르다. 주요한 경계는 재인(recognition)과 회상(recall) 사이에 있다. 재인은 특정한 이전 경험에 관한 결정을 요구하지만, 회상은 어떤 형태로 경험의 재생산을 요구한다. 회상 내에서는 다양한 다른 유형의 정보와 검사 환경이 수행에 영향을 미칠 수 있다. 그래서 어떤 적절한 기억술을 선택할 때 특정 상황(situation)이 기억 체계에 요구하는 사항을 고려하는 것은 중요하다.

회상

자유회상(free recall)   가장 어려운 기억 상황의 하나가 자유회상 검사다. 자유회상 검사가 실시되면 사람들은 외부 단서의 도움이 없거나 매우 일반적인 단서로 목표 정보를 인출해야 한다. 주말에 파티에 참석하고 월요일 아침 출근하였다고 상상해 보자. 당신은 참석했던 모든 사람을 기억하도록 요구받을 수 있다. 이 검사는 참석자에 관한 정보에 대한 적절한 부호화를 요구하며, 쉽게 접근하는 방법으로 정보를 저장하도록, 그리고 단지 내부적으로 생성된 단서만으로 인출하도록 요구한다. 그래서 자유회상은 세 가지 기본적인 기억 과정, 즉 부호화(encoding), 저장(storage), 인출(retrieval)로 구성되어 있다. 자유회상을 성공적으로 증진하려면 기억술은 이들 과정의 각각을 강화하는 절차를 포함해야 한다. 3장에서 논의하겠지만, 부호화에 작용하는 어떤 절차도 인출에 역시 영향을 미친다. 그래서 기억술은 각각의 기본적 과정을 위한 세분된 절차를 포함하지는 않는다. 반면에 순수한 조직적 기억술(즉, 도식과 범주 조직화 도식)은 많은 수의 회상침습(intrusion, 인입: 기억인출시에 인출 목표에 부합되지 않는 정보의 인출 현상)을 야기할 가능성이 높다.

계열회상(serial recall)　계열회상은 목표 정보가 특정한 순서로 회상되어야 하는 자유회상의 한 유형이다. 예를 들어, 요리책 없이 해산물 수프를 만드는 방법을 기억하려 하면 사람들은 필요한 모든 재료와 재료를 조합하는 단계도 순서에 맞게 기억해야만 한다. 모든 재료를 기억하는 데 실패하거나 단계를 올바른 순서로 기억하는 데 실패하면 수프의 맛에 부정적으로 영향을 미치게 된다. 실제로 좋은 루(roux: 지방과 밀가루를 섞은 것으로 소스를 걸쭉하게 만드는 데 쓰이는 식재료−역자 주)로 시작하지 않은 해산물 수프의 준비는 미국의 일부에선 신성모독으로 간주하였다! 이 예에서 재료를 기억하는 것은 자유회상이지만, 재료를 넣는 순서의 기억은 계열회상을 포함한다.

　계열회상을 다스리는 과정은 자유회상을 다스리는 과정과 유사하다. 그러나 계열회상은 자유회상보다는 훨씬 더 조직적 과정에 의존한다. 마찬가지로 계열회상이 검사되는 상황에서 성공적인 기억술은 기억할 정보의 조직적 구조를 강력하게 증진하는 부호화 절차를 포함해야만 한다. 아마도 이런 종류의 기억검사의 상대적 어려움 때문에 여러 형식적 기억술은 계열회상을 증진시키도록 고안되었다.

단서회상(cued recall)   단서회상 검사에서 학습자는 검사 시에 목표 정보의 인출을 돕는 단서를 제공받는다. 사람들은 단서회상이 항상 자유회상보다 쉽다고 가정하려는 경향이 있다. 그러나 단서회상의 성공은 제공되는 단서의 질이나 적절성에 따라서 매우 다르다. 이미 언급하였듯이 맥락적 단서는 의미기억의 인출을 촉진하지는 않지만 일화기억의 인출을 촉진할 수는 있다. 더욱이 어떤 단서는 인출에 억제적 효과를 주기도 한다.

브라운(Brown, 1979)의 한 연구는 단서회상에서 억제적 효과의 좋은 예시를 제공하였다. 그 연구에서 참가자는 비교적 발생 빈도가 낮은 단어들의 정의를 제시받았다. 그 정의에 뒤이어 의미적으로 관련된 단서, 철자법적으로 관련된 단서 또는 관련되지 않는 단어가 목표 단어의 인출을 위해서 제시되었다. 그 결과는 철자법적 단서는 회상을 촉진하였지만, 의미적으로 관련된 단어는 회상을 억제하였다. 유사하게 뢰디거, 스텔런, 툴빙(Roediger, Stellon & Tulving, 1977)은 목표 목록의 항목으로 구성된 단어 목록의 단서회상이 그 목록의 자유회상보다 상대적으로 회상이 억제됨을 관찰하였다. 두 연구의 결과는 각 연구에서 억제를 야기한 단서는 회상되어야 할 정보와 매우 유사하였다는 사실로 설명할 수 있다.

단서와 목표 정보의 높은 유사성은 인출 시에 단서와 목표 사이에 경쟁을 유도하는 활성화를 초래할 수 있다. 그래서 목표 정보의 인출은 관련된 정보에 의해서 차단될 수 있다— '못난이 자매 효과'로 불리는 상황(Reason & Lucas, 1984).

억제적 단서의 문제는 기억술 선택의 중요성을 강조할 수 있다. 그것은 단서회상이 검사된다면 매우 잘 변별할 수 있는 기억 표상을 만들 수 있기 때문이다. 예를 들어, 부호화 시의 특이적 처리(distinctive processing)나 심상 정교화(imagery elaboration)를 사용할 수 있는 기억술이 단서회상을 증진시킬 가능성이 높다.

자유회상을 증진하는 데 효과적인 기억술은 단서회상의 수행을 증진시키는 데 필요하지 않을 수 있으며 그 반대도 마찬가지라는 사실을 강조하는 것 또한 중요하다. 울렌과 콕스(Wollen & Cox, 1981)는 괴이한 심상의 기억술 효력이 기억검사의 유형에 따라 다르다는 증거를 제시하였다. 특히 그들의 결과는 자유회상을 증진하는 데는 괴이한 심상이 보편적 심상보다 더 효과적이었지만, 단서회상이 검사될 때에는 보편적 심상이 괴이한 심상보다 더 효과적이었다. 그러나 이런 패턴의 결과가 다른 변인에 의해서 완화되었다는 사실도 주시해야 한다(파지 기간에서 논의할 것이다).

재인

재인(recognition) 검사는 학습자에게 어떤 항목을 제시하고 그것이 학습 상황에서 제시되었던 항목인지를 결정하도록 요구한다. 예를 들어, 재인 검사는 이전에 학습한 정보와 학습된 정보에다 새로운 정보를 포함한다. 어떤 사람이 범인을 확인하기 위해서 일렬로 세워진 가해자를 탐색하는 상황이 재인 검사의 사례다. 이 상황에서 가해자는 그 배열(lineup)에 있었거나 아닐 수 있다. 그래서 정확 재인은 배열된 각 사람이 기억에 저장된 가해자의 표상에 상응하는지를 결정해야 한다. 성공적인 재인은 회상보다 목표 정보의 회상에 덜 의존한다. 왜냐하면 전자의 경우는 접근될 항목이 검사에 제시되지만 후자의 경우는 그렇지 않다. 그래서 단서회상에서처럼 재인 기억 상황에서 사용되는 기억술은 기억 표상의 변별력을 최대화하는 절차를 포함해야 한다.

재인이 종종 회상보다 쉽게 여겨진다. 그러나 기억된 목표 자극과 비목표 방해(distractors, foils or lures) 자극 간의 유사성이 높으면, 재인을 회상보다 더 어렵게 만들 수 있다. 더욱이 그러한 유사성의 존재는 오인의 유발 수준을 높힐 수 있다. 반면에 방해 자극 간의 유사성이 현저하게 부족하여도 역시 오인이 증가하게 된다(Loftus, 1979). 예를 들어, 범죄 가해자가 문신을 하였다고 진술하고 배열에 문신이 없는 방해인으로 채우면, 배열에서 문신한 방해인을 잘못 확인할 확률은 모든 용의자가 문신을 한 배열에서 문신 방해인을 잘못 확인할 확률보다 더 크다. 말할 필요도 없이, 결백한 사람이 가해자로 잘못 확인된다면 치명적인 결과를 초래할 것이다. 더욱이 이러한 가능성은 재인기억이 검사되는 상황에서 변별 가능성이 매우 높은 기억 흔적을 유도하는 기억술의 중요성을 더욱 강조한다.

재인기억에서 판단 결정 과정의 영향은 적절한 기억술을 선택할 때 고려되는 또 다른 요인이다. 태너와 스웨츠(Tanner & Swets, 1954)는 재인기억 판단에 특별히 적용되는 목표 자극의 탐지 이론을 발전시켰다. 재인에 적용될 때 이 이론은 재인 판단은 기억될 정보의 변별성과 판단 결정 과정 모두에 의해서 영향을 받는다고 하였다. 예를 들어, 정확 재인의 보상이 잘못 확인의 비용보다 더 크면, 정확 확인과 잘못 확인 모두 증가하게 된다. 경찰 배열 사례에서 보상이 높고 비용이 낮으면 가해자를 확인할 가능성은 높아진다. 그러나 그것은 또한 목격자가 배열에서 무고한 용의자를 잘못 확인할 가능성을 증가시킨다. 이런 패턴은—자유로운 반응 편향으로 알려진—확인에 필요한 증거에 대해서 보다 역치가 낮아진다. 역으로 만약 비용이 보상보다 더 크면, 긍정적인 확인을 위해서 더 많은 증거가 필요하게 된다. 이것은 보수적 반응 편향(bias)으로 알려졌다. 이러한 편향은 기억술 전략이 특별히 재인 편향을 감소하기 위해서 디자인되었기 때문에 중요한 고려 사항이다.

맥앨리스터 등(McAllister, Bearden, Kohlmaier, & Warner, 1997)은 편향을 줄이도록 설계된 외부 기억술의 한 사례를 제공하였다. 이들 저자는 범죄자 사진첩(a mug book) 절차를 사용하여 가해자의 확인에 영향을 미치는 요인들을 조사하였다. 특히 그들은 음성과 걸음걸이 같은 동작 의심 특징을 포함하는 전산화된 범죄자 사진첩이 결백한 용의자의 잘못 확인 수를 감소할 수 있는지에 대한 가능성을 조사하였다. 이 연구의 참가자는 비디오 범죄를 시청한 후 세 유형 중의 한 범죄자 사진첩을 보았다. 예를 들어, 동작 정보가 항상 포함된 전산화된 사진첩, 참가자가 그것을 조사하고자 원할 때만 동작 정보가 가능하게 만든 범죄자 사진첩, 아니면 어떤 동작 정보도 없는 범죄자 사진첩이다. 그 결과는 참가자가 조사하고자 원할 때 동작 정보가 가능한 범죄자 사진첩이 어떤 동작 정보도 포함하지 않은 범죄자 사진첩보다 잘못 확인 수가 적었다. 잘못 확인의 감소는 그에 상응하는 정확 확인 수의 감소 없이 발생하였다는 것이 중요하다. 이는 동작 정보에 의해서 제공된 부가적인 단서가 자유로운 반응을 감소시킨 것이다.

파지 기간

기억술을 선택할 때 고려하는 또 다른 중요한 요인은 학습과 기억 검사 사이에 경과되는 시간의 양이다. 실제로 어떤 연구(예, Wang & Thomas, 2000)는 시간의 증가에 따른 기억을 증가하는 능력이 기억술의 전반적 효력을 결정하는 중요한 시금석이라 하였다. 중요하게도 어떤 기억술은 파지 기간(retention interval)이 짧으면 기억이 증진되지만 긴 기간에는 그렇지 않다. 다른 기억술은 긴 파지 기간 후에 효과적이지만 짧은 기간 후에는 그렇지 않다.

크린스키와 크린스키(Krinsky & Krinsky, 1994, 1996)의 연구는 말뚝어법의 효력이 파지 기간의 길이에 따라 변화될 가능성을 제시하였다. 특히 이들은 5학년에게 언어 재료의 계열회상을 증진하는 기법으로 말뚝어법의 효력을 조사하였다. 두 연구 결과는 기억이 즉각적으로 검사될 때 말뚝어법을 훈련받은 아동이 훈련받지 않은 통제 아동보다 회상이 우수하였다. 그러나 48시간이 지연된 후에 말뚝어법은 통제 조건에 비해서 기억을 증진시키지 못하였다.

반면에 어떤 기억술은 기억이 즉각적으로 검사될 때보다 지연 후에 더 효과적이었다. 이 장의 초반에 우리는 단서회상이 검사될 때 보편적 심상이 괴이한 심상보다 더 효과적이라고 하였다. 그러나 연구는 이런 효과가 파지 기간의 길이에 의해서 감소됨을 보여 주었다. 특히 오브라이언과 월포드(O'Brien & Wolford, 1982)는 비록 짧은 지연 후에는 심상 유형 간에 유의미한 차이가 없지만 괴이한 심상은 1주일 보유 기간 후에는 보편적 심상보다 단서회상 수행을 아주 잘하였다고 보고했다.

괴이한 심상의 사례가 보여 주듯이 여러 상황적 요인이 주어진 기억술의 효력을 결정한다. 기억술은 어떤 상황에서는 매우 효과적이지만 다른 상황에서 모두 효과적이지는 않다. 이를테면 기억술의 무기는 검사 상황에 따라서 한결같이 기억을 증진시킨다는 증거를 확보하는 것이다.

⚙ 개인 차이

적성의 차이

기억술 기법의 효력은 개인 간에도 차이가 있다. 한 사례로서 그리피스와 앳킨슨(Griffith & Atkinson, 1978)은 말뚝어법의 효력이 일반 적성에 연관되어 있다고 하였다. 이 연구에서 일반 적성은 군직업적성검사(ASVAB, Armed Service Vocational Aptitude Battery)의 산술적 추리와 언어 하위척도를 사용하여 측정되었다. 높은, 중간, 낮은 적성을 나타낸 참가자들은 세 개의 숫자—명사 연합 목록을 학습하기 전에 말뚝어법의 사용에 관한 지시를 받거나 받지 않았다. 그 결과는 오직 높은 적성 참가자들만 기억술 훈련의 혜택을 받았다. 이 결과에 기초하여 사람들은 말뚝어법이 모집단의 소수만 유용할 것이라 주장할 것이다. 그러나 더 적절한 설명은 중간과 낮은 적성 참가자는 높은 적성 참가자보다 지시된 방법을 사용하는 데 어려움이 더 클 수 있다는 것이다. 어떻든지 이 연구의 결과는 여러 단계를 거치거나 복잡한 절차는 미숙련 학습자가 즉각적이고 효과적으로 사용하기가 어렵다는 것이다.

   그것은 또한 강력한 언어 능력을 지닌 학습자는 미숙한 학습자보다 간단한 기억술조차 편리하게 사용할 수 있다는 사례가 된다. 실제로 이전 연구는 강한 어휘를 지닌 개인은 약한 어휘를 지닌 개인보다 정교화를 생성하고 연합을 형성하는 데 더 낫다고 보고하였다(Kyllonen, Tirre, & Christal, 1991). 더욱이 능력이 높은 개인이 생성한 정교화는 능력이 낮은 개인이 생성한 정교화보다 더 효과적이다(Wang, 1983).

   앞서 기술한 적성과 기억술 사이의 관계성은 기억술이 필요한 대부분의 사람에게 비효과적일 것이라고 믿게 할 수 있다. 그러나 이것은 그런 사례가 아니다. 비록 높은 적성 개인이 낮은 개인보다 기억술로부터 더 빨리 학습하고 혜택받을 수 있다고 하더라도, 연구는 충분한 학습 시간과 적절한 지시를 주면 어떤 수준의 능력을 지닌 학습자도 형식적 기억술에서조차 혜택을 받을 수 있다고 하였다(Bellezza, 1996). 이렇듯 복잡한 절차를 가진 기억술은 낮은 적성 학습자가 특히 다루기 힘들다는 것이다. 이 문제는 우리가 8장 인지재활에서 기억술을 논의할 때 보다 크게 부각될 것이다.

성격 차이

성격 변인과 기억술 효력 간의 관계성에 도움이 되는 연구는 거의 없었다. 그러나 현존하는 연구는 성격 차이가 어떤 기억술의 효력에는 영향을 미친다고 하였다. 예를 들어, 모스 등(Moss, Worthen, Haydel, MacMahon & Savoy, 2008)은 여러 성격 변인과 자유회상을 증진하는 괴이한 심상의 효력 간의 관계성을 조사하였다. 그 결과 높은 각성 추구 경향성과 강한 보수주의는 각각이 괴이한 심상의 효력을 증진하는 데 관련되었다. 그러나 이 연구의 참가자는 그들 자신이 괴이하거나 보편적인 정교화를 생성하지 않고, 대신에 제시된 문장(반은 괴이 그리고 반은 보편)에 근거하여 심상을 형성하도록 요구받았다는 점이 중요하다. 이들 성격 변인이 자기 생성 정교화의 기억술 효력에 관련되는지에 대해서는 명확하지 않다.

또한 저자들은 보수주의와 괴이한 정교화 간의 관계성이 괴이성에 대한 방어적 반응에 관련된다고 하였다. 강한 보수주의 성향의 개인은 괴이한 정교화의 사용이 포함되는 기억술을 흔쾌히 선택하지 않았을 수 있다. 그럼에도 이 연구는 적어도 개인 차이가 그런 기억술이 외부 자원(즉, 교실의 지시자)에 의해서 학습자에게 도입될 때에는 괴이한 정교화를 포함하는 기억술의 효력을 지배할 수 있음을 보여 주었다.

비슷한 맥락에서 침발로, 클라크 그리고 마타예프(Cimbalo, Clark & Matayev, 2003)는 감각추구(sensation seeking)와 고립효과(isolation effect) 간의 관계성을 조사하였다. 고립효과란 어떤 특정한 차원에서 기억해야 하는 항목과 차이가 있는 항목에 대한 기억이 증진된다는 의미다. 그 결과 감각추구가 높으면 모든 목록의 항목을 10초 동안 동시에 제시하는 경우에는 고립효과를 촉진시키지만 2초 동안 제시해서는 그렇지 않았다고 하였다. 비록 이들 결과가 특이성 근거 기억술의 사용에는 함의성이 있을지 몰라도, 감각추구와 기억술 효력 간의 의미 있는 관계성을 찾는 데 실패했던 이전 연구와는 일치하지 않았다(Gratzinger et al., 1990; Moss et al., 2008; Zoller et al., 1989).

나이 많은 성인을 대상으로 한 두 연구(Finkel & Yesavage, 1989; Gratzinger et al., 1990)는 기억술 훈련 시에 사용한 지시 방법에 따라 경험에 대한 개방성(openness)과 기억 증진 간의 관계성을 발견했다. 경험 개방성은 새로운 경험에 개방된 사람과 친숙한 경험을 더 선호하는 사람을 구별하는 성격 변인이다(Costa & McCrae, 1976). 핑클과 예사비지(Finkel & Yesavage, 1989)는 장소법을 사용할 때 컴퓨터 기반 지시를 받은 나이 든 참가자들 사이에서 경험 개방성과 기억 증진 간의 긍정적인 관계성을 발견하였다. 그러나 경험 개방성은 표준적인 지시를 받은 참가자를 위한 기억 증진에는 관련되지 않았다. 더하여 그래친저 등(Gratzinger et al., 1990)은 경험척도의 개방성의 공상(fantasy) 하위척도와 기억술 훈련 방법을 사용한 이후 기억 증진 간의 정적인 관계성을 발견하였다. 공상 하위척도는 사람이 상상적이고 활동적인 공상 생활을 지닌 정도를 측정한다. 그래서 기억술 훈련이 심상 훈련의 보조를 받으면 높은 공상 점수가 기억술 훈련의 혜택을 받았다고 여기는 것은 놀랄 일이 아니다. 그러나 기억술 훈련이 이완(relaxation) 훈련의 보조를 받으면, 높은 공상 점수는 기억술 혜택과의 관련성이 낮아질 것이다.

일반적으로 진술하자면, 학습자는 그들 자신의 개인 학습 스타일과 능력에 잘 맞는 기억술을 선택해야 한다. 예를 들어, 높은 시각 학습자는 심상 기반 기억술로부터 가장 많은 혜택을 받을 수 있다. 반면에 일차적으로 청각 학습자는 리듬 기반 기억술로부터 가장 많은 혜택을 받을 수 있다. 학습 스타일이나 능력에 관계없이, 사람들은 항상 편안한 기억술을 선택해야 하며, 그것이 자신감을 지니고 학습 상황에 들어갈 수 있게 만들어야 한다.

🔧 내부 대 외부 기억술

1장에서 우리는 외부 기억술이란 기억을 증진하기 위해서 환경에 존재하는 단서라고 정의하였다. 또한 내부 기억술은 정보의 부호화를 증진토록 설계된 인지 전략으로 정의되었으며, 그 결과로 저장과 인출을 증진시킬 수 있다고 하였다. 비록 내부 기억술에 내재된 과정들이 이 책의 일차적 초점이지만, 외부 기억술도 어떤 상황에서는 폭넓게 사용되며 매우 효과적이다.

기록으로부터 기억술 구분하기

첫째, 우리는 외부 기억술과 기억할 정보의 기록 간의 경계를 긋고자 한다. 구입해야 하는 모든 항목을 포함하는 서면(written) 식료품 목록은 외부 기억술이 아니다. 그러나 그 목록이 특정 항목보다 단서들을 담고 있으면 그 목록은 기억술이다. 〈표 2-1〉의 첫 열에

《표 2-1》 식료품 항목의 전체 목록과 요약된 기억술 목록

식료품 목록	기억술 목록
토마토	스파게티 저녁을 위한 물건
버섯	아침 음식
국수	화장실 용품
프랑스 빵	
레드 와인	
계란	
베이컨	
젤리	
비스킷	
오렌지 주스	
화장지	
치약	
비누	
식염수	
면도칼	

있는 식료품 목록을 보라. 이 목록은 식료품 가게의 가상적 나들이에 필요한 모든 항목을 담고 있으며, 그래서 기억술은 아니다. 또 그것은 기억을 돕지 않기 때문에 기억술은 아니다. 그것은 단지 기억할 요구를 대신할 뿐이다. 반면에 〈표 2-1〉의 두 번째 열에 있는 항목은 구입해야 할 모든 항목의 인출을 돕도록 설계된 단서들의 세트로 구성되었기 때문에 외부 기억술이다. 이러한 특별한 외부 기억술은 식료품 목록을 더 적게 감당할 수 있는 목록으로 요약한 범주 조직화(categorical organization)를 사용하였다. 이 기억술은 목록에 제시된 항목 범주를 점화하여 목록 항목에 대한 기억을 신호하도록 설계되었다는 점을 주시할 필요가 있다. 그래서 이런 유형

의 기억술은 회상침습(intrusion)에 취약하다. 실제로 범주 명칭 '아침 음식' 목록에는 없는 와플 시럽 같은 항목의 회상을 유도할 수 있다. 이런 문제는 대부분 지금 당장 필요하지 않은 항목을 구입하기보다 필요한 항목을 망각시키는 비교적 사소한 일이다.

목록 구성의 기억술 속성

앞서 언급하였듯이, 만약 전체 목록이 사람들이 인출 시에 필요한 목록을 지칭한다면 기억술로 간주하지 않는다. 그러나 연구는 전체 목록의 구성이 기억술 속성을 가질 수 있다고 지적했다. 인톤스-피터슨과 포니어(Intons-Peterson & Fournier, 1896)는 항목이 인출 시에 유용하지 않더라도 목록을 준비하는 과정이 기억될 식료품 항목에 대한 기억을 증진한다고 하였다(Barnett, Di Vesta, & Rogozinski, 1981). 분명히 목록 구성은 충분히 기억 증진을 야기한다는 점에서 부호화를 촉진시킨다. 이 경우, 목록 구성은 기계적 시연(되뇌임: 기억할 정보를 정신적으로 반복하는 과정-역자 주)한 형태가 되면서, 내부 기억술의 한 형태로 간주될 수 있다.

인톤스-피터슨과 포니어(1896)와 어느 정도 유사한 연구에서 브룩스, 프리드만 그리고 예사비지(Brooks, Friedman & Yesavage, 2003)는 성인에게 장소의 서면 목록을 준비하라고 지시하면 참가자가 검사 시에 그들의 장소 목록을 보도록 허락하지 않아도 단어 목록에 대한 기억을 증진한다고 하였다. 비록 이 연구가 내부와 외부 기억술 요인을 모두 포함하지만, 목록 구성의 기억술 속성에 대한 증거를 다시 보여 주었다.

보편적 외부 기억술

대부분의 외부 기억술은 앞에 제공된 사례들보다 기록이나 내부 기억술과는 보다 분명히 구별된다. 속담에도 나오듯이 손가락에 꼬리표 달기는 자주 언급되지만 거의 사용되지 않는 외부 기억술이다. 보다 보편적으로 사용되는 사례들은 개인적 경보(알람), 대략적 개요, 그림들, 그리고 기억 단서로서 위치에 항목 두기 등을 포함한다. 개인적 경보는 과제가 완결되어야 하는 신호로서 청각적 톤이나 멜로디의 소리를 사용한다. 그러나 과제의 성공적 완결은 톤에 의해서 신호되는 행동 방침이 무엇인지를 기억할 것을 요구함을 주시하라. 사람들은 왜 경보를 장치했는지를 기억하는 데 실패하는 상황을 쉽게 떠올릴 수 있다. 그런 실패는 사람들이 수행하는 데 필요한 어떤 것은 기억하지만 어떤 것은 무엇인지를 기억할 수 없는, 앞에서 논의한 미래기억과 일치한다.

개요(outlines)는 학습자에게 각 주제에 포함된 보다 구체적인 정보를 위한 기억을 신호하도록 주제들의 세트를 제공하는 기억술 목록의 한 형태다. 그림과 사진 역시 기억을 신호하기 위해서 사용할 수 있다. 비록 등산 야영지의 사진이 현장의 영원한 기록을 제공할지라도, 그것은 또한 사진에 직접적으로 표현 안 된, 등산의 다른 양상에 관한 기억을 신호할 수 있다. 후자의 기능은 사진을 기억술로 사용할 수 있는 방법의 한 사례다.

장소법(the place method)은 어떤 행위를 수행할 상기자(reminder)로서 어떤 장소에 물건을 남겨두는 것이다. 예를 들어, 어떤 사람이 도서관으로 되돌아오기를 기억하려 하면 그 사람은 그 책을 문 옆에 놓아둘 수 있다. 그 책은 그 사람이 도서관으로 돌아오는 과제를 수행하도록 상기시켜 주는 단서로 작용할 것이다. 이 상황에서 기억할 정보는 책 그 자체가 아니라 책을 가지고 수행하는 과제인 것이다.

외부 기억술을 사용하는 이유

흥미롭게도 기억술 목록과 장소법은 비심리학자가 가장 흔히 사용하는 기억 보조다(Park, Smith, & Cavanaugh, 1990). 더욱이 연구(Cavanaugh, Grady, & Perlmutter, 1983)에 따르면, 외부 기억술이 내부 기억술보다 더 자주 사용된다고 하였다. 이러한 발견에는 여러 가능한 이유가 있다.

첫 번째 이유는 일반인은 기억을 증진하는 데 유용한 다양한 효과적인 내부 기억술을 알지 못할 가능성이 높다. 그런 기법의 존재에 대한 피상적인 지식이 있다손 치더라도, 잠재적 사용자들은 주어진 기억술이 설계된 구체적인 적용을 알지 못할 가능성이 높다. 1장에서 언급하였듯이, 특히 형식적 기억술에서처럼 기억술이 잘못 적용되면 모든 내부 기억술에 대해서 보편적인 회의를 일으킬 수 있다.

외부 기억술이 내부 기억술보다 더 자주 사용되는 두 번째 이유는 사용의 용이성과 관련되어 있다. 일반적으로 외부 기억술의 사용은 기억 부담을 줄일 수 있고 학습자에게 기억의 지름길을 제공할 수 있다. 이런 가능성은 외부 기억술이 내부 기억술보다 더 효율적이라고 여기기 쉽다. 그러나 그렇지 않다. 어떤 사람이 단지 개인

적 경보나 기억을 보조하는 기억술 목록에만 의존하는 상황을 고
려해 보자. 기억에 관한 매일매일의 요구는 수많은 경보를 맞추어
놓아야 하고 하루에도 수많은 목록을 다루어야 한다. 이 점에서 목
록의 관리는 그 자체가 기억 체계에 부담을 주는 것이다. 더욱이 다
양한 간격으로 발생하는 잦은 청각적 경보는 친구와 동료를 얼마
나 불안하게 만들 것인지 상상할 수 있다.

외부 기억술 사용에 가장 적합한 상황

외부 기억술 혹은 내부 기억술의 사용에 대한 결정은 흔히 개인의
선호도로 압축된다. 어떤 유형의 기억술이 가장 적절한 상황인지
는 따로 있다. 인톤스-피터슨과 포니어(Intons-Peterson & Fournier,
1896)는 외부 기억술의 사용이 가장 적절한 여섯 개 상황을 제안하
였다.

① 미래 기억이 검사될 때
② 기억이 극단적으로 오랜 파지 기간 후에 검사될 때
③ 부정확한 기억의 결과가 엄청날 때
④ 기억할 정보가 매우 복잡하거나 아니면 이해하기가 어려울 때
⑤ 부호화 시에 정교화할 시간이 적을 때
⑥ 기억 부담이 높거나 주의가 분산되었을 때

비록 우리는 이런 상황이 외부 기억술의 사용에 적합하다고 동의
하지만 인톤스-피터슨과 포니어(1896)는 여기서 사용한 것과 다른

외부 기억술의 조작적 정의를 적용하여 그들만의 목록을 구성하였다는 것을 주지하여야 한다. 특히 이들 저자는 기억할 정보의 기록과 외부 기억술 간의 구분을 두지 않았다. 그들은 그들의 손에 기억할 정보를 쓰는 방법도 외부 기억술로 기술하였다. 반면에 우리는 그런 방법은 기억될 정보의 기록으로 간주하였다. 그럼에도 불구하고 외부 기억술의 사용을 위한 인톤스–피터슨과 포니어의 목록은 여기서 선택한 접근과 매우 일치한다.

✿ 자기생성 대 타인생성 기억술

기억술 선택의 공통적 관심은 학습자가 타인이 고안하거나 그들 자신이 기억술을 생성하거나 혹은 기존의 기억술을 선택하는 것이다. 타인이 생성한 기억술을 사용하는 이점은 종종 그들의 효력에 대한 경험적 증거가 존재한다는 데 있다. 더욱이 기억술의 효력에 내재된 과정들을 알지 못하는 학습자들은 효력에서 제한적이거나 완전히 비효과적인 기억술을 창안할 수 있다. 더하여 기억술의 창조는 어느 정도의 창의성과 더불어 시간과 노력을 요구한다. 물론 타인이 생성한 기억술, 특히 형식적 기억술도 학습하는 데 시간과 노력을 요구한다.

타인이 생성한 기억술의 주요 불이익은 그것을 사용하는 사람들이 주어진 방법이 디자인된 구체적 적용을 알지 못한다는 데 있다. 기억술을 구성한 사람은 기억술이 구성된 목적을 분명히 알고 있기 때문에 타인이 생성한 기억술을 잘못 적용할 가능성은 자기가 생성한 기억술을 잘못 적용할 가능성보다 더 높다.

자기생성 기억술은 개인의 학습 스타일과 선호도에 잘 맞는다는 이점도 있다. 자기생성 기억술의 또 다른 주요 혜택은 자기생성 정보가 타인이 제공한 정보보다 파지가 잘된다는 확고한 결과를 활용할 수 있다(Bobrow & Bower, 1969; Slamecka & Graf, 1978).

그러나 기억술의 맥락에서 자기생성 정교화의 효력은 기억술의 복잡성에 의존한다. 예를 들어, 자기생성 정교화는 단순 기억술을 사용할 때에 타인생성 정교화보다 더 효과적이지만(Ironsmith & Lutg, 1996; Jamieson & Schimpf, 1980; Kuo & Hooper, 2004) 사용이 어려운 기억술은 그렇지 않다(Patton, D'Agaro, & Gaudette, 1991). 이런 결과는 자기생성과 타인생성 정교화와 자기생성과 타인생성 기억술 간의 차이를 강조한다.

자기생성 기억술은 분명히 자기생성 정교화를 포함하지만, 타인생성 기억술은 자기생성이나 타인생성 정교화에만 의존할 수 있다. 제2언어 습득을 증진하는 데 자주 사용하는 핵심어법(keyword method)의 경우를 고려해 보자. 이 형식적 방법은 외국어의 의미와 외국어와 발음이 같은 알려진 언어의 단어 간의 심상을 형성해야 한다. 예를 들어, 'flowerpot(화분)'를 의미하는 스페인어 'tiesto'를 학습하려 할 때, 영어 발성자는 flowerpot(화분)를 스페인어 tiesto와 비슷한 발음을 지닌 영어 단어로 표현되는 대상에 결합하는 심상을 형성해야 한다. 이 경우 핵심어법의 지지자는 영어 단어 tea가 화분에서 자라는 차나무의 심상을 형성하는 데 사용하도록 제안할 것이다. 그렇지 않으면 학습자는 이 기억술을 자신의 영어 단어를 생성하는 데 사용할 수도 있다. 예를 들어, 학습자는 화분의 주제에서 영어 단어 test를 다중선택 검사(multiple-choice test)의 심상을 형성하는 데 사용할 수도 있다.

이 책을 거치면서 분명해지겠지만 효과적인 기억술에 내재된 과정에 대한 지식은 주어진 학습 상황에서 적절한 기억술을 선택하는 데 결정적이다. 더욱이 기억술 과정의 지식은 그들의 학습 스타일에 가장 적합하고, 그런 자기생성 기억술을 자신감을 가지고 사용할 수 있는 기억술을 창조하도록 할 것이다.

⚙ 자기도입 대 외부도입 기억술

자기생성 대 타인생성 기억술에 관련된 문제는 기억술이 자기가 도입했는지 아니면 타인이 도입했는지다. 자기생성 대 타인생성은 누가 기억술을 구성했는지를 다루는 반면, 자기도입 대 타인도입은 누가 그것을 사용하도록 하였는지를 다룬다.

의도학습과 우연학습 간의 차이는 자기도입 대 외부도입 기억술의 문제에서 핵심이 된다. 의도(intentional)학습은 정보를 기억하기 위해서 의식적 노력을 포함한다. 반면에 우연(incidental)학습은 학습을 위한 의도가 없거나 목전의 기억 검사에 대한 지식 없이 일어난다. 어떤 학생이 기억술을 검사에 나타날 정보의 기억을 증진토록 사용한다면 그는 자기도입 기억술을 사용하고 있는 것이다. 그러나 기억술이 외부적으로 도입되는 경우도 있다. 예를 들어, 중요한 개념을 설명하기 위해서 유머 있는 사례를 사용하는 교수는 비록 학생들이 강의 동안 외현적으로 그 정보를 기억하려는 노력을 하지 않더라도 기억을 증진할 수 있는 방법으로 정보를 기본적으로 제시할 수 있다. 이런 유형의 외부적으로 도입된 기억술은 잠재적으로 유연학습을 유도하여 공부를 하지 않는 학생들조차도 시험 성적을 높일 수 있도록 만든다.

이런 개념에 기초한 직관적인 결론은 교육자가 기억술적으로 효과적인 방법을 사용하여 정보를 학생들에게 확실하게 제시해야 한다는 것이다. 비록 우리가 이러한 결론에 전적으로 동의하지만 우리는 또한 개인 차이(즉, 성격 차이)가 외부적으로 도입된 기억술의 효력을 감소시킬 수 있다는 것을 알고 있다. 가능한 많은 학생을 돕기 위해서 우리는 교실에서 다양한 기억술 방법을 사용할 것을 권한다. 교육학에서 사용하는 기억술은 7장에서 더 논의할 것이다.

⚙ 요 약

주어진 학습 상황에서 기억술을 선택할 때 고려해야 할 많은 요인이 있다. 검사되는 기억의 유형, 검사의 본질, 그리고 능력과 스타일의 개인차 등은 각각 기억술의 효력에 영향을 미칠 수 있다. 그래서 주어진 기억술이 디자인된 목적을 알고, 기억술을 선택할 때 학습 상황의 목표를 염두에 두는 것이 중요하다. 더욱이 학습자는 개인의 학습 스타일에 적절한 기억술을 선택해야 한다. 이러한 요인들은 자기생성이나 타인생성 기억술과 관계없이 고려되어야 한다.

기본적 인지와 기억술 과정

기억술적 접근의 핵심은 성공적인 기억술 기법이 중요한 기본 기억 과정을 건드리며, 그런 의미에서 기억술의 인위적 기억과 기본 인지 과정의 자연적 기억이 본질적으로 공생관계에 있다는 가정이다. 그러나 이 가정은 분명하지만 기억술과 기본 과정 간의 관계성에 대한 명확한 인식은 다음의 세 가지 이유에서 중요하다.

첫째, 기억술학적 접근의 가장 중요한 가정은 기본 기억 과정의 이해가 기억술 장치의 창의적 발전을 가능하게 한다는 것이다. 둘째, 효력을 가진 입증할 수 있는 특정 기억술은 기본 과정을 들여다보게 하는 창(문)을 제공한다. 이런 의미에서 기초 연구와 그것의 응용은 튼튼한 공생관계다. 셋째, 기억술학 접근의 유형적 자산가치는 적으나 자연과 인위적인 학습과 기억 간의 긴장감을 덜 수 있다는 것이다.

인위적 기법을 포함한 모든 것은 자연적 기억 과정에 의존한다. 그런 이유로 이들 기법은 논리적으로 볼 때 인위적인 것이 아니다. 이 장에서 우리는 우선 기본 인지 과정을 논의할 것이다. 우리가 보듯이 확립된 기억술 장치에서 확인할 수 있다. 그래서 우리는 이들 과정이 기본 기억 이론에서 잠재적인 중요 목표임을 지적하면서 많은 기억술 기법에 공통된 추가 과정도 확인할 것이다.

⚙ 기본 인지 과정

부호화

정보를 정신적 표상으로 전환하는 초기 과정은 부호화(encoding)로 알려졌다. 부호화는 활동적인 학습 과정의 첫 단계이며, 기억술의 성공을 결정하는 데 특히 중요한 과정이다. 기본 부호화 과정에 대한 강조는 대부분의 내부 기억술이 정보가 성공적으로 저장되고 기억에서 인출되도록 하기 위해서 기억할 정보의 부호화를 촉진하도록 설계되었기 때문에 효과적 기억술을 이해하는 데 핵심이 된다. 이 점을 염두에 두면, 부호화, 저장, 인출이 매우 상호 의존적인 과정이라고 아는 것 또한 중요하다.

적절하게 부호화되지 못한 정보는 저장과 인출을 (불가능하지는 않지만) 어렵게 할 것이다. 유사하게 기억될 정보가 잘 부호화되더라도, 정확한 인출을 방해하는 방식으로 저장된다면 그 정보는 기억되지 않을 것이다. 차례로 적절하게 부호화되고 저장된 정보는 성공적인 인출 없이는 기억될 수 없다. 그래서 부호화는 필연적으로 저장과 인출에 선행하기 때문에, 다음 처리의 성공은 이전 처리에 의존한다. 더욱이 적절한 부호화의 혜택은 인출 시에 실현된다는 사실은 잘 알려져 있다. 예를 들어, 특정 기억술 기법은 매우 진단적 인출 단서를 유도하는 절차를 포함할 수 있다. 그 결과 기억술의 이득은 그 효과가 인출을 촉진하는 단서들의 부호화에서부터 시작한다(예, Tulving, 1983).

선택적 부호화(selective encoding)   헌터(Hunt, 2008)는 부호화 과정은 세 가지 방향으로 기억에 영향을 미친다고 하였다.

첫째, 부호화는 주의(attention)를 지향하는 역할을 하므로 기억될 정보 중에서 선택한 부분만이 기억에 표상된다. 기억에 대한 처리 수준(level-of-processing) 접근의 많은 연구(Craik & Lockhart, 1972)는 성공적인 기억은 기억될 정보의 특정 속성(feature)에 대한 정향(orientation)에 의존한다고 하였다. 예를 들어, 크래이크와 툴빙(Craik & Tulving, 1975)은 참가자에게 한 단어 목록을 제시하면서, 각 단어가 대문자 혹은 소문자로 타자되었는지, 각 단어가 제시된 단어와 음운이 같은지, 아니면 각 단어가 제시된 문장 틀에 의미적으로 적합한지를 결정하게 하는 지시를 함께 주었다. 그 결과는 후자 조건이 전자의 두 조건에 비해서 목표 단어의 기억이 우수하였다. 이 결과는 의미 특징에 대한 정향이 기억할 정보의 표면적 특징에 대한 정향보다 나은 기억을 유도한 것이다. 이들 결과를 기억술에 확장하면, 최대한의 효력을 성취하기 위해서 기억술 기법은 기억할 정보의 지각적 특징보다 의미에 대한 정향을 북돋워 주어야만 한다.

이런 결론에 대한 중대한 위험 부담은 어떤 부호화 과정의 효력도 기억 검사의 본질에 전적으로 의존한다는 것이다. 비록 의미 정향은 최고의 기억을 양산하지만, 기억에 대한 최대의 요구(demand)도 의미 정향에 있다는 사실이다. 만약 기억 검사가 이전 경험의 지각적 양상을 탐사한다면, 이런 자질은 처리 수준에서 전이 적절 처리로 이행됨을 의미한다. 전이 적절 처리(transfer-appropriate processing)는 검사의 요구가 이전 습득과 같은 과정이 요구될 때, 수행이 최상이 될 것이라는 단순한 원리다(Blaxton, 1989; Jacoby, 1983; Morris, Bransford, & Franks, 1977). 이 원리의 성공적 적용은 검사 요구의 본질에 대한 지식을 요구하는데, 이는 대부분 우리의 일상 경험에서는 거의 접할 수 없는 것이다. 세상이 우리의 대부분 일상 활동에 대한 미래에 대해서 무엇을 알기를 원한다는 것을 누가 알겠는가? 그러나 기억술의 사용을 부추기는 상황은 다르다. 우리가 의도적으로 사용하는 부호화 전략은 우리가 기억할 필요가 있는 것이 무엇인지를 알도록 한다. 이 상황은 전이 적절 처리를 적용하기에는 완벽한 장소다.

변환 부호화(transformational encoding)　부호화는 기억할 정보를 변환하는 기능을 지니기 때문에 결과로 초래된 심적 표상은 원래 자극과 질적으로 다르다. 물론 정의에 의하면 심적 표상(mental representation)은 자극 입력을 같은 형태로 포착하지는 않는다. 그래서 우리가 '변환'을 말할 때, 우리는 길고 복잡한 진술을 간단한 개념으로 전환하듯이 자극의 전체적인 교체를 의미한다. 예를 들어, 한 학생에게 손다이크(Thorndike, 1911)의 효과의 법칙을 제시한 상황을 상상해 보자.

> 같은 상황에서 만들어진 여러 반응 중에서, 동물에게 만족을 동반하거나 수반한 것들은 다른 조건이 동일하다면 그 상황과 더 확실히 연결될 것이며, 그들은 다시 일어날 가능성이 더 높을 것이다. 동물에게 불만족을 동반하거나 수반하는 것들은 다른 조건이 동일하다면, 그 상황과 그들의 연결은 약화되어 그것이 되풀이되면, 그들은 일어날 가능성이 감소할 것이다. 만족이나 불만족이 클수록 유대의 강화나 약화가 클 것이다(244쪽 참조).

단어 표현의 길이나 상대적 복잡성이 더해지면, 학생들은 이 진술을 기억에 글자 그대로(verbatim) 저장하지는 않는다. 대신에 그 진술은 진술의 요약이 유지되는 방식으로 부호화될 것이지만, 정확한 단어와 그 학생에게 부적절한 세부 사항은 확실히 버려질 것이다. 예를 들어, 효과의 법칙에 대한 결과된 심적 표상은 "만약 당신이 어떤 것을 해서 좋은 결과가 초래되었다면 당신은 유사한 상황에서 그것을 다시 할 것이며 반대도 마찬가지다."와 같이 될 것이다. 이 경우에 본래 자극 입력은 부호화 과정에서 변화되기 때문에 본래 길이의 진술에 대한 간결한 해석이 기억에 저장된다.

변환 부호화의 다른 사례는 일련의 계명(note)을 듣는 동안에 그 패턴을 5음 음계로 인식하고 기억에 표상하는 기타 연주자다. 본래 입력은 개별적 음악 계명이지만 부호화는 추상적 음악 개념이다. 그래서 그 계명은 사실상 개별적 단위에서 단일한 패턴으로 변환되며, 청각적 표상에서 의미적 표상으로 변환된다.

기억술에 적절한 또 다른 공통적인 기본적 부호화 과정은 감각 양상(modality)의 변환이다. 즉, 경험의 표상은 초기의 감각 형태에서 다른 형태로 변환된다. 가장 흔한 것은 시각과 구전(verbal) 형태의 양방향(two-way) 변환이다. 구전적 기술은 시각적 심상으로 부호화될 수 있고, 마찬가지로 그림은 구전적 경험으로 부호화될 수 있다. 시각적 심상은 이들 기본 부호화 변환에서 가장 많이 연구되었지만, 원칙상 모든 감각 양상은 그런 변환에 대한 후보자들이다. 중요하게도 이들 변환은 본래 표상을 대체할 필요가 없다. 실제로 시각적 심상의 기본 과정에 대한 모든 이론은 같은 사건의 다중(multiple) 표상이 기억에 저장될 수 있다고 가정한다(Paivio, 1991).

시각적 심상은 기억술에서 보여 준 심상의 명성으로 인해서 부호화 시 기초적인 변환 과정과 기억술 장치 간의 명확한 접점(interface)이 된다. 변환 부호화 과정 역시 여러 기억술 기법의 기본적인 구성 요소다. 두문자어(acronyms)의 사용은 부호화 시의 변환을 포함하기 때문에 기억할 정보가 작은 단위로 축소된다. 예를 들어, 두문자어 'KISS'는 컴퓨터 프로그래머와 생활 코치에게 'Keep it simple, Stupid!(간단히 해!)' 같은 주문(mantra)을 기억하는 데 사용할 수 있다.

주요 체계 기억술 역시 변환 부호화를 사용한다. 1장에서 언급하였듯이, 주요 체계는 기억을 보조하기 위해서 많은 숫자(number)를 낱자(letter)로 변환하는 것을 포함한다. 그래서 낱자에서 숫자로의 변환은 부호화 시에 발생하는 변환이다.

정교화된 부호화(elaborative encoding)   정교화는 아마도 기억술의 맥락에서 부호화의 가장 보편적인 기능이다. 정교화는 기억할 정보에 추가적인 특징을 장식하는 과정이다. 예를 들어, 구전 학습 재료를 장식하기 위한 심상의 형성은 심상 정교화로 간주될 것이다. 유사하게 말뚝어법(peg-word method)은 정교화 부호화를 사용하기 때문에 기억할 정보가 상호작용적 심상을 사용하여 말뚝단어의 이전 학습 목록을 연합시키게 된다. 이 경우에 기억할 정보는 말뚝단어와 심상의 양쪽 연합에 의해서 장식된다.

앞에서 기술한 세 가지 부호화 기능은 서로 배타적이지 않다는 사실을 주지해야 한다. 기억술은 종종 기억을 증진하기 위해서 하나 이상의 부호화 과정을 이용한다. 예를 들어, 핵심어법(keyword method)은 외국어 단어의 변환과 발성 때 같은 소리 간의 연합을 형성하기 위해서 상호작용적 심상을 사용한다. 그래서 이런 기억술은 의미와 음소 특징에 대한 선택적 정향과 심상을 사용한 기억할 정보의 정교화를 포함한다.

유사하게 정교화가 두문자어를 사용할 때 변환적 부호화와 결합할 수 있다. 예를 들어, 두문자어는 심상과 결합할 때 더 효과적이라고 밝혀졌기 때문에 'Keep it simple, Stupid!(간단히 해!)'라는 주문을 기억하는 데 도움을 주기 위해서 듣기 쉬운 락(rock) 음악을 연주하는 것으로 잘 알려진 밴드 KISS를 상상할 수 있다.

저장

저장(storage)의 개념은 부호된 기억이 어디엔가 있을 것을 암시한다. 기억이 저장된다는 이러한 단순한 개념은 기억이 작동하는 방식에 관한 대부분 사람의 직관이며, 기억의 지배적인 틀의 한 부분이다. 이 가정은 서로 다른 기억이 서로 다른 기억 저장을 유지하고 있다는 것이다.

각각의 저장 체계는 그 자신만의 특성을 지니고 있으며, 그것은 저장되는 표상의 유형, 그 체계에서 흔적의 시간적 특징, 그리고 이들 흔적의 형성과 사용에 작동하는 기억 과정 등을 포함하고 있다(Schacter & Tulving, 1994). 예를 들어, 앳킨슨과 쉬프린(Atkinson & Shiffrin, 1968)은 세 가지의 저장 장소, 즉 감각 저장, 단기 저장, 장기 저장을 기술하였다.

환경 사건의 정보는 본래의 물리적 에너지의 감각 표상만을 담고 있는 감각 저장으로 들어간다. 만약 주의 과정이 정보에 작용한다면 그 정보는 단기 저장으로 변환된다. 단기 저장은 매우 제한된 용량을 지닌 일시적 저장 장소로 알려졌으며, 본래 음소 표상(소리 형태)만을 담고 있다고 가정되었다. 단기 저장 내에서 작동하는 시연(rehearsal) 과정은 짧은 흔적의 유지와 장기 저장으로의 전환을 유도한다. 장기 저장의 흔적은 영속적인 시간적 특성을 즐기며, 본래 의미로 저장되도록 가정되었다. 앳킨슨과 쉬프린 이론은 그 틀의 특정한 매개변수를 수정하기는 하였지만, 기억 묘사에 대한 기본적 접근은 장소(place)에 머물렀고, 단기와 장기 기억 내에서 분리된 체계를 포함하는 것으로 확장되었다(Baddeley, 2000; Schacter,

Wagner, & Buckner, 2000).

크래이크와 록하트(Craik & Lockhart, 1972)의 처리 수준 이론은
분리된 저장 장소를 주장하지 않았지만 대단한 영향력을 행사한
기억 모형이다. 이 이론은 저장 장소가 아니라 처리의 질(quality)이
기억에서 기억될 정보의 수행을 결정한다고 하였다. 이러한 조망
은 대부분의 저장 과정이 불필요하였다. 더욱이 부호화의 형태와
부호화 조건이 인출 조건과 상응하는지에 강조를 두었다. 후자의
개념은 모리스 등(Morris et al., 1977)의 전이 적절 처리의 핵심이다.
요약하면, 이 원리는 부호화를 위해 선택된 속성이 학습된 정보의
성공적인 회복을 위해서 기억 검사의 본질과 상응해야만 한다고
진술한다. 즉, 기억 검사가 기억될 정보의 의미를 강조한다면, 성
공적인 기억은 의미의 부호화를 요구할 것이다. 그래서 전이 적절
처리의 원리는 부호화와 인출의 상호 의존성을 함의한다. 이 개념
은 후에 부호화 특수성 원리(encoding specificity principle)에 의해서
강화되었다(Thomson & Tulving, 1970; Tulving & Thomson, 1973). 부
호화 특수성 원리는 성공적인 인출은 부호화 시에 제시된 인출 단
서에 의존한다고 진술하였다. 그래서 처리 수준 틀로부터, 성공적
인 기억은 저장을 내세우지 않고 부호화와 인출만으로 설명할 수
있다.

비록 저장 개념이 기억술 기능을 설명하는데 필수적이지 않지만,
기억에서 정보의 구조가 기억술 성공에 함의될 수 있다는 개념은
가치가 있다. 예를 들어, 학습된 정보가 본래는 조직화된 형상으로
제시되지 않거나(Bousefield, 1953) 혹은 표면상으로 관련이 없더라
도(Tulving, 1962) 그 정보가 매우 조직화된 방법으로 기억에 표상되

었다는 사실은 널리 믿게 되었다. 이러한 발견의 함의는 기억할 정보를 조직화하는 데 도움이 되는 기억술은 기존 지식의 조직화에 일치하는 방법으로 정보를 배열함으로써 기억을 증진시킬 수 있다는 것이다. 즉, 조직화는 기억할 정보를 기존의 지식구조에 더 효율적으로 조절되도록 한다. 사람들은 이것을 조직화가 저장을 더 효율적으로 만든다는 의미로 해석할 수 있다. 그러나 전이 적절 처리의 전망에서 제기된 것과 똑같이 적절한 해석은 만약 검사가 조직적 처리 요구와 중복된다면 조직화 과정이 이후의 수행을 촉진한다는 것이다.

인출

인출(retrieval)은 기억으로부터 정보를 회복하는 과정이다. 이미 언급한 것처럼 정보의 인출은 부호화 과정의 본질에 많이 의존한다. 성공적인 인출은 부호화 조건이 인출 조건에 일치될 때(전이 적절 처리), 그리고 학습된 정보에 접근하기 위해서 사용되는 단서가 부호화 시에 제시된 경우에(부호화 특수성) 발생한다. 이러한 조망에서 보면, 인출은 단순히 목표 정보가 회복될 때까지 가능한 반응 세트를 줄이기 위해서 단서들을 사용하거나, 아니면 목표의 성공적인 회복 없이 가능한 반응을 모두 망라하는 과정이다. 그래서 기억술의 성공은 주어진 기법이 인출 시에 유용한 단서의 부호화를 도와주는 정도에 의존한다. 구체적 학습 정보를 고유하게 확인하는 단서들이 목표 정보의 더 일반적인 양상에 접근하도록 제공된 단서들보다 한결 효과적이다.

고유하게 확인할 수 있는 단서들의 중요성은 인출 시에 정보를 간섭하는 잠재적인 영향력을 고려할 때 두드러진다. 간섭(inter-ference)은 새롭게 학습한 정보가 이전에 학습한 정보의 인출을 어렵게 하거나(역행간섭) 혹은 이전에 학습한 정보가 새롭게 학습한 정보의 인출을 어렵게 할 때(순행간섭) 발생한다. 추가 학습이 목표 정보의 인출을 간섭하는 정도는 간섭 정보와 목표 정보의 유사성에 의존한다. 특히 목표 정보에 매우 유사한 정보는 덜 유사한 정보보다 간섭을 유발할 가능성이 더 높다(McGeoch & McDonald, 1931). 그래서 목표 정보에 대해서 매우 진단적으로 고유하게 확인할 수 있는 단서들은 더 일반적인 단서들보다 간섭에 더 저항적일 수 있다.

단서의 진단 가능성 개념은 많은 기억술이 인출 시에 기억할 정보를 매우 변별 가능하도록 만드는 단서들을 제공하게 하는 절차를 포함하고 있기 때문에 기억술의 맥락에서 중요하다. 예를 들어, 기억할 정보의 특이(distinctive) 처리를 증진하기 위해서 정교적 부호화를 포함하는 기억술 절차는 매우 효과적인 인출 단서이기에 어느 정도는 성공적이라고 믿을 수 있다(Hunt & McDaniel, 1993; Hunt & Smith, 1996; McDaniel, DeLosh, & Merritt, 2000; Waddill & McDaniel, 1998).

기억 검사는 인출 시에 유용한 단서 정보의 종류에 따라 다르다. 소위 자유회상은 종종 어떤 단서도 제공받지 못한다는 특징이 있지만, 이것은 자유회상 상황에 항상 단서가 제공된다는 측면에서 과장된 표현이다. 그러나 이들 단서들은 특정 항목에 대해서는 일반적이고 진단 가능성도 낮다. 예를 들어, "당신은 시카고에서 무슨 일을 했나요?" 같은 질문은 "내가 당신에게 보여 준 모든 항목을 회상하시오." 같은 실험실 지시와 유사하다. 양쪽 사례에서 "당신은 무엇을 했는가?"라는 요구에 대비되는 유용한 단서 정보가 있지만, 이 정보는 구체적 항목이 생성되도록 하는 일반적 사건을 억제하게 된다.

단서회상 검사는 단서가 관심 있는 특정 사건이나 항목을 구체화하는 보다 진단적 정보를 제공한다. 예를 들어, "당신이 시카고 미술관에서 좋아하는 작품은 무엇인가요?"라는 요청의 단서 정보는 "당신은 시카고에서 무엇을 했나요?"보다 매우 구체적이다. 더욱 더 힘을 실어 주는 것은 어떤 항목이 구체적인 이전 경험의 부분인지 아닌지를 결정하도록 요구받는 재인 검사(recognition test)에서의 단서 정보다. 재인은 항목 자체의 생성을 요구하지는 않지만 특정한 과거 경험에 관한 변별적 판단을 요구한다.

다른 단서 환경은 인출 시의 심리적 과정에 다른 부담을 준다. 결론적으로 기억술 기법의 효력이 기억 검사의 유형이 지니고 있는 기능에 따라 변한다는 것은 놀랄 일이 아니다. 예를 들어, 표준적 언어(구전, verbal) 부호화에 비해서, 행위(performance) 부호화는 자유회상보다 재인에서 기억을 크게 증진시킨다(Mohr, Engelkamp, & Zimmer, 1989). 유사하게, 학습자가 짧은 파지 기간 후에 검사를 받을 때, 괴이한 심상은 전적으로 자유회상을 증진하지만 단서회상은 그렇지 않다(Wollen & Cox, 1981). 이러한 발견은 어떤 기억술은 주로 목표 정보의 변별력을 높힘으로써 기억을 촉진하지만, 반면에 다른 것은 주로 인출의 생성적(generative) 측면만을 촉진하게 한다는 것을 시사한다.

✿ 기억술 성공에 근본적인 구체적 부호화 과정

조직화

조직화(organization)는 항목을 다른 항목 간의 공유된 관계성에 기반하여 개별 항목을 집단화하는 과정이다. 예를 들어, Audrey, Andrew, Carla, Floyd, Rita, Hugo, Katrina, 그리고 Ivan은 항목 간의 여러 다른 관계성에 따라 조직화될 수 있다. 아마도 가장 보편적인 조직화는 목록을 여성 이름(Audrey, Carla, Rita, Katrina)과 남성 이름(Andrew, Floyd, Hugo, Ivan)으로 집단화 하는 것이다. 두 번째, 기상학자는 같은 목록을 지나가 버린 허리케인 이름처럼 단일 범주로 조직화할 것이다. 세 번째 가능한 조직화는 그 목록을 모음으로 끝나는 이름과 자음으로 끝나는 이름으로 집단화 하는 것이다. 이 모든 사례에서, 목록의 항목은 범주 명칭으로 신호될 수 있는 공통된 특징에 기반하여 집단화되었다. 그래서 조직화는 관계적 처리 과정(relational processing)으로 불리는 과정처럼 단순히 항목 간의 유사성으로 부호화한다.

비록 많은 연구(예, Bower et al., 1969; Cohen, 1963)가 조직화된 정보가 비조직화된 정보보다 기억이 쉽다고 하지만, 다른 연구에서는 관계적 처리만으로는 기억술 효력이 제한된다고 하였다. 예를 들어, 툴빙과 펄스톤(Tulving & Pearlstone, 1966)은 참가자에게 범주로 조직된 목록을 제시하였다. 각 목록은 범주 명칭과 각 범주의 항목 수를 포함하였다. 목록 제시 후에 참가자는 단서회상 검사 후에 자유회상 검사를 수행했다. 그 결과 범주 명칭에 의한 단서회상은 자유회상에 비해서 적어도 한 항목에서 회상된(범주 접근) 범주의 수를 증가시켰다. 그러나 각 범주 내에서 회상된 항목의 수는 회상 검사의 유형에 따라 다르지 않았다.

동일한 패턴의 결과가 범주 명칭이 제시된 목록에 포함되지 않은 연구에서도 발견되었다(Lewis, 1971). 이러한 발견은 관계적 처리 과정이 학습된 정보의 일반적 범주에 대한 접근을 촉진하지만, 그 범주를 구성하는 개별적 목표 항목의 변별을 돕지는 못했음을 시사한다. 더욱이 이 연구는 관계적 처리 과정(즉, 범주와 도식 기억술)에만 의존하는 기억술 기법은 그들의 효력이 제한될 가능성이 있음을 주장하였다. 이런 개념과 일치하여 가장 효과적인 기억술은 관계적 처리 과정에 가담하는 절차를 포함하지만, 그것을 효력을 위한 유일한 기제로 여겨서는 안 된다.

정교화

다방면에서 정교화는 조직화에 반대하는 기능을 제공한다. 조직화 과정은 기억할 정보 사이의 관계에 초점을 두지만, 정교화는 개별 항목의 의미를 꾸미는 기능을 한다. 정교화 처리의 효과는 기억할 정보를 경쟁 정보와 구분하는 고유한 확인 단서를 산출하여 보다 변별 가능한 항목을 만드는 것이다. 그래서 조직화는 유사성의 과정(관계적 처리 과정)을 포함하는 반면, 정교화는 차이의 과정을 포함한다. 처리된 차이의 구체적 형태는 각각의 기억될 항목에 고유하게 구체적인 것이다. 이런 유형의 처리 과정은 흔히 항목 특정

처리 과정(item-specific processing)이라 한다. 항목 특정 처리 과정
의 중요성은 그것이 매우 진단적 인출 단서가 될 부호화를 조장한
다는 것이다.

　이미 언급한 것처럼 정교화는 기억술 기법의 보편적인 구성 요
소다. 그러나 어떤 기억술에 대해서도, 정교화는 의미적이거나 비
의미적일 수 있다. 우리는 이들 두 가지 서로 다른 유형의 정교화를
다음에 기술하였다.

　의미적 정교화　참가자가 단어의 격(case)이나 음운(phonology)
을 결정할 때에 비해서 목표 단어가 문장 틀에 적절한지를 판단할
때가 기억이 더 좋았다는 크래이크와 툴빙(1975)의 발견은 단어
의미의 정교화가 기억을 증진한다는 증거다.

　유사한 연구에서 브래드쇼와 앤더슨(Bradshaw & Anderson, 1982)
은 참가자에게 역사적 그림인 사실들을 보여 주고 관련된 사실로
정교화시키거나, 무관련 사실로 정교화시키거나, 아니면 전혀 정
교화를 시키지 않거나 하였다. 그들의 세 번째 실험 결과는 관련
된 정교화를 받았던 사실들이 무관련이나 정교화 없는 사실들보다
더 기억이 잘됨을 보여 주었다.

　이러한 결과와 일치하게 커어와 위노그래프(Kerr & Winograd,
1982)는 부호화 시 목표 사람에 대한 기술적 문구의 추가가 얼굴 재
인을 증진시킴을 발견하였다. 이러한 발견은 주제에 적절하게 관
련된 정보에 의한 의미 처리 과정도 역시 기억을 증진시킨다는 것
이다. 기억술의 맥락에서 보면, 이들 결과는 학습자에게 핵심적이
지 않지만 기억될 정보의 요약을 넓힐 수 있는 관련된 사실을 생각

하도록 북돋우는 절차가 유익하다는 것이다. 예를 들어, 교사가 단지 여러 가지 실제 사례를 표준 정보에 보충하는 것만으로 기억해야 할 학습 재료를 보다 잘 기억하도록 만든다.

기억을 증진하는 데 효과적인 좀 다른 유형의 의미 정교화가 로저스, 큐이퍼 그리고 커커(Rogers, Kuiper & Kirker, 1977)에 의해서 입증되었다. 이들의 첫 번째 실험에서 참가자는 특질(trait) 형용사의 목록을 제시받으면서 각 형용사가 소문자 혹은 대문자로 타자되었는지, 각 형용사가 제시된 단어의 각운(rhyme)을 가졌는지, 각 형용사가 제시된 단어와 같은 의미인지, 아니면 각 형용사가 자기 자신을 기술하는지를 결정하도록 하는 지시도 받았다. 그 결과는 자기참조(self-referencing) 조건에서의 자유회상이 의미 조건보다 많은 회상을 하였고, 의미와 자기참조 조건은 모두 다른 두 조건보다 더 많은 회상을 하였다. 이들 결과는 정보를 자기와 관련하여 숙고하는 것이—아마도 기억에 가장 잘 형성된 개념—최상의 강력한 형태의 정교화임을 시사한다. 이 개념과 일치하여 다른 연구자(예, Hyde & Jenkins, 1969; Packman & Battig, 1978) 역시 아마도 자기참조가 포함된 주관적 평가(즉, 즐거움) 판단이 객관적이거나 표면적인 특성에 기반을 둔 판단보다 기억이 증가됨을 발견하였다(Hyde & Jenkins, 1969; Packman & Battig, 1978).

특별히 기억술과 관련하여 이들의 발견은 주관적 평가를 부추기는 절차가 강력하게 회상을 증진시킬 수 있음을 제시하였다. 예를 들어, 새로운 정보를 제시하면, 사람들은 단순히 "내가 이 생각에 동의하는가? 내가 이 생각의 암시를 좋아하는가? 이 정보가 내가 이미 알고 있는 것에 부합하는가?"와 같은 질문을 자신에게 묻게

될 것이다. 앞에서 언급한 연구에 근거하면, 단순하게 이런 질문을 묻는 것이 새로운 정보를 위한 강력한 기억을 초래할 수 있다.

　　비의미적 정교화　　비록 연구들이 의미 정교화가 기억을 증진한다는 생각을 분명하게 지지할지라도, 어떤 연구는 필연적으로 의미적 처리 과정은 아니라도 보다 확장된 대규모 처리 과정이 기억을 증진한다고 하였다. 예를 들어, 콜러스와 퍼킨스(Kolers & Perkins, 1975)는 참가자에게 문장을 정상적으로 제시한 것보다 위아래가 뒤집어진 상태로 제시한 문장에 대한 기억을 더 잘한다는 증거를 제시하였다(Graf, 1982도 참고하라).

　　이런 발견에 기초하여 콜러스(Kolers, 1979)는 위아래가 뒤집힌 문장은 추가적인 처리 과정을 요구하며, 이것이 기억의 이점을 설명할 수 있다고 주장하였다. 이 경우, 콜러스가 언급한 추가적 처리 과정에 의미 정교화가 포함되지 않는다는 것을 주시해야 한다. 그래서 정교적 처리 과정은 의미적이지 않더라도 기억을 증진시킬 수 있는 것으로 보인다.

　　자기생성 정보가 밖에서 제공된 정보보다 기억이 좋다는 생성 효과(generation effect)에 관한 연구는 또한 비의미적 정교화가 기억을 증진한다는 개념을 지지하였다. 슬래메카와 그래프(Slamecka & Graf, 1978)는 참가자에게 동의어 혹은 각운 단어 쌍을 읽게 하거나, 제시된 단어와 의미 혹은 운율을 공유하는 단어를 생성하게 하였다. 의미 정교화가 기억을 촉진한다는 개념과 일치하여 동의어의 재인이 운율어를 초과해야 한다. 그러나 운율어의 생성이 단순 읽기보다 기억을 좋게 하였다. 그래서 의미나 무의미 정교화는 모두 기억을 증진시킬 수 있는 것으로 보인다.

특이 처리 과정

논의하였듯이 관계 처리 과정(즉, 조직화)과 항목 특정 처리 과정(즉, 정교화)은 기억을 증진하는 것으로 보인다. 이전 연구자들(예, Hunt, 2006; Hunt & McDaniel, 1993)이 지적하였듯이, 표면적으로는 이들 발견은 약간은 어리둥절하게 보일 수 있다. 즉, 어떻게 처리 과정 차이와 처리 과정 유사성 모두가 기억을 더 좋게 만드는가? 그 대답은 특이성(distinctiveness)이 기억을 촉진한다는 확고부동한 발견에서 찾을 수 있다.

헌트(Hunt, 2006)는 특이성을 "유사성 맥락에서의 처리 과정의 차이"로 정의하였다(11쪽). 기본적으로 이것은 특이성이 항목 특정과 관계 처리 과정의 결합된 결과를 의미한다. 이전 연구(예, Einstein & Hunt, 1980; Hunt & Einstein, 1981)는 항목 특정과 관계 처리 과정이 모두 기억을 촉진하지만 기억은 두 처리 과정 유형이 함께 발생할 때 극대화됨을 입증하였다. 예를 들어, 아인슈타인과 헌트는 참가자에게 명확하거나 불명확한 범주로 묶을 수 있는 단어 목록을 제시하였다. 각 유형의 목록을 받은 참가자는 목록의 각 단어의 즐거움을 평가하거나 그 단어를 범주로 분류하게 하였다. 그 결과는 명확한 범주를 표현하는 목록인 경우, 즐거움 평가는 범주 분류보다 더 좋은 기억을 초래했다. 그러나 불분명한 범주를 표현하는 목록에서는 그 반대였다. 분명한 범주를 표현하는 목록은 범주화가 덜 분명한 목록보다 더 많은 관계적 처리 과정을 촉진할 수 있다. 그리고 즐거움 평가 과제는 분류 과제보다 항목 특정 처리 과정을 더 촉진할 수 있다고 가정하면, 그 결과는 항목 특정과 관계 처리 과정의 결합이 어떤 유형만의 처리 과정보다 더 나은 기억을 유도할 수 있음을 제시한다.

어떻게 항목 특정과 관계적 처리 과정이 기억을 돕는 데 함께 작용하는가? 헌트(Hunt, 2006)는 관계적 처리 과정이 인출 시에 기억할 항목을 위한 탐색 범위를 정해 준다고 하였다. 예를 들어, 학습자가 북미 포유류의 명칭 목록을 제시받으면, 목록 항목 간에 공유하는 유사성은 기억해야 하는 일반 계층의 정보, 즉 동물 명칭을 회상하게 한다. 그러나 그 목록에서 구체적인 항목을 인출하는 능력은 학습된 항목 간의 유사성이 아니라, 고유하게 확인된 특징에 의존하게 될 것이다. 그래서 범주 내에서 기억된 항목의 정확한 구체성은 항목 특정적 특징의 처리 과정을 필요로 한다. 앞의 사례를 사용하여, 사냥꾼은 사슴, 다람쥐, 돼지 등이 목록에 있다고 기억할 것이다. 왜냐하면 이들 항목이 다른 항목들과는 다른 그가 사냥했던 동물이라는 특징이 있기 때문이다(Van Overschelde et al., 2005).

종합하면, 관계적 처리 과정은 어떤 유형의 정보가 기억되어야 하는지에 대한 일반적 참조 틀을 제공하며, 항목 특정 정보는 사람들에게 목록에 있는 항목과 없는 항목 간의 변별이 가능하도록 한다.

기억술로 확장하면, 특이성과 기억에 관한 연구는 항목 특정 정보와 관계적 처리 과정이 기억 수행을 극대화하는 데 필수적임을 시사한다. 그래서 기억할 정보를 조직화하면서 윤색하는 기억술 기법은 조직화만 하든지 윤색만 하는 기능을 가진 기법보다 더 효과적일 수 있다. 더욱이 이는 순수한 조직화 기억술은 항목 특정 처리 과정을 도와주는 절차를 추가함으로써 더 효과적으로 만들 수 있음을 제안한다. 유사하게, 순수하게 정교적 기법에 대해서 관계적 처리 과정을 부추기는 절차의 추가는 역시 효력을 증가시킬 것이다.

그러나 항목 특정과 관계적 처리 과정이 사용되었다 하더라도, 너무 과한 항목 특정 처리 과정은 기억에 해로운 효과를 초래할 수도 있다. 예를 들어, 워던과 러브랜드(Worthen & Loveland, 2003)는 괴이성은 타인수행 행위에 비해서 자기수행 행위에서 기억 촉진을 방해할 비율이 증가함을 발견하였다. 괴이성(Wollen & Margres, 1987)과 자기수행(Engelkamp, 1995; Engelkamp & Dehn, 2000)은 자발적인 항목 특정 처리 과정을 유발하는 것으로 여겨지기 때문에 저자들은 두 가지 변인에 의해서 유발되는 항목 특정 처리 과정은 궁극적으로는 사건을 구성하는 요소들의 부실한 결합을 초래하는 과잉 항목 특정 처리 과정을 유도하게 한다고 결론지었다(Craik, 2006 참조). 그래서 서로 다른 기억술 절차를 결합할 때에는 항목 특정 처리 과정과 관계적 처리 과정 간에 어느 정도의 균형이 모색되어야 한다.

심상

1장에서 논의하였듯이 기억을 촉진하기 위한 심상의 사용은 역사가 오래되었고, 잘 알려져 있다. 비록 시각적 심상(visual mental imagery)이 기억술에서 가장 보편적인 형태이지만, 심상은 어떤 감각에서도 생산될 수 있다. 다음에 우리는 기억 연구자들로부터 가장 주목을 받았던 세 가지 유형의 심상에 대해서 논의할 것이다.

　　시각적 심상(visual mental imagery)　　많은 연구(예, Bower, 1970b; May & Clayton, 1973; Paivio, 1969; Richardson, 1978)는 시각적 심상이 기억을 증진시킨다고 하였다. 전적으로, 상호작용적 심상을 형성토록 하는 지시는 최상의 기억 이점을 제공한다(Bower, 1970a; Epstein, Rock, & Zuckerman, 1960). 상호작용적 심상은 기억될 항목에 한정된 구성 요소가 단일 심상에 결합되는 것이다. 예를 들어, 짝 연합 학습 과제에서 기억될 목표의 하나가 table(탁자)-lamp(전등)라면, 이 경우 탁자 위의 전등을 상상하면 두 항목을 별도로 상상하는 것보다 기억이 잘 될 것이다.

　　패이비오(Paivio, 1991)에 따르면, 심상은 인출을 돕는 추가 단서를 제공하기 때문에 기억이 증진된다. 즉, 기억할 구전(혹은 언어) 정보가 상상된다면, 목표 정보는 구전과 심상으로 모두 부호화된다. 인출 시, 둘 중 한 단서가 목표 정보를 회복하기 위해서 사용된다. 반면에 심상으로 부호화되지 않은 구전 정보는 모든 것이 동일하다면, 인출을 돕는 단서는 단 하나뿐일 것이다. 그래서 기억에 관한 심상의 유익한 효과는 심상적 부호화가 제공하는 추가적인 단서의 결과인 것이다.

　　기억의 심상 효과에 대한 대안적 견해는 헌트와 마샤크(Hunt & Marschark, 1987)가 제공하였다. 이들은 심상이 기억을 촉진하는 이유는 그것이 특이적 처리 과정을 유도하기 때문이라고 하였다. 이 견해를 지지하기 위해서 마샤크와 헌트(Marschark & Hunt, 1989)는 심상의 유익한 효과가 관계적 처리 과정을 촉진하는 조건에서는 모든 것이 약화되거나 소멸될 수 있음을 입증하였다.

비록 특이적 처리 과정적 견해가 심상이 제공하는 항목 특정 정보를 강조하지만, 심상이 온전히 정교화된다는 의미는 아니다. 헌트와 마샤크(1987)가 지적하였듯이, 심상이 정교화나 조직화 기능을 수행하는 정도는 심상이 한 사건 내에서 전체 사건 혹은 한 항목에 적용되는지에 의존한다. 예를 들어, 만약 단어 10쌍의 목록에서 각각의 단어 쌍에 별도의 상호작용적 심상이 형성된다면, 심상은 주로 기억될 쌍의 개별적 변별력을 증진시키는 정교화 기능만을 제공할 것이다. 그러나 만약 목록의 모든 항목을 포함하는 상호작용적 심상이 목록 항목을 단일 의미 단위로 함축하는 수단으로 사용된다면, 심상은 조직적 기능을 제공할 것이다. 그래서 심상이 정보의 항목 특정, 관계적 혹은 양쪽 유형 모두에 제공되는 정도는 심상이 기억될 정보에 어떻게 적용되는지에 달려 있을 것이다.

시각적 심상을 사용할 때의 중요한 고려 사항은 보편적 혹은 괴이한 심상 어느 것을 사용해야 하는지다. 1장에서 논의하였듯이 기억을 증진하는 괴이한 심상은 수천 년 동안 사용되어 왔다. 그러나 기억술로서 괴이한 심상의 효력에 대한 현존하는 경험적 연구는 그것의 효력에 한계가 있음을 드러냈다.

첫째, 괴이한 심상은 보편적 심상보다 나은 기억을 유도하는 데, 두 유형의 심상이 같은 목록 내에서 사용되는 경우에만 제한된다. 그래서 괴이성 이득은 어떤 목록 항목은 괴이한 심상을 사용하여 학습하고 다른 목록 항목은 보편적 심상을 사용하여 학습하는 경우에 나타나지만, 괴이한 심상이 전체 목록에 적용되는 경우에는

그렇지 않다(McDaniel et al., 2000; 1986; 1995). 아마도 더 뜻깊은 발
견은 두 심상 형태가 같은 목록에서 사용되면 괴이한 심상으로 부
호화된 정보에 대한 기억은 보편적 심상으로 부호화한 항목에 부
담을 지워서 기억된다는 것이다(Kroll & Tu, 1988; Lang, 1995). 이것
은 괴이한 심상이 기억되는 항목의 전체 수를 증가시키는 것이 아
니라 단지 학습자에게 회상될 최상의 확률을 지닌 목록 항목이 선
택되도록 허용한다는 것을 시사한다.

　그러나 괴이 보편 상충 효과(trade-off)의 예외는 목록의 전체가
아니라 대부분이 보편적 심상을 사용해서 부호화되었을 때 발견되
었다는 점을 주시해야 한다. 즉, 단지 극소수의 괴이한 부호화와 많
은 보편적 심상 부호화의 사용은 때때로 기억되는 전체의 목록 항
목 수를 증가시키는 것으로 밝혀졌다(Worthen, 2006의 논의 참조).

　기억술로서 괴이한 심상의 사용과 관련된 또 다른 문제는 괴이
한 정교화가 기억에서 목표 사건의 접근을 증진하지만, 회복되는
세부 사항의 양을 증가시키지는 않는다는 것이다. 예를 들어, 문장
기억의 연구(예, Burns, 1996; Kroll& Tu, 1988; McDaniel & Einstein,
1986; Worthen, Garcia-Rivas, Green, & Vidos, 2000)는 보편보다 괴이
문장이 접근이 잘 되지만(적어도 한 단어 회상), 문장 당 단어의 회상
수는 괴이보다 보편 항목이 더 많음을 입증하였다. 기술한 것처럼
제한성을 종합한 발견은 괴이한 심상이 독자적인 기억술로서는 특
별히 효과적이지 않을 수 있음을 의미한다.

　비록 기억술 기능에 대한 단 하나의 기제로서 괴이한 심상을 사
용할 때 발생하는 잠재적 한계가 있다고 하더라도, 괴이한 심상은
기억술 체계의 구성 요소로서는 효과적일 수 있다. 예를 들어, 워던

등(Worthen et al., 2008)은 스페인 어휘를 학습하는 핵심어 기억술의 효력을 결정하는 데 있어 보편과 괴이 심상의 역할을 조사하였다. 그 결과 핵심어법은 통제 조건보다 더 정확한 정의를 회상토록 유도하였지만, 단지 보편적 심상 혹은 괴이한 심상과 보편적 심상을 함께 사용하였을 때만 그러했다. 이들 결과들은 핵심어법 맥락에서 괴이성은 세부 사항에 대한 기억을 손상시키지 않았으며, 적어도 보편적 심상만큼은 효과적이었음을 시사한다. 후자의 관점은 중요한데, 핵심어법을 사용할 때 때로는 보편적 심상을 창조하기가 어렵기 때문이다.

괴이한 심상이 인출을 돕기 위한 잠재력이 있는 항목 특정 정보를 제공한다는 것은 의심할 여지가 없다. 그러나 괴이한 심상의 상대적 효력은 관계적 정보가 부호화 시에 유용한 정도에 의존한다. 관계적 정보 없이는, 괴이한 심상은 부실한 통합적 기억을 초래할 가능성이 높다. 그러나 관계적 처리 과정을 결합하면, 괴이한 심상이 관련된 문제는 사라진다. 그래서 기억술 체계의 구성 요소로서 괴이한 심상의 사용은 최상의 기억술 효력을 위해서 관계적 처리 과정을 도와주는 절차에 의해서 보완되어야만 한다.

운동 심상(kinesthetic imagery) 운동 심상은 근육 위치와 물리적 움직임에 집중하는 동안에 자신이 운동 행위(motor action)를 수행하는 상상을 포함한다. 이것은 실제로 과제를 수행하지 않고 특정 행위를 포함하는 운동적 움직임을 수행하는 운동 연습과 혼돈해서는 안 된다. 구분을 명확하게 하기 위해서 어떤 이가 양궁의 발사 정확성을 높이고자 하려는 상황을 상상해 보자. 만약 그가 자신이 활시위를 당기고 화살을 쏘는 정확한 자세를 상상한다면, 이는 운동 심상을 사용한다고 볼 수 있다. 그러나 그가 활 없이 정확한 자세와 관련된 움직임을 연습한다면, 이것은 운동 연습이라고 볼 수 있다. 물론 어떤 이가 단지 통제된 조건에서 정확한 자세를 사용하여 추가로 활을 쏜다면, 이것은 표준적인 물리적 연습이라 간주할 수 있다.

기억에 관한 운동 심상의 효과에 관한 경험적 연구는 거의 절차 기억(procedural memory)에만 집중되었다. 예를 들어, 운동 심상은 농구에서 자유투 던지기를 향상시킬 수 있다는 연구가 있었다. 클라크(Clark, 1960)는 경험 있는 선수가 운동 심상이 같은 정도의 물리적 연습에 비견될 만큼 자유투 던지기 능력이 향상됨을 발견하였다. 그러나 경험이 적은 선수는 물리적 연습이 심상보다 훨씬 더 효과적이다. 이러한 결과를 확장하여, 지글러(Ziegler, 1987)는 운동 연습과 운동 심상의 조합이 심상만 하거나 표준적 연습만 하는 경우보다 자유투 던지기를 더 향상시킬 수 있음을 입증하였다. 이 결과는 피겨 스케이팅(Mumford & Hall, 1985), 가라데(Ryan, Blakeslee, & Furst, 1986), 그리고 수영(White, Ashton, & Lewis, 1979) 같은 기술을 조사한 연구에서도 발견되었다. 그러나 여러 연구 영역에 따른 일반적 결과는 정신적 연습이 전혀 연습이 없는 경우에 비해서는 수행을 증가시키지만 표준적인 물리적 연습이 최상의 수행을 이끈다는 것이다(Murphy, 1990).

청각 심상(auditory imagery)   청각적 심상은 상응하는 청각 입력 없이 청각 경험을 상상하는 것을 의미한다(즉, 단일 소리나 소리들)

(Intons-Peterson, 1992 비교). 단지 몇 개의 연구만이 청각 심상의 영역에서 실시되었고, 기억 연관성에 집중된 것은 더 드물었다. 이전 연구는 청각 심상이 청감각 경험의 많은 측면을 재생하였음을 제시하였다. 예를 들어, 청각 심상은 음조(pitch)(Farah & Smith, 1983), 음량(loudness)(Intons-Peterson, 1992), 그리고 음색(timbre)(Crowder, 1989)에 관한 정보를 포함하고 있음을 입증한 연구들이 있었다. 보다 기억술에 적절한 주제에서 보면, 이전 연구는 청각 심상이 시각과 운동 심상과 유사한 방식으로 기억을 촉진한다는 몇몇 증거를 내어놓았다. 예를 들어, 틴티, 코르놀리, 마샤크(Tinti, Cornoldi & Marschark, 1997)는 상호작용적 청각 심상은 비상호작용적 청각 심상보다 기억을 좋게 하였고(실험 1), 상호작용적 청각 심상은 구전 정교화보다도 기억을 더 향상시켰음을 발견하였다(실험 3).

　그러나 위니크와 브로디(Winnick & Brody, 1984)는 청각 심상의 촉진적 효과가 기억할 정보의 심상가에 의해서 중화되었다고 제안하였다. 특히 위니크와 브로디는 참가자에게 낮은 심상가(즉, 위증죄), 높은 시각 심상가(즉, 복숭아), 높은 청각 심상가(즉, 킬킬), 그리고 시각과 청각 심상가가 모두 높은(즉, 기타) 단어를 제시하였다. 그 결과 낮은 심상가 단어와 청각 심상 단어에 대해 시각이나 청각 심상을 형성하라는 지시가 통제에 비해서 기억을 향상시키지 못했다. 그러나 시각 심상과 청각 심상을 모두 형성하라는 지시는 양쪽 유형의 심상가가 높은 단어에 대한 기억을 향상시켰다. 그리고 그들은 시각적 심상을 그림으로 그리게 하고 청각적 심상을 소리로 발성하게 하는 실험을 추가로 보고하였다(실험 3). 비록 통제 집단의 부족으로 결과의 해석은 복잡하였지만, 실험 간의 평균을 조사

해 보면 유사운동 연습의 추가는 심상 자체보다는 기억을 더 향상
시킨다고 하겠다.

⚙ 요 약

연구자의 기억에 대한 이론적 접근에 상관없이 부호화와 인출은
상호 의존적 과정이라는 보편적 일치가 있다. 비록 저장의 개념은
우리의 조망에서 필요하지 않지만, 그것 역시 부호화, 저장, 인출
이 상호 의존적임을 안전하게 가정할 수 있다. 그럼에도 부호화에
영향을 미치는 요인들이 궁극적으로는 인출에 영향을 미친다는 것
은 분명하다.

적절한 부호화 없이는 정보가 기억될 수는 없다. 비록 부호화가
다양한 방법으로 진행되지만, 결정적인 요인은 부호화가 항목 특
정 처리 과정, 관계적 처리 과정 혹은 양자의 처리 과정을 도와주는
지다. 관계적 처리 과정을 도와주는 부호화 절차는 기억해야 하는
정보의 유형을 담은 일반적 참조 틀의 성공적 접근으로 귀결될 것
이다. 항목 특정 처리 과정을 촉진하는 부호화 절차는 기억될 정보
를 보다 변별할 수 있도록 만들어 줄 것이다. 그래서 특정한 맥락에
서 목표 항목의 변별은 항목 특정과 관계적 처리 과정의 결합을 요
구한다. 성공적인 기억술을 창조하기 위해서는 어떤 주어진 기억
체계도 항목 특정과 관계적 처리 과정 모두를 촉진하는 절차를 포
함해야 함을 의미한다.

특히 어떻게 이들 유형의 처리 과정이 유도될지는 다양하다. 그

러나 일반적인 경우에 관계적 처리 과정은 기억될 정보의 조직화를 촉진하는 절차에서 유도될 수 있고, 항목 특정 처리 과정은 정교화에 의해서 유도될 수 있다. 항목 특정과 관계적 처리 과정의 결합은 성공적인 기억술 기능에 결정적이기 때문에 주어진 기억술의 잠재적 성공에 대한 평가는 각 유형의 처리 과정을 도와주는 절차를 확인하는 능력을 필요로 한다. 이것은 기억술학의 핵심이다. 그들의 강점과 약점을 이해하기 위해서 내재된 과정으로 기억술을 점검하는 것이다. 다음의 두 장에서 우리는 기억술학적 접근에서 현존하는 기억술을 조사할 것이다.

형식적 기억술 체계

형식적 기억술을 사용하기 위해서는 고도의 사전 지시를 포함하여야 한다. 의미적 정교화처럼 단순 기억술 절차는 학습자에게 가하는 제한이 적지만, 형식적 기억술은 정보가 어떻게 부호화되고 인출되는지에 대해서 보다 정확한 구체성을 제공한다. 대부분 형식적 기억술을 사용하는 학습자는 다른 사람이 개발한 기법을 적용하고 있다.

2장에서 논의하였듯이 이런 유형의 학습 상황은 장점과 단점을 지닌다. 기존의 형식적 기법을 사용하는 장점은, 첫째, 비록 입증되지 않더라도 항상 그것의 효력을 증명하는 어떤 증거가 있다는 것이다. 둘째, 타인 생성 기법은 맨손으로 기억술을 창조해야 하는 부담을 덜어 준다. 그러나 이런 장점은 때때로 기억술이 설계된 적용에 대한 지식의 부족과 그 기법을 학습하는 데 필요한 시간에 의해서 상충될 수 있다. 그럼에도 현재 논의는 형식적 기억술의 사용을 홍보하기보다는 그런 기법의 기제에 대한 통찰을 제공하기 위해서 제안하는 것이다. 기본 인지 과정에 비추어 각 체계에 포함된 절차를 조사함으로써 우리는 각 체계에 내재된 기능적 구성 요소를 확인할 수 있다. 그래서 이 장은 형식적 기억술 체계를 학습하고 사용하고자 하는 사람과 자기 자신의 기억술 기법을 구상하고자 하는 사람 모두에게 유익할 것이다. 다음에 우리는 몇 개의 가장 광범위하게 사용되고 잘 연구된 형식적 기법을 논의한다.

⚙ 장소법

1장에서 언급하였듯이 장소법(the method of loci)은 아마도 가장 오래 생존하는 형식적 기억술일 것이다. 장소법은 오래 지속하는 연설에서 다루어진 정돈된(ordered) 주제들의 기억을 돕는 데 사용할 수 있는 내부 기억술이다. 일반적인 믿음과는 달리, 이 방법은 단순한 목록 학습을 위해서 설계되지 않았고, 이러한 적용에 제한은 없다.

기본 절차 장소법의 사용은 여러 구획이나 방으로 된 매우 친숙한 장소의 시각적 심상을 형성하는 것으로 시작한다. 이 심상된 장소는 궁극적으로 기억할 정보의 부호화와 인출의 기초적 기반으로 작용한다. 다음 각각의 기억될 항목의 시각적 심상은 이전에 심상된 친숙한 장소 내에서 특정한 위치를 만들고 위치를 정한다. 항목의 위치는 심상된 장소의 진입 근처에 첫 항목을 위치하기 시작하고, 각각의 후속 항목은 점차 더 내부에 위치하게 한다. 그 정보가 회상될 필요가 있을 때, 학습자는 정신적으로 친숙한 장소를 재방문하여 위치하였던 항목을 수집한다.

이러한 일반적 지시 이외에도, 여기에는 기억술을 시행하는 방법에 대한 몇 가지 추가적인 제한이 있다. 한 가지 가능한 예외는 기억될 항목은 친숙한 장소의 심상 내에 숨겨져서는 안 된다는 제안이 있다. 예를 들어, 우유 같은 항목을 기억하려고 하면, 냉장고의 내부와 같은 숨겨진 장소에서 그것을 심상해서는 안 된다.

그러나 숨겨진 심상에 대한 연구 결과는 혼란스럽다. 케르와 나이서(Kerr & Neisser, 1983; Neisser & Kerr, 1973)는 숨겨진 심상이 숨겨지지 않은 심상만큼 기억술적으로 효과적임을 입증하였다. 다른 연구자(Iaccino & Byrne, 1989; Keenan & Moore, 1979)는 숨기라고 엄격하게 사전 지시한 조건에서 숨겨지지 않은 심상은 숨겨진 심상보다 기억술적으로 보다 성공적이었다고 하였다. 분명히 그 결과를 판별하는 중재 요인은 심상을 형성하는데 요구된 시간이다(Keenan, 1983; Kerr & Neisser, 1983). 만약 심상을 형성하는 시간이 제한되면, 숨겨진 심상은 숨겨지지 않은 심상보다 빈약한 회상을 야기한다. 그러나 심상 형성을 위한 충분한 시간을 가지면, 숨겨진 그리고 숨겨지지 않은 심상 간의 기억술 효력의 차이가 없다.

사용의 사례   장소법 사용에 대한 지시를 적용하는 다양한 방법이 있다. 결과적으로 기법의 표현이 다름으로 인해서 기억술 함의도 다소 간의 가변성이 있을 수 있다. 그러나 체계의 가장 근본적인 절차는 몇 가지 기본적인 인지 과정의 적용에 의존한다. 우리는 우선 장소법의 전형적인 징후의 사례를 제시할 것이며, 그런 다음 그 체계에 내재된 과정들을 조사할 것이다.

어느 환경보호론자가 하게 될 연설에서 야생동물 보호와 관련된 다섯 명의 유명 인사를 차례로 논의하기를 원하는 상황을 상상해 보자. 유명 인사는 알도 레오폴드(Aldo Leopold), 색스톤 포프(Saxton Pope)와 아서 영(Arthur Young), 테오도어 루즈벨트(Theodore Roosevelt), 그리고 존 휴스턴(John Huston)이다. 레오폴드는 무엇보다도 낚시꾼, 사냥꾼, 위스콘신 대학의 게임 경영학 교수다. 종종 '야생동물 경영의 아버지'로 불렸던 레오폴드의 사후 출간된 『모래군(郡)의 열두 달(A Sand County Almanac)』(1949)은 생태학 분야에서 가장 영향력 있는 책 중의 하나다. 색스톤 포프는 캘리포니아 대학의 의사이며 외과 강사이며 아서 영과 함께 전통적인 활사냥에 대한 윤리 기준을 세웠다. 그들의 후원자가 만든 'The Pope and Young Club'은 공정한 추적 사냥을 옹호하는 동물보호 조직이다. 루즈벨트는 26대 미국 대통령이며, 미국들소협회를 공동 설립한 독실한 환경보호론자이며, 국유림 봉사소를 설립하는 데도 기여하였다. 존 휴스턴은 배우이자 영화감독이었으며, 그의 아프리카에서의 코끼리 사냥 경험은 야비한 의도를 지닌 사냥꾼에게 교훈적 이야기로 쓰였다. 가명을 사용한 피터 비에르텔(Peter Viertel, 1953)의 영화 〈추악한 사냥꾼(White Hunter Black Heart)〉(1990)에서 휴스턴은 영화 〈아프리카의 여왕(The African Queen)〉(Eagle, Woolf, & Huston, 1951)을 촬영하는 동안 죄가 되는 행동으로 여기면서도 코끼리를 죽이는 데 빠졌다고 폭로했다. 그러나 코끼리를 쏠 수 있는 기회가 주어졌을 때 휴스턴은 양심의 가책을 느꼈다. 그 결과 휴스턴은 코끼리의 면전에서 망설이는 순간에 코끼리로부터 그를 보호하려던 사냥 안내자를 죽여 버렸다.

앞에 기술한 상황들은 장소법을 사용하기에는 완전히 적합하다. 그 방법의 고전적 적용처럼 이 사례는 특정 순서로 논의될 특별한 주제를 기억하는 것이다. 그러면 어떻게 장소법을 적용할 수 있는지를 살펴보도록 하자.

장소법을 사용하는 첫 단계는 심상이 연설의 주제를 조직하기 위해서 사용할 수 있는 친숙한 장소를 찾는 것이다. 예를 들어, 환경보호론자는 그녀가 일하고 있는 건물을 친숙한 장소로 사용할 것이다. 알도 레오폴드 논의를 기억하려면, 그녀는 먼저 이름 'Leopold'를 음소적으로 유사한 'Leo poled'로 변환할 것이다. 'Leo'는 천문학과 점성술에서는 사자로 표현되기 때문에, 'Leo poled'의 심상은 사자가 환경보호론자의 건물 앞의 깃대를 올라가는 것을 시각화할 수 있다. 색스턴 포프와 아서 영을 기억하려면, 환경보호론자는 건물 출입문에 ('Young' 표상을 사용한) 아기를 안고 있는 Pope(교황)의 심상을 만들 수 있다. (그의 동명인) 테디 베어를 안고 접견 탁자에 앉아 있는 루즈벨트의 심상은 26대 대통령을 기억하는 데 사용될 수 있다. 마지막으로, 승강기 문 앞에 붙어 있는 휴스턴(Houston과 발음이 같은 텍사스의 도시)의 큰 지도 심상은 존 휴스턴을 기억하는 데 사용될 수 있다.

환경보호론자가 연설을 할 때, 그녀는 정신적으로 그녀의 사무실 건물을 탐색하면서 그녀가 먼저 놓아둔 단서들을 'pick up(선택하다)'할 수 있을 것이다. 그녀가 건물 외부로 나가면 먼저 기어오르는 사자의 심상이 연상되는 깃대를 만날 것이다. 사자는 'Leo'를 표상하고 있고, 그래서 'Leo pold', 심상은 Aldo Leopold를 신호할 것이다. 건물로 가까이 다가갈수록 그녀는 색스톤 포프와 아서 영을 신호하는 아기를 안은 Pope를 만나게 된다. 그녀가 건물로 들어가면 접견 테이블에 테디 베어를 안고 있는 루즈벨트를 발견하게 되고, 당연히 그녀에게 이 형상 논의를 기억하는 데 도움을 줄 것이다. 마지막으로 승강기에서 환경보호론자는 휴스턴의 큰 지도를 보게 되고, 'Huston'이란 이름이 신호를 받게 되고, 역시 존 휴스턴 논의를 기억하는 데 도움이 될 것이다. 물론 장소법의 고전적 사용과 일치해서 이런 절차가 연설의 세부 사항을 기억하는 데 필요하지 않을 수 있다. 오히려 이러한 장소법의 적용은 순서대로 논의되는 주제의 기억을 돕는 데 사용될 수 있다.

여기서 제공된 사례를 생각하면, 각 심상은 학습자가 특히 문제가 있다고 발견한 정보의 기억을 증진하려는 노력을 도울 수는 있다. 예를 들어, 환경보호론자가 Pope와 Young의 첫 이름을 기억하기가 어렵다고 여기면, 그녀는 색소폰을 Pope에 유지되게 하고, 그림붓을 아기에게 유지되게 하는 것 같은 추가적 단서와 상응하는 심상으로 꾸밀 수 있다. 이 사례에서 색소폰은 Saxton을 신호하는 데 사용되고, 그림붓은 Art(Arthur의 약자)를 신호하는 데 사용될 것이다.

내재된 과정　일반적으로, 이 사례는 기억될 형상과 보다 잘 형성된 기억(친숙한 장소 내의 위치들)을 연합하는 광범위하게 정교화된 부호화를 사용한 것이다. 상호작용적 심상의 사용은 또 다른 정도의 정교화를 제공하기에, 부가적인 항목 특정 정보를 제공하며 목표 정보의 변별력을 크게 증진시킬 수 있다.

각각의 상호작용적 심상의 본질은 다소 차이가 있기 때문에 개별 심상의 형성에 사용되는 기억술 기법을 숙고하는 것은 매우 중요하다. 첫 심상은 변환과 선택 부호화를 모두 포함하고 있다. Aldo Leopold는 보다 쉬운 심상과 음소적으로 유사한 Leo Poled로 변환되었다. 음소적으로 동등한 이름의 변환은 선택적 부호화를 포함하는데 그 이유는 그것이 기억될 항목의 음소적 특징으로 지향되었기 때문이다. 또한 결과로 초래된 심상은 괴이한 상호작용적 심상이다. 아기를 안고 있는 Pope(교황)의 심상은 색스톤 포프와 아서 영을 표상하기 위해서 사용되었다. 이 심상 역시 변환 부호화를 사용하고 있다. 즉, 가장 분명하게 Young을 아기와 구체적으로 상호작용하는 심상으로의 변환하는 것이다. 테오도어 루즈벨트의 심상은 변환 부호화를 사용하지는 않았지만, 옛 대통령이 테디 베어를 안고 있는 심상을 사용함으로써 정교화된 부호화를 포함하고 있다. 심상에서 테디 베어의 포함은 어떻게 심상되는지에 따라 역시 괴이하게 보일 수 있다. 휴스턴 지도의 일반적 심상이 John Huston을 표상하기 위해서 사용되었을 때 변환 부호화가 사용되었다. 어떤 심리학자(즉, Bower, 1970a)가 심상은 가능한 기억될 항목과 유사하게 사용되어야 한다는 제안을 하였다는 사실을 유념해야 한다. 그러나 이것은 기억될 항목이 추상적이거나 심상하기가 어렵다면 가능하지 않다.

훌륭한 정교화가 장소법의 사용에 포함될 수 있다고 하더라도,

조직화 역시 주요 구성 요소다. 우리의 사례에서, 처음에는 심상된 장소의 외부에서 기억되도록 정보를 위치시켰고, 이후 기억되는 정보가 심상의 내부에 위치되도록 정보가 조직되었다. 이런 유형의 위치화는 계열적 순서를 유지하기 때문에 적절한 순서로 회상하게 된다. 더욱이 장소법에 내재된 계열적 조직화는 학습자가 어떻게 인출 과정을 시작하여 완결하는지를 알 수 있도록 한다. 인출은 친숙한 심상의 첫 위치에서 시작하며 모든 기억될 항목이 회상되거나 모든 위치가 탐색될 때 종료하게 된다. 기억될 정보와 친숙한 장소를 연합하는 데 사용된 상호작용적 심상은 모든 정보를 단일 의미 단위로 응고화하는 데도 도움이 된다. 이 사례의 정교화와 조직화 기법의 결합은 기억술의 효력을 초래할 특이적 처리 과정으로 유도될 것이다.

연구 지원 장소법의 효력을 입증하는 강력한 증거는 사례 연구로 기술된 특수 기억(exceptional memory)의 연구에서 얻었다(예, Luria, 1968). 그렇지만 경험적 연구(예, Roediger, 1980) 역시 상당한 파지 기간 후에도(Wang & Thomas, 2000) 이 방법이 계열회상을 증진시키는 데 효과적임을 입증하였다. 더하여, 다른 목록에 같은 장소를 반복 사용하여도 그 방법의 효력이 감소되지 않는다는 연구도 있었다(De Beni & Cornoldi, 1988; Massen & Vaterrodt-Plunnecke, 2006). 그러나 정상 모집단을 사용한 연구는 자기 생성 장소가 타인 제공 장소보다 더 효과적임을 보여 주었다(Moe & De Beni, 2004 참조).

장소법의 효력에는 몇 가지 한계가 있다. 코르놀디와 디 베니

(Cornoldi & De Beni, 1991) 그리고 모에와 디 베니(Moe & De Beni, 2005)는 서면(written)이 아닌 구전(verbal) 표현인 경우, 장소법이 복잡한 구전 재료(즉, 대규모 담화)를 학습하는 데는 누적적인 구전 시연보다도 더 효과적임을 입증하였다. 또한 카넬로폴루와 리차드슨 (Canellopoulou & Richardson, 1998)은 신경학적으로 손상된 참가자가 자기 생성 심상이 아닌 심상이 제공된 경우에 장소법의 도움을 받을 수 있었다고 하였다. 이러한 발견은 형식적 기억술이 대뇌 손상 학습자에게는 너무 번거롭다는 주장과 일치한다(McKinlay, 1992; Richardson, 1995).

⚙ 말뚝어법

말뚝어법(peg-word method)은 목록의 계열학습을 위해서 주로 사용되었다. 그러나 이 방법은 정확한 계열회상을 요구하는 어떤 상황에서나 도움을 줄 수 있다.

기본 절차　말뚝어법을 사용하는 첫걸음은 기억할 목록을 조직화하는 틀로서 말뚝단어들을 학습하는 것이다. 가장 먼저, 말뚝어의 목록은 숫자와 운을 맞춘다. 예를 들어, 말뚝어 목록이 bun, shoe, tree, hive, sticks, heaven, gate, 그리고 hen 등을 포함한다고 하자. 이 목록의 단어는 숫자 1~10과 계열적 순서로 운을 맞춘다. 그런 다음 말뚝어 목록을 기억하고, 학습자는 각 기억할 항목과 말뚝어 간의 상호작용적 심상을 만든다. 그래서 만들어진 첫 심상은 첫 목표 목록의 항목과 첫 말뚝어(bun)를 포함할 것이며, 두 번째 심상은 두 번째 목표 목록의 항목과 두 번째 말뚝어(shoe)를 포함할 것이다. 인출 시에는 학습자가 말뚝어와 이와 연합된 목표 항목을 신호하는 숫자 1~10을 순차적으로 진행시키면서 시작한다.

사용 사례　역사 연구가가 1906년의 고대 유물 운동과 연관된 자세한 사항을 학습해야 하는 상황을 상상해 보자. 이 운동도 공식적으로 미국 고대 유물을 보호하기 위해 알려졌으며, 이 운동은 미국 대통령이 국가천연기념물을 지정하기 위해서 사용되었다. 이 경우, 역사 연구가가 지정된 순서에 따라 처음의 다섯 국가천연기념물을 기억하기 위해서 말뚝어법을 사용하려 한다고 가정하자. 처음 지정된 국가천연기념물은 현재 와이오밍 주의 크룩 군에 있는 화산 활동으로 만들어진 지형인 데빌스 타워였다. 이 천연기념물을 기억하기 위해서, 연구자는 타워의 꼭대기에서 번빵(bun)을 먹는 악마의 상호작용적 심상을 만들 것이다.

두 번째 지정된 국가천연기념물은 페트리파이드 포레스트였다. 애리조나 주의 아파치와 나바호 군에 위치한, 페트리파이드 포레스트는 세계에서 석화나무가 가장 밀집된 장소의 하나다. 연구자는 이 천연기념물을 기억하기 위해서 석화나무로 만든 한 짝의 신발(shoes, 즉, 화려한 나막신)을 심상해야 할 것이다.

세 번째로 지정된 천연기념물은 애리조나 주의 야바파이(Yavapai) 군에 있는 몬테주마 캐슬이다. 몬테주마 캐슬은 1400년대 시나구아(Sinagua) 사람들이 거주했던 암굴 주거 지역이다. 이 천연기념물은 나무 위의 오두막 같은 나무(tree)에 둥지를 튼 성을 심상하여 기

억할 수 있다. 만약 연구자가 'Montezuma'에 대한 추가적인 단서
를 더하고 싶으면, 성의 입구에 대문자 'M'을 위치시킬 수 있다.

(공식적으로는 El Morro로 알려진) 락 비문은 네 번째로 지정된 국
가천연기념물이다. 락 비문은 뉴멕시코 주의 시볼라(Cibola) 군에
있는 사암 절벽이며, 아메리카 원주민 암면 조각과 초기 스페인
탐험가의 비명이 조각되어 있다. 이 연구자는 이 기념물을 암석으
로 만들어진 문(door)과 조각을 담고 있는 비명을 심상함으로써
기억할 수 있을 것이다.

뉴멕시코 주의 산후안(San Juan)과 매킨리(McKinley) 군에 위치
한, 차코 캐넌(Chaco Canyon)은 다섯 번째 지정된 국가천연기념물이
다. 900년에서 1150년(AD) 사이에 거주했던 고대 푸에블로(Pueblo)
사람들의 유적이 가장 밀집된 곳이다. 이 천연기념물을 기억하기
위해서, 연구자는 샤코를 착용한 벌들이 몰려드는 협곡에 위치한
벌통(beehive)을 심상할 수 있다. 친숙하지 않은 스페인 단어 chaco
는 영어에서 유사한 발음인 샤코(shako)로 번안될 수 있다. 샤코는
여러 나라에서 군대와 사관학교의 의장대 사열에 사용되는 군용
모자다.

연구자가 천연기념물의 목록을 차례로 기억할 필요가 있을 때,
그는 말뚝단어의 목록을 우선적으로 회상해야 한다. 말뚝단어의
목록 회상은 각 말뚝단어와 숫자의 각운이 도와줄 것이다. 그래서
항목 번호 1은 연구자가 bun을 회상할 것이고, 그것은 지금 타워에
서 먹고 있는 악마(devil)의 연합인 것이다. 이 심상은 먼저 지정된
국가천연기념물—데빌스 타워—을 신호할 것이다. 항목 번호 2는
shoe로 기억에 표상될 것이다. 이 경우 신발은 석화나무로 만들어

졌다. 석화나무의 심상은 두 번째 국가천연기념물—페트리파이드 포레스트—을 신호할 것이다. 세 번째 기억할 항목은 나무로 표상될 것이며, 대문자 'M'이 새겨진 성 같은 나무 집과 연합되어 있다. 이 심상은 세 번째 지정된 국가천연기념물 몬테주마 캐슬을 신호할 것이다. 항목 번호 4는 door로 표상되며, 특별히 나무는 조각된 돌과 비명으로 만들어졌다. 이 심상은 Rock 비명을 신호할 것이다. 마지막으로, 항목 번호 5는 hive로 표상되었다. Hive는 샤코를 착용한 벌들이 떼지어 몰려드는 협곡의 벌통으로 연합될 것이다. 이 심상이 다섯 번째 지정된 국가천연기념물—차코 캐넌—을 신호할 것이다.

내재된 과정 장소법과 같이, 말뚝어법은 궁극적으로 특이적 처리 과정을 초래할 다량의 정교화와 조직화를 포함하고 있다. 모든 기억될 항목은 순서적 숫자와 계열적으로 연합된 조직을 지니고 있다. 상호작용 심상의 정교화와 말뚝단어와의 연합은 목표 정보에 대해서 높은 변별력을 유도할 것이다.

데빌스 타워의 기억을 보조하는 심상이 비록 어느 정도는 괴이하고 상호작용적인 심상이지만 매우 간단하다. 이 심상을 발전시키려면 천연기념물 명칭의 구체적 본질 때문에 비교적 손쉽게 부호화된다. 페트리파이드 포레스트를 기억하기 위해서 사용하는 석화나무로 만든 신발 심상은 심상된 신발의 유형에 따라서는 보편적이거나 괴이할 수 있는 매우 상호작용적 심상이다. 예를 들어, 나무 나막신의 심상은 비교적 보편적이지만, 나무 운동화의 심상은 보다 괴이하다. 몬테주마 캐슬을 표상하는 나무 위에 있는 성의 심상은 또 다른 상호작용적 심상이지만, 그 연합은 'Montezuma'에 대한 비교적 약한 단서 때문에(성에 'M') 이전의 심상보다 많은 시연을 요구하게 된다. 락 비문은 조각된 암석과 비명으로 만든 문으로 표상된다. 몬테주마 캐슬에 사용된 심상처럼 락 비문의 상호작용적 심상은 학습자가 조각이 '비문'에 대한 단서로서 문제가 있다면 추가적인 시연을 요구하게 될 것이다. 즉, 천연기념물의 특징이 이 심상으로 신호될 수 있지만, 그러나 특정한 명칭에 대한 추가적인 시연이 없다면 회복하기가 더 힘들 수도 있다. 다섯 번째 국가천연기념물은 샤코로 착용한 벌들이 몰려드는 협곡의 벌통을 괴이한 상호작용적 심상으로 표상되었다.

   말뚝어법 사용에 내재된 과정들의 조사는 근본적인 구성 요소가 장소법의 그것과 일치됨을 나타낸다. 특히 양자는 모두 정교적 부호화와 계열적 조직화의 결합에 의한 특이적 처리 과정을 포함하고 있다. 현재의 사례에서, 정교화는 각각의 기억될 항목과 이전에 학습된 말뚝어의 연합이며, 상호작용적 심상을 사용하여 응고화된 것이다. 조직화는 말뚝어와 계열적 숫자 간의 운율적 관계성에 의해서 기억될 정보에 영향력을 행사한다. 결국, 강력한 인출 단서가 형성되어 기억술 성공을 이끌게 된다.

   연구 지원   말뚝어법은 즉각과 지연 검사 모두에서 계열회상을 증진시켰다(Elliot & Gentile, 1986; Wang & Thomas, 2000). 더 나아가, 그 방법은 폭넓은 연령에 걸쳐 정상과 학습장애 학습자 모두에게 효과적이라는 연구가 있었다(Bugelski et al., 1968). 더 중요하게, 단일 말뚝어 목록의 반복 사용에도 간섭 효과가 없다는 연구도 있었다(Massen & Vaterrodt-Plunnecke, 2006; Morris & Reid, 1970). 그러나
기억할 항목 간의 범주 관련성(Reddy & Bellezza, 1986)과 빠른 자극
제시(Bugelski et al., 1968)는 그 방법의 효력을 감소시킬 수 있다.

✪ 핵심어법

로프와 앳킨슨(Raugh & Atkinson, 1975)이 설계한 핵심어법(the
keyword method)은 특히 제2언어 습득을 향상시킨다. 장소법과 말
뚝어법과는 다르게, 핵심어법은 계열회상이 아니라 단서 회상을
증진하도록 설계되었다. 특히 그 방법은 외국어로 제시된 정의들
의 기억을 돕기 위해서 설계되었다. 그러나 핵심어법의 적용은 이
차 언어 습득에만 한정되는 것은 아니다. 마찬가지로 이것은 모든
어휘 학습 상황에 유용할 수 있다.

기본 절차 핵심어법의 사용은 학습되는 어휘의 정의와 정확한
발음에서 시작된다. 다음으로, 학습자는 정확하게 발음된 외국어
단어에 비슷한 소리를 지닌 일차 언어에서 단어를 선택한다. 이 유
사소리 단어가 핵심단어로 간주될 것이다. 마지막으로 핵심어와
외국어 간의 상호작용적 심상을 만든다. 정의된 외국어가 검사에
제시될 때, 단어의 발음이 회상될 정의의 표상을 담고 있는 이전에
형성된 상호작용적 심상을 신호할 것이다.

로프와 앳킨슨(Atkinson & Raugh, 1975)은 세 가지 준거가 핵심어
선택에 적용되어야 한다고 하였다. 첫째, 핵심어는 외국어와 가능

한 발음이 비슷해야 한다. 이러한 요구를 충족하기가 어렵지만 로프와 앳킨슨은 핵심어가 전체 외국어 소리와 같아야 할 필요는 없으며, 외국어의 부분 유사성만으로도 충분할 것으로 보았다. 예를 들어, 외국어 단어가 다음절어이면 핵심어는 그 음절의 하나에 비슷한 소리가 있으면 된다. 또한 핵심어는 단일 단어가 아니라 전체 구(phrase)라도 가능하다. 핵심어 선택의 두 번째 준거는 그 자체로 외국어 정의와 상호작용적 심상을 쉽게 만들 수 있어야 한다. 그래서 상징적 심상으로 쉽게 표상될 수 있는 구체적 단어나 추상적 단어가 최상의 핵심어를 만들 수 있다.

로프와 앳킨슨이 구체화한 마지막 준거는 주어진 핵심어가 특정한 날에 학습되는 주어진 목록 내에서 단 하나의 어휘에만 사용되어야 한다는 것이다. 즉, 비록 주어진 핵심어가 주어진 학습 시행에서 한 번 이상 사용되지 않더라도, 이전에 사용된 핵심어는 다른 날에 다른 목록의 어휘 용어를 학습할 때에는 다시 사용할 수 있다.

사용 사례 스페인어 연구가가 어휘 용어 bigote, reina, arbol, lago, tenedor를 학습하는 데 어려움을 겪고 있다고 가정해 보자. 이들 단어의 각각에 대한 영어 번역은 mustache(콧수염), queen(여왕), tree(나무), lake(호수), fork(포크)다. 핵심어법을 사용하여 mustache를 의미하는 bigote를 기억하기 위해서는 그 연구가는 먼저 bigote(bee-goat-ay)의 정확한 발음과 유사한 소리를 지닌 영어 단어를 선택할 것이다. 이 경우 스페인어 단어의 한 음절과 비슷한 소리를 지닌 핵심어를 고르기는 매우 쉬울 것이다. 예를 들어, 핵심어로 영어 단어 goat를 선택하면, 핵심어와 긴 팔자수염을 가진 염소(goat) 같은 bigote의 정의 간의 상호작용적 심상을 형성할 수 있다. 스페인어 단어 reina는 'rain-uh'로 발음된다. 그래서 여왕을 의미하는 reina를 기억하기 위해서, 빗(rain)속에 서 있는 여왕(queen)의 심상을 형성할 수 있다. 그리고 나무를 의미하는 arbol은 'are-bowl'로 발음된다. 이 정의를 기억하기 위해서는 큰 사발(bowl)에서 자라는 나무(tree)의 심상을 형성할 수 있다. 호수(lake)를 의미하는 lago('log-oh'로 발음)를 기억하기 위해서는 호수(lake)에 떠 있는 통나무(log)의 심상을 형성할 수 있다. Tenedor는 'tay-nay-door'로 발음된다. 포크에 의해서 찔린 문의 심상은 포크를 의미하는 tenedor를 기억하는 데 사용될 수 있다.

스페인어 어휘 용어의 정의를 위한 기억은 각 용어의 발음이 단서가 될 수 있다. 그래서 bigote의 정확한 발음이 핵심어 goat와 그에 상응하는 콧수염을 가진 염소(goat)의 심상을 신호할 수 있다. 설계상으로 보면, 심상은 목표 스페인어 단어의 정의를 담을 수 있다. 유사하게 다른 어휘 용어에 대한 정확한 발음은 각각의 핵심어를 신호할 수 있고, 그 적절한 정의는 심상을 통해서 연합될 것이다.

내재된 과정　핵심어법의 주요 내재 특징은 선택적 부호화를 사용하여 음성의미 관계성을 추가한 상호작용적 심상의 정교화와 조직화 속성이다. 이를테면, 특이적 처리 과정은 이 방법의 기초를 제공한다.

핵심어법을 사용할 때 형성되는 모든 심상은 핵심어와 목표 단어의 정확한 발음의 음성적 관계성, 그리고 핵심어와 영어 변역 간의 연합에 사용되었다. 그러나 심상을 형성하는 기억술 속성에는 약간의 가변성이 있다. 예를 들어, bigote와 tenedor의 의미를 기억하는 데 사용된 심상은 가장 쉽게 심상된 음절에 기반을 두었다. tenedor는 핵심어 neigh(울다)를 사용하며 그 용어의 두 번째 음절에 해당한다. 그러나 neigh는 두 번째 심상(말)을 요구하지만 핵심어 door는 직접 심상할 수 있다. bigote, arbol, 그리고 tenedor에 사용된 심상은 비교적 괴이한 것이지만, lago와 reina에 사용된 심상은 보편적인 것이다. 이전에 논의한 것처럼 보편과 괴이 심상의 혼합은 그 방법의 효력을 증진시킬 것이다.

연구 지원   경험적 연구는 핵심어법이 스페인어(Raugh & Atkinson, 1975), 러시아어(Atkinson & Raugh, 1975), 독일어(Desrochers, Wieland, & Cote, 1991), 중국어(Wang & Thomas, 1992), 타갈로그어(Wang, Thomas, & Ouellette, 1992) 등의 언어에서 어휘 학습을 위한 효과적인 전략임을 입증하였다. 핵심어법은 또한 정상(Levin et al., 1992; Sweeney & Bellezza, 1982; Troutt-Ervin, 1990)과 학습장애 집단(Cundus et al., 1986; Mastropieri et al., 1990) 모두에서 자신의 모국어 어휘 학습을 증진시킴을 보여 주었다.

어휘 학습의 증진에 더하여, 핵심어법은 예술가(Carney & Levin, 1991), 식물학(Roseuheck et al., 1989), 음악역사학(Brigham & Brigham, 1998) 등의 다른 유형의 정보에 대한 기억을 증진시키는 데도 효과적임이 발견되었다.

비록 핵심어법이 일반적으로 효과적인 기억술로 간주되었지만, 이 방법의 몇 가지 잠재적 한계를 드러내 보인 연구도 있었다. 첫째, 여러 연구는 핵심어법이 오랜 파지 기간 후에는 기억을 증진하지 못한다고 하였다(Thomas & Wang, 1996). 최근의 연구 역시 이 방법이 기억할 정보의 시각 제시보다는 청각 제시가 보다 효과적임을 제안하였다(Worther et al., 2008). 다른 연구는 구전 능력(Dretzke, 1993)과 심상의 질(Beaton et al., 2005)이 이 방법의 효력을 조절한다고 하였다. 마지막으로, 경험 있는 외국어 학습자에게는 기계적 기억화가 핵심어법보다 더 효과적일 수 있음을 지적하였다(Van Hell & Mahn, 1997).

✿ 음성 체계

음성 체계(phonetic system)는 특별히 숫자의 기억을 보조하도록 설계된 보다 복잡한 체계다. 이 체계는 때때로 숫자자음법(the digit-consonant method) 혹은 주요 체계(the major system)로 불린다.

기본 절차   단어가 숫자보다 쉽게 기억된다는 개념에 기초하여, 음성 체계는 숫자를 낱자로 변환하게 하고, 그다음 단어를 형성하도록 결합되는 것을 포함한다. 낱자는 자음 소리를 표상한다. 그래서 숫자 제로(0)에서 9까지는 하나 혹은 그 이상의 자음으로 표상된다. 모음은 숫자를 표상하지 않지만 학습자가 임의로 자음 결합을 위한 단어를 만드는 데 사용된다. 목표 숫자가 기억될 때, 그 숫자를 표상하는 단어가 회복되고 숫자로 부호가 다시 풀린다. 〈표 4-1〉은 음성 체계에서 사용되는 대표적인 표상 도식을 보여 준다.

〈표 4-1〉 음성 체계의 대표적 낱자 숫자 변환

숫자	낱자/자음 소리 표상
0	약한 c, s, z
1	d, t, th
2	n
3	m
4	r
5	l
6	ch, 약한 g, j
7	강한 c, 강한 g, k, qu
8	f, ph, v
9	b, p

주: 모음은 단어 만드는 데 임의적으로 사용된다.

사용 사례　어떤 사람이 새로운 취미로 조류 관찰을 위해서 쌍안경을 구입하려 하는 상황을 고려해 보자. 초보자에게는 쌍안경의 특성이 숫자로 표기되어 있어 쌍안경을 고르는 것이 다소 복잡한 과제일 수 있다. 전형적으로 쌍안경은 확대율과 대물렌즈(눈에서 가장 먼 렌즈)의 직경으로 구체화된다. 대표적 사양의 사례로 미 해병대의 일차장 쌍안경(M25)은 7×50으로 명시되어 있다. 첫 숫자는 확대 배율이며 둘째 숫자는 대물렌즈의 직경을 나타낸다. 그래서 M25는 물체가 실제보다 7배나 가깝게 보이는 배율이며, 대물렌즈는 50mm 직경이다. 대물렌즈의 직경은 주변 빛의 양을 결정하고, 이것이 상의 명확성을 결정하기 때문에 중요하다. 대물렌즈의 직경이 커지면 더 많은 빛을 모을 수 있고, 상은 더 분명해진다. 그러나 큰 대물렌즈 직경의 쌍안경은 일반적으로 작은 직경보다 크고 무겁다.

쌍안경을 선택할 때 고려해야 하는 또 다른 숫자는 눈의 안도
(relief)다. 눈 안도는 상의 무결성을 손상하지 않는 접안렌즈에서
눈까지의 거리를 의미한다. 전형적인 눈 안도는 11mm이다. 그러
나 안경을 쓰는 사람에게는 적어도 14mm의 안도가 필요하다. 조
류 관찰자는 쌍안경을 사용하려고 마음을 먹은 다음에 휴대하기
쉽고 중간 정도의 배율을 가진 쌍안경이 필요하다고 결론 내렸다
고 가정하자. 더하여, 그 사람은 두꺼운 안경을 착용하고 있기 때문
에 좋은 눈 안도가 필요하였다. 그래서 조류 관찰자는 15mm의 눈
안도를 가진 8×30 쌍안경을 구입하기로 하였다. 〈표 4-1〉에 기술
된 체계를 사용하여, 그 사람은 8×30을 단어 famous로 숫자 15는
tool로 변환하여 쌍안경의 명세를 기억할 수 있다. 이 경우, 8은 f로
표현되며, 30은 ms로 표현된다. 모음 a, o, 그리고 u는 단어 famous
를 만들기 위해서 추가된다. 유사하게, 숫자 15는 단어 tool을 만들
기 위해서 두 o를 가진 t와 l로 표현된다. 쌍안경의 명세를 기억할
때가 되면, 그 사람은 단지 famous tool만 기억하면 되고, 낱자를
숫자로 다시 변환하면 된다.

내재된 과정　음성 체계의 사용에 내재된 두 가지 주요 과정이
있다. 첫째, 변환 부호화가 숫자를 낱자로 전환시킨다. 둘째, 이들
낱자는 단어를 구성하도록 정교화된다. 심상을 형성하도록 하는
구체적 단어의 구성은 새로운 표상의 특이성을 증가시킬 것이다
(Hunt & Marschark, 1987). 그러나 기억할 숫자와 그것의 단어 표상
간의 연합적 연결은 숫자로의 정확한 재전환에 의존한다. 비록 숫
자로의 재전환이 말뚝어법을 사용하는 과정을 포함할 수도 있지

만, 그 경우 각 말뚝단어와 계열적 숫자 간의 운율적 관계성이 재전환을 돕게 된다. 더욱이 이러한 운율 관계성은 목표 항목의 회복을 위해서 보다 많은 인지적 자원이 필요한 말뚝단어의 목록을 기억하는 데 필요한 부담을 감소시킨다.

불행히도 음성 체계는 숫자로 전환하거나 재전환하기 위한 인지적 부담을 감소시키는 기존의 기제는 가지고 있지 않다. 이런 이유로 체계의 다소 복잡한 절차가 정교화와 심상의 이득보다 잠재적인 손해를 볼 수 있다. 비록 어떤 연구자(즉, Bellezza, Six, & Phillips, 1992; Bower, 1978; Carney & Levin, 1994)는 음성 전환의 기억을 증진하는 기억술을 제공했지만, 이들 절차는 체계를 익히는 어려움을 유의하게 감소시키지는 못했다.

연구 지원   음성 체계의 효율성을 탐구한 초기 연구의 결과는 혼합되어 있다. 브루스와 클레몬스(Bruce & Clemons, 1982)는 그 방법이 단위 전환과 표준 측정을 위한 기억 증진에는 비효율적임을 발견하였다. 유사하게 패턴(Patton, 1986)은 음성 체계는 날짜, 주소, 그리고 전화번호의 기억을 촉진하지는 않으며, 때로는 간섭하기도 한다고 하였다. 이러한 결과와 반대로, 모리스와 그리어(Morris & Greer, 1983)는 그 체계가 두 자리 숫자를 기억하는 데는 효과적이라는 발견을 하였다. 계속된 연구(Patton et al., 1991; Patton & Lanzy, 1987)는 음성 체계의 효력이 참가자가 변환을 제공받는지 아니면 자신이 변환을 생성하는지에 의존한다는 증거를 제시하여 이전 결과들의 차이를 이해할 수 있는 실마리를 제공하였다. 특히 이들 연구는 그 체계가 변환이 제공되면 효과적이지만 자기생성이면 그렇

지 않다고 지적하였다. 이들 발견은 그 방법의 전반적인 어려움을
본다면 놀랄 일도 아니다.

벨레짜(Bellezza, 1992)는 최초의 음성 체계의 체계화가 많은 수
를 잘 수용하지는 못했다고 지적하였다. 이 문제의 개선책으로 그
들은 긴 수를 단일 단어로 표현될 수 있는 낱개의 숫자 짝으로 분
해할 것을 제안하였다. 그래서 하나의 이야기가 모인 단어를 계열
적 순서로 연결함으로써 만들어지게 된다. 비록 저자들은 이들 절
차가 긴 숫자의 기억을 강력하게 만든다고 입증하였지만, 최상의
기억 수행은 장소법의 요소들이 이 절차에 포함되었을 때라고 보
았다.

특수 기억 기술을 지닌 사람들이 음성 체계를 자주 사용한다고
제안한 연구가 있었는데(즉, Thompson, Cowan, & Friedman, 1993;
Wilding & Valentine, 1994), 이것은 음성 체계가 특수 기억 수행을
유도함을 의미한다고 해석할 수 있다. 반면에 이 방법을 사용하는
전체적 복잡성과 난이도를 고려하면, 이러한 발견은 특수한 인지
능력이 이 방법의 효과적인 사용에 필요하다는 것을 제안하고 있
다고 해석할 수 있다. 전자의 논의를 지지하는 힉비(Higbee, 1997)
는 수많은 훈련을 하면, 초보자라도 기억술 전문가에 버금가는 기
억 솜씨를 보일 수 있음을 입증하였다. 어찌되었든, 패턴과 랜치
(Patton & Lanzy, 1987)의 결론과 일치하여 음성 체계가 일상적 목적
에는 비현실적이고 비효과적일 수 있다.

⚙ 요 약

　유명한 형식적 기억술의 사례에 대한 연구는 복잡한 기억술일지라도 그것의 효력은 몇 가지 인지 과정을 조합한 결과임을 지적할 수 있다. 정교화와 조직화의 상호작용인 특이적 처리 과정은 특히 기억술의 성공에 기본적이다. 심상 또한 정교화와 조직화 속성에 기인하기에 중요한 역할을 한다. 기억술 효력에 내재된 과정의 지식은 형식적 기억술을 사용하거나 자신이 고안하려 하는 사람 모두에게 중요하다. 전자의 경우, 과정의 지식은 부주의하게 효력을 감소시키는 일이 없이 다른 이가 고안한 기억술을 수정할 수 있다. 새로운 기억술 기법에 관심이 있는 사람은 내재된 과정의 지식이 효과적인 학습 과정을 만드는 데 필요한 장치를 제공할 것이다.

조직화 기억술

조직화 기억술(organizational mnemonics)의 주요 목적은 기억을 촉진하는 방식으로 기억해야 할 정보를 조직화하는 것이다. 앞 장에서 조직화의 중요성을 언급했지만 조직화 기억술의 이점은 정교화와 결합되어 특이 처리 과정(distinctive processing)을 초래할 때에만 충분히 실현된다. 따라서 조직화에만 전적으로 의존하는 기억술이 도움이 되는 상황도 있지만 정교화를 촉진하는 기제와 결합하지 않는다면 그 효력은 종종 제한된다.

이 장에서 우리는 조직화에만 의존하는 기억술뿐만 아니라 일차적으로 정보를 조직화하면서 정교화의 정도 또한 촉진하는 데 기여하는 기억술에 대해 논의할 것이다.

⚙ 두문자어 기억술

단순 두문자어(simple acronyms)   기억해야 할 목록에서 첫 글자를 따온 두문자어는 대중적인 조직화 기법이다. 두문자어 기억술(acronym mnemonics)은 대학생들이 자주 사용하는데(Stalder, 2005), 각 항목을 첫 글자로 표현함으로써 기억해야 할 항목들의 목록을 하나의 단위로 축소시킨다.

예를 들어, 엘리자베스 퀴블러 로스(Elisabeth Kubler-Ross, 1969)가 제안한 애도(grief)의 5단계를 기억하고자 하는 간호대학 학생을 생각해 보자. 퀴블러 로스에 따르면 애도 과정의 첫 단계는 부정이다. 부정(denial) 단계 동안에 사람들은 진실성의 수용을 거부하는 방식으로 고통스러운 소식에 대응한다. 초기의 부정 이후에는 분노로 반응한다. 분노(anger) 단계에서 사람들은 고통을 유발한 사건이 왜 일어나는지 알고 싶어 하고 그 책임을 물으려고 한다. 거래(bargaining) 단계에서 사람들은 불행한 상황에서 벗어나게 해달라고 신에게 호소한다. 거래 단계 이후에는 전형적으로 우울(depressive) 단계가 뒤따른다. 이 단계 동안에 사람들은 고통을 초래한 사건에 대해 실제로 혹은 지각적으로 통제가 결여되어 과잉일반화된 결과로 인하여 무력감을 느낄 수도 있다. 애도 과정의 마지막 단계는 수용(acceptance)이다. 이 단계에서 사람들은 그런 상황을 철학적으로 다루고 그 상황을 감수하고자 시도할 것이다.

학습자들은 두문자어 기억술을 사용해서 애도의 5단계를 하나의 음소 단위, 즉 'DABDA'로 축소할 수 있다. 이러한 두문자어는 잠재적으로 두 가지 방식에서 기억을 도울 수 있다. 첫째, 5단계가 하나의 단위화로 축소되는데, 이는 인출하는 동안 인지적 부하를 감소시킬 것이다. 둘째, 이러한 특별한 단위화(chunking, 기억과정에서 의미를 사용하여 정보를 축소시키는 절차-역자 주) 방법은 애도의 단계가 음소 연상의 맥락 안에서 순차적으로 조직화되기 때문에 정확한 순차적 회상의 가능성을 증가시킬 것이다.

이러한 잠재적인 이득에도 불구하고 단순 두문자어 기억술은 그 효과를 제한하는 결함을 지니고 있다. 첫째, 이상의 예시처럼 대부분의 기억 목록이 만든 두문자어는 의미가 없는 음소 단위가 된다. 즉, 두문자어는 단위화에 의해 목록을 축소시키지만 그 결과 무의미한 단어가 산출되는 것이 전형적이다. 이러한 문제는 경우에 따라 첫 글자의 순서를 재배열함으로써 개선될 수 있지만 이러한 해결책은 순차적 회상을 어렵게 만들 수 있다.

이런 방법에서 나온 두문자어가 본질적으로 무의미하기 때문에 의미적 정교화 가능성과 정신적 심상의 사용이 크게 감소된다. 이 방법이 일부 무의미한 정교화를 초래할지라도, 단순 두문자어 기억술이 특이 처리 과정을 강하게 촉진하지 않는다는 것이 명백하다. 경험적 연구는 이러한 주장과 일치하여 단순 두문자어 기억술의 사용이 전혀 효과가 없는 것은 아니지만(예, Boltwood & Blick, 1970; Gruneberg, 1973; Waite, Blick, & Boltwood, 1971) 효과가 제한적임을 시사한다(예, Carlson, Zimmer, & Glover, 1981; Kovar & Van Pelt, 1991).

윤색 두문자어(embellished acronyms)   슈탈더(Stalder, 2005)는 두문자어를 더 의미 있게 만들기 위하여 다른 글자를 추가함으로써 단순 두문자어 기억술의 효과를 향상시키려고 하였다.

예를 들어, 피아제(Piaget, 1928)의 인지발달 단계를 학습해야 하는 상황을 생각해 보자. 이 이론에 따르면 인지발달은 비교적 분명한 시기를 차례로 거친다. 첫 시기인 감각운동기(sensorimotor period) 동안에 아이의 사고는 주로 외부 자극과 행동 사건에 초점이 맞추어지고 그것에 의해 시작된다. 아이가 전조작기(preoperational period)에 들어가면 사고는 행동과 한결 더 독립적으로 일어나지만 논리적 오류가 두드러진다. 구체적 조작기(concrete operations period) 동안 아이의 사고는 점차 논리적이 되지만 논리적 사고가 추상적 추론을 요하는 과제에까지 확장되지는 않는다. 마지막으로 형식적 조작기(formal operations period) 동안에 논리적 사고를 통해 추상적 문제를 다룰 수 있는 능력이 성취된다. 이러한 인지발달 단계에 대한 기억을 용이하도록 하기 위해 슈탈더는 네 발달시기가 S, P, C, F로 표현된 'SPaCeFarm'이라는 두문자어의 사용을 제안하였다. 추가 글자가 없으면 발달시기의 첫 글자만으로 의미 있는 두문자어가 만들어질 수 없음에 주목하라. 그러나 다른 글자가 포함됨으로써 두문자어가 더 의미 있고 더 정교화되고, 쉽게 상상될 수 있게 되었다.

따라서 윤색 두문자어 기억술은 단순 두문자어 기억술에 내재된 조직화 특성에 의미 있는 정교화와 정신적 심상을 보완함으로써 특이 처리 과정을 촉진하고 단순 두문자어보다 더 성공적이다. 슈탈더의 결과는 윤색 두문자어를 사용한 사람들이 그렇지 않은 사람들보다 시험 성적이 더 우수하다는 것을 보여 줌으로써 이러한 주장을 지지한다. 그러나 수행의 향상은 두문자어가 제공된 재료에서만

일어났고 두문자어와 무관한 검사 항목까지 확장되지는 않았다.

또 다른 형태의 윤색 두문자어 기억술은 기억해야 할 각 단어의 첫 글자들을 가지고 단어를 만들고 그 단어를 중심으로 구나 스토리를 구성하는 것이다. 예를 들어, 12쌍의 뇌신경을 기억하기 위해 윤색 두문자어를 사용할 수 있다. 12쌍의 뇌신경은 optic(시각), olfactory(후각), oculomotor(동안), trochlear(활차), trigeminal(삼차), abducens(외전), facial(안면), auditory(청각), glossopharyngeal(설인), vagus(미주), spinal accessory(척추부), hypoglossal(설하) 신경이다. 이러한 신경을 기억하기 위해 다음과 같은 윤색 두문자어를 사용할 수 있다. "On Old Olympus Towering Tops, A Finn And German Viewed Some Hops." 이러한 기억술은 두문자어에 내재된 조직화 특성에 상당량의 정교화를 부가하여 정신적 심상을 가능하게 한다. 그 결과 특이 처리 과정이 촉진되어 기억이 효과적으로 향상되기 쉽다.

불행하게도 다른 두문자어 기억술과 차별화된 이런 유형의 윤색 기억술을 명확하게 평가한 경험적 연구가 발표된 적이 없다. 이 영역에서의 연구가 당연히 필요하다. 단순 및 윤색 두문자어의 또 다른 예는 〈표 5-1〉에서 볼 수 있다.

기타 고려 사항   비록 두문자어 기억술(특히 윤색 두문자어)을 사용하는 것에 몇 가지 이점이 있지만 이런 종류의 조직화 기억술은 주로 기억해야 할 항목 간에 항목 내 연상을 향상시키도록 작용한다는 측면에 주목해야 한다. 따라서 단일 항목의 인출이 다음의 모든 항목의 인출에 단서가 되어야 한다. 반면에 항목 내 연상에 의존

〈표 5-1〉 두문자어의 예

단순(의미 없음)

BEDMAS: Brackets(괄호), Exponents(지수), Division(나눗셈), Multiplication (곱셈), Addition(덧셈), Subtraction(뺄셈) – 수학 연산의 순서

IPMAT: Interphase(휴지기), Prophase(전기), Metaphase(중기), Anaphase(후기), Telophase(말기) – 세포 분열의 단계

SIGECAPS: Sleep disturbance(수면 장해), Interest(diminished)(흥미 감소), Guilt(죄책감), Energy loss(에너지 상실), Concentration difficulties(집중 곤란), Appetite abnormalities(식욕 이상), Psychomotor retardation or agitation (정신운동성 지체 또는 초조), Sucidal ideation(자살 사고) – 주요 우울증의 증상

단순(의미 있음)

BRASS: Breathe(숨쉬고), Relax(이완하고), Aim(겨냥하고), Sight(조준하고), Squeeze trigger(방아쇠를 당겨라) – 소총 사격 과정

D–CUP: Describe(기술), Control(통제), Understand(이해), Predict(예측) – 과학의 목적(주의: 목적의 순서는 적절하지 않음)

HOMES: Huron(휴런호), Ontario(온타리오호), Michgan(미시간호), Eerie(이리호), Superior(슈피리어호) – 5대호

윤색(글자 사용)

ARrOW: Airworthiness certificate(감항 증명서), Registration certificate(등록 증명서), Operating handbook(운항 교본), Weight and balance information (중량 및 균형 정보) – 항공기 운항에 필요한 서류

CATARAct: Congenital(선천성), Aging(노화), Toxicity(독성), Accidents(사고), Radiation(방사능), Abnormal metabolism(대사 이상) – 백내장의 원인들

GrAPHS: Glider(활주관절), Angular(각관절), Pivotal(활차관절), Hinge(경첩관절), Suture(봉합관절) – 인간 관절의 유형

하는 것은 기억해야 할 단일 항목의 인출 실패가 다음의 모든 항목의 인출에 부적으로 영향을 줄 가능성을 열어 둔다.

두문자어 기억술을 사용한 정보의 회상은 그 자체로, 다른 기억술보다 더 '성공 아니면 실패(all or nothing, 기억에서 정보의 회상이 모두 인출되거나 아니면 전혀 인출되지 않는 극단적인 이분화 경향을 의미한다-역자 주)'인 경향이 있다.

두문자어에 의해 제공된 단서와 기억해야 할 항목 간에 때로는 상당한 도약이 존재한다는 측면이 주목되어야 한다. 예를 들어, 뇌 신경을 기억하기 위한 두문자어에 포함된 윤색이 기억하기 쉬운 구를 만들지만 그 구가 기억해야 할 항목에 대한 확실한 단서를 제공하지는 않는다. 즉, 'German'이 명확하게 'glossopharyngeal'을 연상시키지 않는다. 따라서 두문자어 기억술의 효과를 최대화하기 위해서는 각 단서와 표적 간에 일종의 상호작용적 심상이 요구된다. 그런 상호작용적 심상의 추가로, 윤색 두문자어는 두문자어가 단서 대 단서 및 단서 대 표적 연상을 제공하는 틀로 작용하는 말뚝 어법과 기능적으로 유사해질 것이다.

✿ 스토리 기억술

기억해야 할 정보를 중심으로 스토리를 구성하는 것은 항목 내 연상을 강조하는 또 다른 기억 기법이다. 스토리 기억술(story mnemonics)은 윤색 두문자어 기억술에 비해 이점이 있는데, 전자의 경우 스토리를 구성할 때 실제 표적 항목이 사용되는 반면, 후자의 경우 스토리의 구성에 대체물(proxy)이 사용되기 때문이다. 스토리 기억술 그 자체로는 기억해야 할 항목이 스토리의 각 요소와 연관된다는 것을 기억해야 하는 단계가 없다. 그러나 모든 목록이 스토리 기억술에 적당한 것은 아니다. 예를 들어, 스토리 기억술은 두문자어와 매개어를 사용하지 않으면 뇌신경을 기억하는 데 별 도움이 되지 않는다. 그럼에도 스토리 기억술은 비교적 일반적인 정보를 순서대로 학습하는 데 매우 효과적이라는 강점이 있다.

스토리 기억술을 사용하는 예로, 집을 멀리 떠나는 긴 여행을 준비하면서 해야 할 일의 목록을 기억해야 하는 상황을 생각해 보자. 구체적으로 여행자는 출발하기 전에 애완견을 보호소에 데려다 주고 신문 배달을 끊고 은행에서 현금을 인출하고 세탁소에서 옷을 찾고 청구서에 돈을 지불해야 한다는 것을 기억해야 한다. 이러한 상황에서 스토리 기억술의 효과적인 사용을 위해 먼저 목록에 있는 각 과제의 단서를 확인해야 한다.

스토리 기억술을 사용할 때는 적절한 단서의 선택이 중요한데, 그 이유는 선택된 단서가 기억해야 할 적절한 항목을 상기시킬 뿐만 아니라 의미있는 스토리 구성을 가능하게 하는 방식으로 결합되기 때문이다. 앞의 예에서 '애완견을 보호소에 데려다주기'의 단서로 개, '신문 배달 중단하기'의 단서로 신문, '은행에서 현금 인출하기'의 단서로 은행, '세탁소에서 옷 찾기'의 단서로 드라이클리닝, '청구서 지불하기'의 단서로 청구서를 사용하자. 이 과제를 기억하기 위해 여행자는 다음과 같이 이들 단서들이 포함된 짧은 스토리를 구성할 수 있다. "개를 끌고 걷는 동안 나는 신문을 샀고, 은행이 털렸다는 기사를 읽었다. 분명히 강도들은 그들의 드라이클리닝 청구서를 지불하기 위해 돈이 필요했다." 이 스토리는 목록의 계열적 순서를 유지하면서 모든 단서를 의미있게 통합한다. 게다가 이들 단서는 각각의 기억해야 할 과제와 강하게 연합되어 있다. 따라서 우리는 단서 대 단서 및 단서 대 표적의 강한 연합을 형성하였다. 이러한 단서들은 맥락 내에서 윤색되어 그 자체가 시각적 심상을 제공한다. 이 사례는 그 자체로 스토리 기억술이 얼마나 쉽게 조직화와 정교화를 결합하여 특이 처리 과정을 유도하고 기억을 효과적으로 촉진하는지를 보여 준다.

　경험적 연구는 기억해야 할 항목에서 스토리를 구성하는 것이 매우 효과적인 기억술일 수 있다는 개념을 지지한다. 스토리 기억술이 대학생(예, Herrmann, 1987; Herrmann, Geisler, & Atkinson, 1973)과 노인(예, Drevenstedt & Bellezza, 1993; Hill, Allen, & McWhorter, 1991)의 기억을 촉진하는 데 효과적임이 증명되었다. 게다가 스토리 기억술은 기억 손상(Wilson, 1995) 및 경도의 정신지체(Glidden, 1983) 참가자들의 기억을 향상시키는 데 효과적인 것으로 나타났다. 스토리 기억술은 목록이 길고(Bellezza, Six, & Phillips, 1992) 파지 기간이 긴 경우(Drevenstedt & Bellezza, 1993)에도 효과적일 수 있다는 측면에 주목해야 한다. 더욱이 자기가 만든 스토리와 타자가 만든 스토리를 비교할 때 기억술의 효과는 차이가 없었다(Buonassissi, Blick, & Kibler, 1972). 그러나 앞에서 언급했듯이 기억해야 할 정보가 특별히 추상적일 때는 스토리 기억술의 효과가 감소될 수 있다(Manning & Bruning, 1975).

✿ 각운과 리듬의 기억술

단순 각운   비록 연구가 많지 않았지만 회상을 향상시키기 위해 단순 각운(simple rhymes)을 만드는 것은 일반적인 기억 기법이다. 이런 기억술을 사용하는 근거는 각운 도식이 음소의 유사성에 기초하여 기억해야 할 정보를 조직화한다는 것이다. 그러나 기억해야 할 항목들의 각운이 항상 맞는 것은 아니기 때문에 표적 항목들을 끼워 넣는 맥락을 제공하는 각운 기억술이 자주 사용된다. 오래전부터 북미의 산호뱀과 붉은왕뱀을 구별하는 방법을 기억하도록 돕기 위해 고안된 기억술을 예로 들어 보자. 북미의 산호뱀은 빨강, 노랑, 검정 띠가 있는 맹독이 있는 뱀이다. 해롭지 않고 종종 이로운 왕뱀 또한 빨강, 노랑, 검정 띠가 있지만 산호뱀과는 띠의 순서가 다르다. 구체적으로 북미 산호뱀의 경우 노랑 띠가 검정과 빨강 띠를 항상 분리한다. 반면에 붉은왕뱀은 노랑 띠가 항상 검정 띠 사이에 있다. 다음과 같은 기억술은 그 자체로 뱀들을 구별하는 데 사용될 수 있다. "노랑 옆에 빨강은 친구를 죽이지만 검정 옆에 빨강은 모두의 친구(Red on yellow, kill a fellow; red on black, friend of Jack)."

뱃사람들은 비슷하지만 좀 더 민속적인 각운 기억술— "붉은 밤하늘은 뱃사람에게 기쁨, 붉은 아침하늘은 뱃사람에게 경고(Red sky at night, sailor's delight. Red sky in morning, sailor's warning)." —을 사용해서 날씨를 예측해 왔다. 이 기억술은 기상 시스템이 대개 서쪽에서 동쪽으로 이동하고 붉은 하늘은 부분적으로 습기를 머금

은 구름이 빛을 받은 결과라는 사실에 근거한다. 붉은 구름이 저녁
에 보인다면 맑은 서쪽 하늘은 습기를 머금은 구름이 그 지역을 벗
어나 동쪽으로 향하도록 태양이 비추고 있기 때문이다. 그러나 붉
은 구름이 아침에 보인다면 맑은 동쪽 하늘은 태양이 서쪽에서 곧
도착할 습기를 머금은 구름을 비추고 있기 때문이다. 따라서 밤에
붉은 하늘은 기상 시스템이 끝나고 있음을 뜻하고 아침에 붉은 하
늘은 시스템이 시작될 것임을 의미한다.

이와 같은 단순 각운 기억술은 부정확한 기억이 해로운 결과를
초래할 수 있는 상황에서 혼란을 피하도록 고안되었다. 어떤 띠가
어느 뱀과 관계가 있는지 기억하지 못하지만 산호뱀과 왕뱀의 생
김새가 빨강, 노랑, 검정 띠에서 차이가 있음을 기억하는 상황을
쉽게 상상할 수 있다. 유사하게 붉은 하늘이 무엇을 경고하는지 기
억할 수 없지만 아침에 붉은 하늘이 날씨에 관한 뭔가를 의미한다
는 것을 회상할 수 있을 것이다.

각운의 맥락에서 중요한 정보를 포함하는 것은 조직화를 제공하
여 정확한 인출 가능성을 크게 증가시킨다. 이런 유형의 각운 기억
술은 그 자체로 기억 오류를 유의하게 감소시킬 것이다. 더욱이 각
운 기억술은 전형적으로 표적 정보를 음운적으로 관련된 정보와 연
합시키는 정교화를 요구하기 때문에 특이 처리 과정이 일어날 수
있다. 반면에 각운 기억술은 음소 특성을 선호하여 의미를 최소화
하는 선택적 부호화를 촉진한다. 3장에서 언급하였듯이 이런 유형
의 부호화는 의미 정교화를 촉진하는 부호화보다 덜 효과적이다.

단순 각운 기억술의 효과를 직접 검증한 연구가 거의 없지만 선
행 연구와 각운과 기억 간의 관계를 좀 더 일반적으로 살펴본 연구

는 각운 기억술의 효과가 제한적일 수 있음을 제안한다. 헤이스, 키멜스키와 파머(Hyes, Chemelski, & Palmer, 1982)는 각운이 성인에게는 기억을 향상시키지만 어린 아동에게는 그렇지 않음을 보여 주었다. 존슨과 헤이스(Johnson & Hyes, 1988)는 어린 아동만을 검사한 후속 연구에서 각운이 말 그대로 스토리를 외우는 것을 향상시켰지만 요약의 회상을 촉진시키지 못했음을 증명하였다. 각운이 어린 아동의 기억을 향상시키지 못한 것은 아마도 음소 단서의 선택적 부호화로 인한 지각적 중심화(perceptual centration) 때문인 것 같다. 반면에 성인에게 나타나는 각운과 관련된 회상의 이점은 각운이 인출 가능성에 부과한 제약 때문인 것으로 생각된다(예, Bower & Bolton, 1969; Wallace & Rubin, 1991). 성인을 검사한 다른 연구(예, Rubin & Wallace, 1989; Solso & Biersdorff, 1975)는 각운 단서가 의미 단서와 결합되어 제시될 때 가장 효과적임을 시사한다. 같은 결과가 지적 장애가 있는 성인에게도 나타났다(Javawardhana, 1997).

각운과 의미의 결합은 효과적인 기억술이 조직화와 정교화를 모두 포함한다는 규칙과 일치한다. 각운은 개별 요소들을 조직화할 수 있는 공유된 정보를 제공하는 반면, 의미 정보는 다양한 요소를 구별한다. 루빈과 월리스(Rubin & Wallace, 1989; Wallace & Rubin, 1991)는 결합된 차원의 효과를 단서 제약으로 설명하였다. 사실, 시사점은 그런 결합을 만족시킬 만한 대안이 거의 없기 때문에 결합이 고유하다는 것이다. 예를 들어, 각운 의미 제약이 결정적 단어 선택을 매우 제한하기 때문에 '잭과 질(Jack and Jill)'이라는 동요는 일단 학습되기만 하면 쉽게 기억된다. 잭과 질이 올라간 곳은 언덕인데, 제약으로 인해 어떤 계단이나 산도 떠오르지 않게 될 것이다.

각운과 리듬 각운과 리듬(rhyme and rhythm)은 기억술을 형성하기 위해 종종 결합되어 사용된다. 루빈(Rubin, 1995)은 그의 저서 『구전 기억(*Memory in Oral Traditions: The Cognitive Psychology of Epic, Ballads, and Counting-Out Rhymes*)』에서 각운과 리듬이 기억에 미치는 심층적인 범위의 기능을 제공하였다. 루빈은 각운과 리듬의 효과에 내재된 기제가 각운과 의미의 그것과 동일하다고 제안하였다. 즉, 각운과 리듬의 맥락에서 학습된 정보를 회상하려고 할 때 회상된 정보가 각운 도식에 맞지 않거나 적절한 리듬을 유지하지 못하면 부정확함이 쉽게 판가름된다. 따라서 각운과 리듬은 잠재적인 인출 세트를 한정함으로써 기억을 촉진한다.

루빈이 기술한 각운과 리듬의 기능은 특이 처리 과정의 기능과 다르지 않다. 구체적으로 특이 처리 과정은 독특한 단서에 의해 보완된 조직화 맥락에서 나온다. 조직화는 적절한 일화적 맥락을 구체화하고, 항목 특정적 단서들은 독특한 단서를 공유하고 특정 맥락과 일치하는 항목에 대한 인출 가능성을 제한한다(Hunt & Smith, 1996). 루빈은 각운과 리듬이 인출의 측면에서 주로 부과한 제약을 논의했지만 인출은 주로 부호화에 의존한다는 사실을 명심해야 한다. 부호화와 인출 과정 간에는 그런 확실한 구분을 할 수 없는 것이 일반적이다(Tulving, 1983 참조).

각운과 리듬이 멜로디와 결합될 때 기억해야 할 정보는 노래할 가사(lyrics)가 된다. 어떤 조건에서는 노래의 맥락에서 제시된 정보가 단순 발성(speech)의 맥락일 때보다 기억이 잘 된다. 예를 들어, 월리스(Wallace, 1994)는 문장만 제시될 때보다 단순 멜로디의 맥락에서 제시된 문장이 멜로디가 반복된 시간만큼 더 잘 기억됨을 발

견하였다. 윌리스에 따르면 노래에 대한 기억술의 이점에서 반복
이 중요한데, 그것은 멜로디를 학습하기 더 쉽게 만들고 궁극적으
로 친숙성을 증가시키기 때문이다. 윌리스의 결과가 각운만을 사
용했을 때보다 노래를 활용했을 때 관찰된 이점이 더 큼을 시사한
다는 점에 또한 주목해야 한다.

더 최근 연구(Kilgour, Jakobson, & Cuddy, 2000)는 정보를 노래로
기억하는 것이 이롭다는 선행 연구의 결과가 말보다 노래의 제시
속도가 더 느리기 때문일 수 있음을 시사한다. 실제로 이 연구자들
이 노래와 발성으로 제시된 정보의 제시 속도를 동일하게 했을 때
노래의 이점이 사라졌다. 이런 결과와 상관없이 노래로 기억할 때
상당히 많은 정보가 정확하게 회상될 수 있음은 분명하다(Wallace &
Rubin, 1988).

⚙ 범주와 도식 조직화

기억해야 할 정보를 조직화하는 가장 간단한 방법은 정보를 분
류학적(taxonomic) 위계에 따라 정렬하는 것이다. 이런 유형의 기억
술은 기억해야 할 목록을 추상적 범주의 명칭에 포함되는 하위 세
트들로 조직화함으로써 목록 항목들 간에 범주적 관계를 이용하는
것이다. 여행을 준비하고 있는 사람에 대한 앞의 사례를 다시 생각
해 보자. 그녀는 짐을 꾸리기 위해 헤어드라이기, 치실, 핸드크림,
MP3 플레이어, 잡지, 퍼즐북, 명함, 노트북 및 점프 드라이브 등을
기억해야 한다고 가정하자. 이러한 항목들을 기억하기 위해 우리

의 여행자는 9개의 항목을 세 개의 임의적인 범주, 즉 세면도구류, 오락거리, 업무용 항목으로 조직화할 수 있다. 여행을 떠나기 전, 여행자는 항목들을 회상해서 짐을 제대로 꾸렸는지 확인할 수 있다.

범주 기억술을 사용하여, 여행자는 단순히 세 가지 범주 명칭을 회상하면 되고, 이는 각 범주에 포함된 구체적인 항목들의 단서가 될 것이다. 이 방법은 단서 없이 회상되어야 하는 전체 항목의 수를 감소시킴으로써 인지적 부하를 감소시킨다는 점에 주목하라. 범주 명칭의 회상은 여행에 필요하지만 원래 목록에는 없었던 추가 항목의 단서가 될 수 있기 때문에 범주 기억술은 또한 이러한 상황에서 이롭다. 따라서 이런 상황에 적용될 때 범주 기억술에서 흔한 회상침습(recall intrusion)이 실제로 도움이 된다.

범주 기억술의 대안으로서 여행자는 짐을 꾸려야 할 항목들을 기억하기 위해 도식적 조직화를 사용할 수 있다. 예를 들어, 그녀는 상상으로 자기 아파트의 각 방에 들어가 각 방에서 눈에 띄는 필요한 항목을 모을 수 있다. 예를 들어, 욕실의 정신적 심상이 단서가 되어 헤어드라이기, 치실, 핸드크림을 떠올릴 수 있다. 거실은 MP3 플레이어, 잡지, 퍼즐북, 그리고 사무 공간은 명함, 노트북, 점프 드라이브의 단서가 될 수 있다.

도식 기억술은 공간적 관계에 기초하여 기억해야 할 항목의 단서를 주는 반면, 범주 기억술은 의미적 개념적 관계에 기초해서 항목을 떠올리게 한다는 측면에서 두 가지 기억술은 서로 다르다. 그러나 범주 기억술과 마찬가지로 도식적 조직화는 이전에 고려하지 않았던 추가 항목이 회상되도록 한다. 이 방법과 범주 기억술과 관련된 회상침습은 도식이나 범주에 들어가는 다른 항목과 표적 항목을 변별하는 데 필요한 항목 특정적 처리 과정의 결여로 설명할 수 있다. 도식 기억술의 잠재적인 한계는 대개 시야에 보이지 않는 항목(예, 캐비넷이나 서랍에 들어가 있는 치실)이 정신적 검사를 하는 동안 간과될 수 있다는 것이다(Keenan, 1983; Kerr & Neisser, 1983).

경험적 연구(Khan & Paivio, 1988; Nakamura, Kleiber, & Kim, 1992)는 범주 조직화와 도식 조직화가 동등한 수준의 회상을 야기하고 모두 통제 조건의 회상 수준보다 우수함을 보여 주었다. 그러나 성인과 달리, 아동에게는 범주 및 도식 조직화의 기억 이점이 나타나지 않을 수 있다. 성인에게는 범주에 의해 조직화된 목록이 무작위로 구성된 목록보다 회상이 더 잘 되지만(Bower, Clark, Lesgold, & Winzenz, 1969) 어린 아동에게는 그렇지 않았다는 연구(Liberty & Ornstein, 1973)가 이러한 개념을 지지한다. 이러한 발견은 어린 아동이 추상적 사고 능력이 제한적이라서 의미 있는 범주와 도식을 형성하기 어렵다는 개념(Piaget, 1928)과 일치한다.

✿ 선행 조직자

선행 조직자(advance organizers)는 범주 및 도식 조직화를 강하게 반영하는 타자가 만든 기억술이다. 일부 기억술과 달리, 선행 조직자는 긴 산문과 전문적 담화에 대한 기억을 촉진하기 위해 특수하게 고안된다. 이러한 이유로 선행 조직자는 교육적으로 적용하는 데 더할 나위 없이 적합하다.

오수벨(Ausubel, 1960)이 처음에 제안한 것처럼 선행 조직자는 학습을 촉진하기 위해 관련 읽을거리에 앞서 제공된 개념이다. 오수벨의 선행 조직자는 이후의 정보를 적용할 수 있는 개념이었다. 이러한 공식화에 따르면, 미리 제공된 정보는 그 지식과 새로운 정보 간에 연결을 강화시키는 방식으로 지식을 활성화시키도록 작용한다.

　오수벨은 두 가지 유형, 즉 비교(comparative) 및 설명(expository) 선행 조직자에 대해 기술하였다. 비교 조직자는 학습자가 학습해야 할 정보와 관련된 약간의 배경지식을 가지고 있을 때 사용된다. 이 유형의 조직자는 근본적으로 다르지만 이전에 학습된 개념과 유사성을 공유하는 개념에 대한 기억을 돕기 위해 사용된다. 따라서 비교 선행 조직자의 주된 기능은 학습자가 두 개의 유사한 개념을 변별하도록 하는 것이다. 예를 들어, 인류학 강사가 학생들에게 원주민의 전통적인 장례 풍습을 묘사한 읽을거리 과제를 주기에 앞서, 현대 미국인과 원주민의 장례의식의 관계를 기술한 단문을 제공할 수 있다. 여기서의 가정은 학생들이 현대 미국인의 장례 풍습에 친숙하지만 원주민의 풍습에는 그렇지 않을 거라는 것이다. 선행 조직자는 그 자체로서 새로운 정보와 비교 및 대조를 위한 기초를 형성하는 방식으로 장례 풍습에 대한 사전 지식을 활성화시키도록 작용한다.

　설명 선행 조직자는 학습자가 학습해야 할 주제와 관련된 배경지식이 거의 없거나 전무한 상황에 적절하다. 따라서 설명 선행 조직자의 목적은 새로운 정보에 대한 후속 범주화를 가능하게 할 인지적 연결망(cognitive network)을 만드는 것이다. 예를 들어, 활쏘기 교양 과정을 가르치는 체육 강사는 학생들에게 발사 정확도에 대한 세부 사항에 대한 읽을거리를 할당하기에 앞서, 적절한 활쏘기 자세의 네 가지 구성 요소(서서, 활시위를 당기고, 조준하고, 발사하기)를 설명한다. 이러한 선행 조직자는 학습자에게 네 가지 주요 범주 명칭 아래에 상세한 정보를 포함하도록 하는 기본적인 인지적 틀을 제공할 것이다. 본질적으로 조직자는 기술적인 세부 내용을 제시하기에 앞서 활쏘기 정확도와 연관된 '큰 그림'을 제시한다. 현대의 설명 선행 조직자는 단순히 새로운 정보를 동화(assimilation)시키기 위한 최소한의 틀을 제공하도록 고안된다는 측면에 주목해야 한다(Langan-Fox, Platania-Phung, & Waycott, 2006; Mayer, 2003 참조). 많은 현대의 선행 조직자는 그 자체로 순서도, 개념도 혹은 개념적 모델의 형태를 취한다.

선행 조직자가 학습과 기억에 미치는 효과에 관한 상당량의 연구가 수행되었다. 연구들의 결론에 약간의 이견이 있지만(Corkill, 1992 참조) 어떤 조건이 충족된다면 언어적 내용을 학습하는 데 선행 조직자의 사용이 이로울 수 있다는 것에는 합의가 이루어져 있다. 물론 선행 조직자가 잘 작성되고 학습할 주제 영역에 적절해야 한다(Glover, Krug, Dietzer, & George, 1990). 더욱이 개념들을 구체적으로 표상하는 조직자는 개념을 추상적으로 표상하는 것보다 더 효과적일 것이다(Corkill, Bruning, & Glover, 1988).

선행 조직자가 열악한 학습 조건을 보완하지 않기 때문에 조직자가 수행될 학습 환경은 산만하지 않아야 한다(Stalling & Derry, 1986). 연구(Glover et al., 1990)는 또한 세 가지 선행 조직자 조건(선행 조직자의 도입이 표적 재료 한 시간 전, 기억 검사 직전, 48시간 이전인 조건)에서의 기억이 통제 조건의 기억보다 우수하지만, 표적 재료보다

한 시간 앞에 도입된 조직자가 기억 검사 직전 또는 48시간 이전에 도입된 경우보다 더 효과적이었음을 증명하였다.

선행 조직자의 효력은 또한 긴 파지 기간에 의해 향상된다(Allen, 1970; Wong, 1974). 게다가 코르킬, 글로버, 브루닝 및 크뤼그(Corkill, Glover, Bruning, & Krug, 1988)는 선행 조직자의 기억 이점이 지연 검사 이전에 조직자를 다시 읽음으로써 증가된다는 것을 발견하였다. 개인차를 다룬 톰슨(Thompson, 1998)의 연구는 선행 조직자가 광범위한 성인 연령에 걸쳐 언어 능력이 낮은 학습자의 기억을 향상시킴을 보여 주었다. 그러나 이 연구는 선행 조직자가 정상 노인의 회상이 아니라 재인기억을 향상시켰다고 보고한 것에 주목해야 한다.

결국 선행 조직자의 경우 특이성 이론(distinctiveness theory)과 일치하여 정교화를 촉진하는 절차와 결합해서 사용될 때 그 효과가 유의하게 증가한다는 점에 주목해야 한다(Van Dam, Brinkerink-Carlier, & Kok, 1985).

🜙 요 약

이 장에서 기술한 모든 기억 기법은 그 한계가 고려되고 적절한 상황에 적용되는 한 효과적일 수 있다. 두문자어는 정신적 심상을 만들 수 없거나 의미 정교화로 윤색되지 않으면 그다지 효과적이지 않다. 스토리 기억술은 상당량의 정교화를 포함하며, 그 결과 그것은 매우 효과적인 유형의 조직화 기억술이다. 불행하게도 학습해야 할 모든 정보를 의미 있는 스토리로 구성하는 것이 가능하지 않다.

두문자어와 마찬가지로 각운 기억술은 다른 형태의 정교화와 결합될 때 더 효과적이다. 단순 각운은 리듬과 멜로디와 결합될 때 효과적인 기억술이 된다. 범주 및 도식 기억술은 회상침습이 나타나기 매우 쉽지만 침습이 도움이 되는 상황에 이런 기억술이 적용된다면 이런 문제는 이점으로 활용될 수 있다. 어떤 조건하에서 선행 조직자는 효과적인 범주 및 도식 조직화를 야기하는 처리 과정을 유발한다.

전체적으로 조직화 기억술의 효력은 정교화가 개입된 정도에 따라 다르다는 것이 명백하다. 조직화 절차가 정교화와 결합될 때 기억술은 일반적으로 효과적이다. 정교화가 없으면 특이 처리 과정은 최소화되고, 조직화 기억술의 효력은 학습 상황이 표적 항목의 변별을 요구하는 정도에 따라 달라질 것이다. 요점에 대한 기억이 허용되고 회상침습이 문제가 되지 않는 상황에서는 조직화에 전적으로 의존한 기억술이 도움이 될 수 있다. 하지만 기억해야 할 정보의 변별이 중요할 때 조직화만 사용한 기억술은 효과가 제한적일 수 있다.

06 전문가와 전문기억술사

대부분의 다른 능력과 마찬가지로 기억 기술은 정규분포에 가까운 연속선상에 위치한다. 전체 인구 중 소수가 뚜렷한 기억 결함으로 고통받고 대부분 사람의 기억은 우리가 정상이라고 간주하는 범위 내에 있으며, 또 다른 소수가 특히 뛰어난 기억 기술을 나타낼 것이다.

이 장은 기억 능력의 연속선상에서 우수한 극단에 초점을 맞춘다. 구체적으로 기억력이 규준에서 벗어난 정도가 매우 예외적으로 간주될 수 있는 네 명의 사례에 대해 논의할 것이다. 이 장에서 논의한 개인들이 결코 예외적인 기억 능력을 가진 사람들을 전부 논하는 것은 아니다. 그러나 표본은 우수한 일반 기억을 가진 사람들에게 존재하는 배경, 방법 및 능력의 다양성을 반영한다.

⚙ S.

뛰어난 기억 기술을 가진 사람들에 대한 경험적 연구는 19세기로 거슬러 올라가지만(Brown & Deffenbacher, 1975; Wilding & Valentine, 1997) 루리아(Luria, 1968)의 S. 연구는 처음으로 광범위하게 주목받았다. S.는 흥미로운 사례였는데, 그 이유 중 하나는 고용주가 심리학자에게 그의 기억력을 연구해야 한다고 제안했던 20대 후반까지 그는 자신의 특별한 능력에 대한 자각이 없었기 때문이다. 더욱이 S.는 비범한 인지 능력 외에 대체로 평균 또는 평균보다 약간 낮은 기능을 나타내었다.

그의 가정생활은 평범했다. 그는 결혼을 했고 나중에 성공하는 아들이 하나 있었다. 그는 안정적인 경력을 쌓지 못하고(예외: 기억술사로서 경력) 이 직장, 저 직장을 떠돌았다. 이런 측면에서 루리아는 S.에 대해 "닻이 없다(anchorless)."라고 했는데, 그는 항상 미래에 겪게 될 사건이 생존 방향을 바꾸게 되는 삶을 살았기 때문이다.

S.는 무작위 숫자와 철자의 배열을 기억하는 전형적으로 어려운 과제에서 뛰어난 능력을 보였다. 한 예로, 루리아(1968)는 학습 시간이 채 3분이 되지 않았는데 S.가 50개의 숫자 배열을 제시된 순서대로, 역순으로, 행으로, 열로, 심지어 특정 대각선으로 정확하게 회상할 수 있다고 기술하였다. 특히 놀라운 또 다른 예는 S.가 가장 어려운 기억 과제라고 생각했던 것이다. S.가 기억술사로 공연을 하는 동안, 자신의 능력을 증명하는 데 사용할 기억 정보의 목록을 청중들에게 요청하곤 했다. 요양소에서 공연을 한 어느 특별

〈표 6-1〉 1936년 요양소 공연에서 제시된 무의미 음절의 일부 목록

ma va na sa na va
na sa na ma va
sa na ma na va
na sa na va na ma
na va na va sa ma
na ma sa ma va na
sa ma sa va na
na sa ma va ma na

주: 실제 목록은 표에 제시된 것보다 더 길었음. Luria(1968)의 『The mind of a mnemonist』에서 인용함.

한 날, S.는 〈표 6-1〉에 제시된 것 같은 무의미한 음절이 번갈아 나타나는 긴 목록을 받았다. 루리아는 이 공연에서 S.가 목록을 정확하게 회상했을 뿐만 아니라 4년이 지난 후에도 전체 목록을 기억했다고 보고하였다.

S.는 숫자, 철자 그리고 무의미한 음절에 대한 그의 능력에 더해, 단어에 대한 뛰어난 기억 또한 보여 주었다. 그러나 언어적 재료에 대한 그의 기억이 의미 있는 산문까지 반드시 확장되지는 않았다. 사실, 루리아(1968)는 S.가 문장의 내용을 이해하는 데 특히 어려움이 있다고 제안하였다. 또한 그는 얼굴을 기억하는 데 어려움이 있었다. 적어도 부분적으로, 이러한 어려움은 S.가 자주 심신을 쇠약하게 한다고 했던 극단적인 형태의 공감각(synesthesia) 때문이었다. 예를 들어, S.는 단순한 소리가 생생한 정신적 심상, 색상 및 맛을 유발한다고 보고하였다. 숫자와 시각 형태도 유사한 중다양식 효과(multimodal effect)를 가졌다. 그 결과 단순한 정보조차 그의 모든 감각을 자극하였고, 이는 그가 의미를 추출하는 것을 매우 어렵게

만들었다. 의미는 마치 주어진 자극과 연합된 방대한 지각 경험에 내재된 세부 사항 같았다. 더욱이 루리아는 S.가 의미가 공감각적 특질에 불일치하는 것 같은 단어에 상당한 어려움을 느꼈다고 진술했다. 만일 어떤 단어가 그 단어의 제시된 소리에 대응되지 않으면 S.는 혼란스러워하였다. 확실히 S.의 인지 기능은 정상이 아니었고, 이러한 정상성에서 이탈이 항상 적응적인 것은 아니었다.

뛰어난 기억력을 논할 때 그 능력이 타고난 것인지, 아니면 연습의 결과인지는 흔한 쟁점이다(Chase & Ericsson, 1982; Ericsson, 1985; Wilding & Valentine, 1991). 후자에 관한 주장은 소문에 따르면 평균적인 사람(SF)이 연습을 통해 82자리까지 숫자 외우기를 향상시켰다는 연구(Ericsson, Chase, & Falloon, 1980)에서 나왔다. 그러나 와일딩과 발렌타인(Wilding & Valentine, 1997)은 SF가 연구 이전에 IQ와 기억이 정상적이었다고 할지라도, 그는 예외적인 추동과 동기를 가진 것이 분명하다고 주장하였다. 사실 와일딩과 발렌타인은 삶의 몇 가지 영역에서 성공하고자 한 SF의 욕구를 '거의 강박적인' 것으로 기술하였다(35쪽).

여하튼 우리는 선천적으로 타고난 능력 대 후천적으로 훈련된 능력에 관한 논쟁이 별로 적절하지 않다고 믿는다. 이전 장에서 논의했듯이 기억술의 효력은 개인차에 의해 조절되며, 따라서 진짜 뛰어난 기억력은 가장 효과적인 기억 기법을 학습한 사람들의 능력을 넘어선다. 물론 우리는 기억술이 도움이 되고 기억을 유의하게 향상시킬 수 있다고 믿는다. 그러나 해당 기억 기법의 잠재적인 효력은 학습 과제의 본질에 따라, 그리고 학습자의 타고난, 그리고 환경에 의해 습득된 특성에 의해 제한된다. 따라서 우리의 관점에

서 적절한 쟁점은 우수한 기억력이 타고난 것인가 혹은 학습된 것
인가가 아니라 뛰어난 기억력을 가진 사람이 사용하는 전략이 보
통의 학습자에게 도움이 될 수 있는가 여부다. 이를 염두에 두고 우
리는 지금부터 S.가 사용한 기억 기법에 대해 논의할 것이다.

루리아(1968)가 S.의 능력은 타고났다고 결론을 내렸지만 S.가 몇
가지 기억 기법을 사용했다는 것은 명백하다. 시각적 심상은 S.의
부호화에서 끝없이 지속되었는데, 아마도 이것은 통제할 수 없는
구성 요소였을 것이다. 그의 공감각으로 인해 중다부호와 과잉정교
화가 부호화 과정에서 지속적으로 사용되었다.

S.는 또한 장소법(method of loci)을 광범하게 사용했다. 긴 목록
의 단어가 제시되었을 때 S.는 모스코바의 친숙한 거리를 걸어가는
상상을 하고 다양한 장소에 기억해야 할 항목의 정신적 심상을 놓
아 두곤 하였다. 그는 회상할 정보가 필요할 때면 자신이 다시 거리
를 걷고 있다는 심상을 하며, 이때에는 그가 놓아 두었던 항목들을
수집하는 심상을 하였다. 루리아가 언급하였듯이 이것은 S.가 역순
으로 정보를 회상하는 데 어려움이 없었던 이유를 설명한다. 목록
을 역순으로 회상하라는 요청을 받았을 때 그는 단지 그 거리를 반
대 방향에서 걸어오는 상상을 하곤 하였다.

흥미롭게도 S.는 장소법을 사용할 때 때때로 발생하는 어려움에
영향을 받았다. 예를 들어, 그는 기억해야 할 항목을 빛이 별로 없
거나 은폐된 장소에 둔 상상을 한다면 그것을 기억하는 데 어려움
을 보였다. 이것은 숨겨진 정신적 심상이 숨겨지지 않은 심상보다
더 빈약한 회상을 초래함을 주장해 온 연구자들(Iaccino & Byrne,
1989; Keenan & Moore, 1979)에게 주목을 받았다. 4장에서 우리는 숨

겨진 심상을 회상하는 능력이 심상을 형성하는 데 사용된 시간에 따라 달라진다는 개념을 일반적으로 지지하는 연구에 대해 논의했었다. 이를 지지하면서 루리아는 목록이 빠르게 제시되지 않을 때 S.의 수행이 최적화된다고 제안하였다.

또한 주목해야 할 흥미로운 점은 기억해야 할 항목의 심상 크기가 작을 경우 그가 상상한 장소의 상세한 풍경에서 그것이 '유실' 되지 않도록 S.는 그 크기를 빈번하게 변형시켰다고 보고한 것이다. 심상 크기의 변형은 괴이한 심상(Marshall, Nau, & Chandler, 1979)을 만들기 위해 사용해 온 몇 가지 조작 가운데 하나이며, 앞서 논의한 것처럼 이는 몇몇 기억술의 효과를 높이기 위해 사용될 수 있다.

심상이 숨겨져 어려움이 있음에도 불구하고, S.는 확실히 보통 사람들보다 장소법을 더 효과적으로 사용했다. 이것은 기억술의 사용에 관한 흥미로운 의문을 불러일으킨다. S.는 장소법을 대부분의 사람과 다르게 사용했는가? 대개는 그렇지 않았다. 일반적인 사용자에게 그 방법을 효과적으로 만드는 동일한 요인이 S.가 그 방법을 사용할 때도 작용했다. S.와 다른 사람의 사용 간에 주된 차이는 생생하고 상세한 정신적 심상을 만드는 그의 비범한 능력이었다. 특히 강력하고 효과적인 특이 처리 과정을 초래하는 방식으로 그의 공감각과 장소법이 결합되었을 가능성이 높다. 공감각은 의심할 여지없이, 친숙한 장소에서 상세한 정신적 심상의 조직화 특성을 완벽하게 보완한, 독특하게 효과적인 형태의 항목 특정적 처리 과정을 초래한다. 그 결과 S.의 심리적 구조가 보통 사람들보다 장소법을 효과적으로 사용하기가 더 쉽도록 구성되었을 것이다.

또한 S.는 외국어나 자신이 이해할 수 없는 구로부터 단어를 기

억하기 위해 핵심어법과 유사한 기법을 사용했다. 루리아(1968)가
기술하였듯이 S.는 외국어나 구의 발음 또는 심지어 공감각적 청각
에 기초해서 심상을 만들었고 그 심상을 의미 있는 어떤 것과 결합
하여 회상을 향상시켰다. 긴 목록이나 구가 제시되었을 때 S.는 스
토리를 구성해서 기억해야 할 항목들을 함께 연결하는 연상의 고
리를 만들곤 하였다. 다시 말해, S.의 매우 강한 공감각이 유발한
정교화는 스토리 방법의 조직화 특성에 대한 완벽한 보완이었다.
따라서 S.가 매우 효과적인 이런 혼합 기억술을 사용했다는 것이
그리 놀랄 만한 일은 아니다.

　S.가 보인 뛰어난 기억 능력은 적어도 부분적으로 강한 특이 처리
과정의 결과인 것처럼 보인다. 이러한 특이 처리 과정은 풍부하고
겉보기에 자동적인 정교화와 공통적인 기억 기법이 결합해서 일어
난다. 루리아(1968)의 제안을 기억할 때 S.가 흔치 않은 인지적 처리
과정을 가지고 태어난 것이 거의 확실하다. 이러한 비범한 인지에
서 놀라운 기억력이 나왔지만 때로는 부적응적이었다. 여하튼 S.는
최소한 보통 사람들이 사용하는 단순한 기억 기법을 사용함으로써
그가 이미 갖고 있던 뛰어난 기억 능력을 다듬었다는 것을 인정해
야 한다.

✿ V.P.

　다양한 기억 능력 검사의 결과에 기초하여(Hunt & Love, 1972)
V.P.는 S.와 맞먹는 기억 능력을 보여 주었다. 하지만 숫자와 무의

미 음절뿐만 아니라 구, 스토리, 체스의 위치에 대한 뛰어난 기억을 보였다는 측면에서 V.P.의 기억은 S.보다 더 다재다능하다. 더욱이 V.P.는 의미를 이해하는 데 어려움이 없었다. V.P.는 다섯 살 때 라트비아의 수도인 리가(Riga)의 지도를 기억하고 열 살 때 경합의 일부로 150개의 시를 암기하는 등 어린 나이에 우수한 기억력을 증명하였다(Wilding & Valentine, 1997). V.P.가 몇 가지 언어에 능통하고 IQ가 136이라는 사실이 보여 주듯이 일반적으로 S.보다 더 지적인 것으로 간주되었다(Wilding & Valentine, 1997).

불행하게도 V.P.가 기억을 시도할 때 사용한 특정 기법에 관한 정보는 많지가 않다. 헌트와 러브(Hunt & Love, 1972)는 그가 뛰어난 심상 혹은 공간적 기술을 지니지 않았다고 제안하였다. 하지만 와일딩과 발렌타인(1997)이 언급하였듯이, 이것은 리가의 지도를 암기하는 것과는 일치하지 않는다. 그의 우수한 기억에 대한 유일한 설명은 의미 있는 연합을 사용했고, V.P. 자신에 따르면, 학창시절에 기계적 암기를 사용하여 대대적인 연습을 했다는 것이다. V.P.의 암기 방법에 관한 정보(자기 보고 혹은 다른)의 부족으로 인해 우리는 그를 간략하게 언급할 것이다. 하지만 우리는 이 장에서 그를 포함시키는 것이 중요하다고 생각하는데, 그 이유는 그의 능력이 S.보다 더 경험적으로 조사되었다는 사실로 인해 우수한 기억력을 가진 다른 사람들을 논의할 때 V.P.가 비교를 위한 기초로 사용되기 때문이다.

⚙️ 에이킨

알렉산더 에이킨(Aitken)의 사례는 액면가 그대로 루리아(1968)
의 S.와 뚜렷한 대조를 이루는 것처럼 보인다. 헌터(1977)가 기술
한 것처럼 에이킨은 수에 관한 뛰어난 기억력을 가진 기민한 정신
적 계산자인 동시에 성공적인 수학자였다. 한 예로, 그는 파이를
1,000자리까지 학습했고 숫자 외우기를 13~15개 항목까지 할 수
있었다. 더욱이 헌터는 그에 대해 광범위한 지식 토대와 모든 것의
근본적인 의미에 대한 예리한 호기심을 지닌 유능한 지성인으로
묘사했다.

에이킨은 S.와 달리, 산문과 악보를 포함하여 의미 있는 정보에
대한 뛰어난 기억을 나타내었다. 그는 학창시절 버질(Virgil)의 저서
와 밀턴(Milton)의 『실낙원(*Paradise Lost*)』을 기억한다고 주장하였
다. 이러한 사실이 S.에 대한 루리아의 기술과 꽤 다른 것처럼 보이
는 양상이지만 헌터가 S.와 에이킨의 차이를 강조하기 위해 기울인
노력은 둘 사이의 몇 가지 중요한 공통점을 흐리게 할 수 있다. 헌
터의 논문에 따르면 그는 에이킨의 능력과 성취가 S.보다 질적으로
우수하다고 믿고 있음이 꽤나 명확하다. 이러한 생각은 에이킨에
관한 그의 논의에 드러나 있으며, 기억술에 관한 주제를 다룰 때
보다 분명해진다.

헌터는 기억술이란 의미 없는 정보에 대한 기억을 촉진하는 데
주로 도움이 되는 것이라 보았고, 그것은 진정한 학문의 범위에서
벗어나는 것이라고 믿었다.

　　기억술은 우리에게 의미 없는 재료에 부가적 의미를 부여하도록
하는 정신적 책략이다. ……고대 그리스 이래로, 진지한 기억연구자
들은 아무리 좋게 말해도, 그것을 광범위하게 사용하라고 지시하기를
꺼렸다. 왜 그랬을까? 그들은 일종의 특성과 패턴에 초점을 맞추도록
하기 때문에 생산적인 생각의 유용성을 심하게 제한하였다(p. 163).

　　중요하게도, 헌터는 S.가 의미 있는 정보를 기억하기 어려워하는
것을 그의 기억술 사용과 연결하였다. 헌터가 S.의 기억술 사용이
제한적 요인 혹은 단순히 전반적인 인지 능력의 부족이 표현된 것
이라 믿었는지 확실하지 않지만 헌터는 S.의 대단한 지각적 부호
화 과정이 에이킨의 의미적 부호화 형상보다 열등하다고 믿었음이
분명하다. 더욱이 헌터와 에이킨은 둘 다 에이킨이 어떤 유형의 기
억술을 사용했음을 완강히 부인하였다. 에이킨의 말에 따르면, "나
는 기억술을 사용한 적이 없고, 매우 불신한다. 내가 그것을 사용하
면 그들은 순수하고 평온한 마음에 이해되지 않는 혼란을 가져 온
다."(Hunter, 1977, p. 163)

　　완강하고 다소 거만하게 부인함에도 불구하고 에이킨이 기억을
향상시키기 위해 기억 기법을 실제로 사용했음을 시사하는 증거가
있다. 에이킨이 리듬을 사용한 것은 거의 명백하다. 그는 긴 목록에
대한 장기간의 파지를 향상시키기 위해 청각 리듬을 그룹핑하는
것에 초점을 맞추고 학습해야 할 정보에 구조를 부과하곤 하였다.
5장에서 언급하였듯이 리듬과 멜로디의 사용은 상당량의 재료에
대한 강한 기억을 야기할 수 있다.

　　에이킨이 정보를 처리할 때 다양한 부호(codes)를 사용했음이 명

백하다. 의미에 대한 그의 강렬한 관심은 각 자극에 대한 철저한 분
석을 이끌었다. 이러한 분석은 음악 기억을 논의하는 편지로부터
명확해졌다.

> 나는 음악적 기억이 다른 어떤 것보다 더 놀라운 정도로 발달될
> 수 있다고 확신한다. 왜냐하면 우리는 박자와 리듬, 곡조 혹은 그 이
> 상의 하모니, 악기의 음색, 특정 정서나 정서의 배열, 다른 용어로 표
> 현하기 어려운 의미, 연주자의 청각적이고 리듬이 있고 강력하고, 기
> 능적인 기억을 지니고 있기 때문이다. 그리고 나의 경우에는 이차적
> 으로, 다른 모든 것이 시들해졌을 때 구조하러 오는 기사의 시각적
> 이미지, 곡이 들리거나 연주될 때 자신이 동일시 할 수 있는 작곡가
> 에 대한 인간적 관심, 그리고 악곡의 형식에 대한 심미적 관심 또한
> 있기 때문이다(Hunter, 1977, p. 157).

이러한 인용구는 부호화의 풍부함을 나타낼 뿐만 아니라 부분적
인 정신적 심상의 사용을 제시한다. 헌터는 에이킨의 정신적 심상
사용에 대해 논의하지 않았지만 이상에 따르면 시각적이고 운동감
각적인 심상이 적어도 음악에 대한 기억 측면에서 처리되었다는
것은 분명하다. 따라서 에이킨과 S. 모두 정보를 처리하는 동안 몇
가지 유형의 기억술, 다양한 부호 및 정신적 심상을 사용했다. 두
사람 모두 특별히 어렵거나 인위적인 기억 과제에 맞추어 그들의
기억 전략을 조절했다는 측면에 또한 주목해야 한다. 이는 에이킨
과 S.가 기억 기법을 의식적으로 사용하여 그들이 기억 능력을 연
마했음을 시사한다.

또한 S.와 에이킨이 기억에 관한 몇 가지를 묘사하는 방식에 흥미로운 공통점이 있다. 특히 에이킨은 숫자 행렬에 대한 기억을 "일종의 반짝임으로 묘사하였다. 그것은 마치 인상을 남기는 것 같다. 보는 것도 아니고 듣는 것도 아닌 재미있는 능력이다. 내가 묘사할 수 없는 일이다."(Hunter, 1977, p. 160) 이것은 '얼룩' 또는 '증기 뿜기'를 포함한 어떤 기억에 관한 S.의 묘사를 떠오르게 한다(Luria, 1968, p. 39). S.에게 '얼룩'과 '증기 뿜기'는 주로 기억을 흐리게 하는 주의 산만을 나타내는 반면, 에이킨의 '반짝임'은 확실한 기억의 특성을 나타내는 것 같다. 우리는 에이킨이 S.와 마찬가지로 공감각을 경험했다고 말하는 것은 아니다. 우리는 (기억 자체가 아니라) 기억에 관한 그들의 묘사 측면에서 두 사람이 공유한 독특한 특성을 언급하고 싶을 뿐이다.

에이킨은 조직화를 광범위하게 사용했다는 측면에서 S.와 확연히 다르다. 앞서 언급했듯이 에이킨은 기억해야 할 정보를 부호화하기 위해 리듬 조직화에 주로 의존했다. 의미 있는 패턴에 대한 지속적인 탐색은 또한 상당한 관계적 처리 과정을 이끌었다. 그런 다음 질문은, '에이킨이 조직화 기억술과 연합된 유형의 오류(5장 참조)를 피하도록 하는 방식으로 관계적 처리를 하고자 하는 강한 경향성을 어떻게 상쇄시켰는가?' 하는 것이다. 첫째, 언어 기억은 대부분 조직화 전략과 연합된 변별 오류가 일어나기 더 쉬운 것 같은데, 에이킨의 언어 기억에 관한 상당량의 경험적 자료가 있는 것이 아니라는 점에 주목해야 한다. 둘째, 에이킨의 기억은 결코 오류가 없다는 것이 아니고, 단순한 용량, 지속성 및 정확성 측면에서 S.가 보인 수준은 아니었다(Hunter, 1977). 그럼에도 에이킨의 기억 능력은 탁월했다. 주로 조직화 기억술을 사용했다는 측면에서 에이킨의 기억력에 대한 부분적인 설명은 그가 다양한 부호화를 광범위하게 사용한다는 것이다.

에이킨은 계속해서 학습해야 할 정보를 재부호화했기 때문에 표적 정보는 결과적으로 독특한 패턴의 일부로 판명되었다. 게다가 그의 광범위한 지식 토대와 의미 있는 해석에 대한 탐구(추구)는 의심할 여지없이 항목 특정적이고 관계적인 처리를 모두 포함하는 많은 비교와 대조를 야기하게 되었다.

최근 연구는 에이킨의 우수한 지식 토대가 자연적 특이 처리 과정을 통해 우수한 기억에 기여했다는 생각을 지지하였는데(Rawson & Van Overschelde, 2008; Van Overschelde, Rawson, Dunlosky, & Hunt, 2005), 이는 영역 특정적 전문가 기억의 수행이 항목 특정적이고 관계적 처리 과정의 조합으로 설명될 수 있음을 증명한 것이다. 이 연구들이 특정 영역(NFL 축구)에서 특별한 지식을 가지게 된 평범한 기본적 기억 기술을 가진 사람들을 대상으로 하였다는 점이 중요하다. 더욱이 이러한 '전문가들'의 강한 기억 수행에 내재된 특이 처리 과정은 기억 기법의 의식적 사용의 결과가 아니라 전문 영역에서 잘 형성된 지식 토대의 당연한 공변인이었다. 이러한 결과를 고려할 때 에이킨이 적어도 그가 잘 알고 있는 몇 가지 영역의 정보에 대해 다소 당연한 형태의 특이 처리 과정에 관여했을 가능성이 높다. 따라서 그가 리듬 조직화를 의식적으로 사용한 것은 그의 전문적 지식과 연합된 항목 특정적 처리에 의해 빈번하게 보완되었던 것 같다.

에이킨은 S.와 유사하게, 기억 기법을 사용했지만 그의 우수한 기억 능력은 그런 기법의 사용만으로 충분하게 설명할 수 없다. 에이킨이 조직화 기법을 사용한 것은 전형적인 것과 다른 것처럼 보인다. 첫째, 에이킨의 리듬 사용에 관한 헌터(1977)의 묘사는 그것이 단순한 리듬이나 멜로디에서 파생된 것이 아니라 더 크고 더 복잡한 패턴의 일부로 사용되었음을 시사한다. 이러한 측면에서 에이킨의 뛰어난 지능이 그의 주관적 조직화에서 큰 역할을 담당했던 것 같다. 또한 지속적인 비교와 대조에 의한 항목 특정적이고 관계적 처리 과정을 사용한 것을 제외하고 에이킨의 기억술 사용은 대부분의 학습자에게 도움이 되었던 것보다 더 복잡했던 것처럼 보인다.

✿ T.E.

S.와 에이킨과 달리 T.E.와 그를 연구한 사람들(Gordon, Valentine, & Wilding, 1984; Wilding & Valentine, 1985)은 그의 탁월한 기억 기술이 기억 기법의 사용 때문이라고 보았으며, 그는 십 대 때 이것을 사용하기 시작하였다. T.E.는 다양한 기억 기법을 사용했지만 그가 선호한 방법은 4장(〈표 4-1〉 참조)에서 묘사한 것과 거의 동일한 음성 체계였다. 그는 이런 방법을 사용해서 유사한 과제에서 V.P.의 수행에 비견할 만한 연합쌍에 대한 기억 정확성, V.P.와 S.의 수행과 비교할 만한 숫자 행렬에 대한 기억, 그리고 단기기억을 재는 브라운 페터슨 검사(Brown-Peterson test, Peterson & Peterson, 1959)에서 V.P.를 능가하는 수행을 나타내었다. 또한 그는 스토리, 얼굴 및

이름에서 탁월한 기억력을 나타내었다.

T.E.의 사례는 그가 어떤 다른 뛰어난 능력의 징후를 보이지 않았고 그의 기본적인 인지 능력은 비범하지 않았기 때문에, 특히 흥미롭다(Gordon et al., 1984). 이것은 고든(Gordon) 등이 T.E.의 능력은 기억술의 사용 때문이라고 결론을 내리도록 하였다. 더욱이 연구자들은 다른 사람들도 기억 기법을 사용함으로써 T.E.와 유사한 기억 수행을 성취할 수 있다면서 다음과 같이 제안하였다.

> T.E.의 기억 수행이 비범한 기본 능력의 측면에서 설명을 요한다는 것을 제시하는 증거가 있다. 그가 '정상' 피험자들보다 좀 더 정확하게 수행하기는 했지만—심지어 다른 기억술사보다 더 우수한 수행을 보였지만—그의 모든 위업은 그가 사용한 기억술 '기교'로 설명될 수 있다. 더욱이 많은 사람이 사용할 기억 기법에 대해 충분한 지식을 가지고 똑같은 정도로 준비해서 그것을 연습한다면 T.E.만큼 효율적으로 기억 과제를 수행하지 못할 것이라고 말할 수 없다(Gordon et al., 1984, p. 13).

고든 등이 내린 결론은 광범위한 연습만으로 탁월한 기억이 가능하다고 주장한 에릭슨과 동료들(예, Chase & Ericsson, 1982; Ericsson, 1985)의 생각을 반향한다. 우리가 이런 주장을 반드시 인정하는 것은 아닐지라도, T.E.가 사용한 기억 방법은 긴밀한 조사를 할 만한 가치가 있다고 믿는다.

앞서 언급했듯이 T.E.는 음성 체계를 광범위하게 사용했다. 그러나 T.E.는 해당 학습 과제의 요구를 충족시키기 위해 음성 체계를 다른 기억술과 종종 결합했다는 점에 주목해야 한다. 예를 들어, 고든 등(1984)의 실험 1에서 T.E.는 괘(trigram)와 두 자리 숫자로 구성된 수많은 연합쌍을 학습하라는 요구를 받았다. 검사 시행에서는 T.E.에게 괘를 제시하고 연합된 숫자를 회상하도록 하였다. 이 과제는 단지 네 개의 괘를 사용하여 다른 숫자와 계속 다시 짝을 지우고 회상을 하기 전에 간섭 시행의 수를 다양하게 함으로써 더 어렵게 만들었다. T.E.는 음성 체계, 스토리법 그리고 말뚝어와 유사한 요소의 조합을 사용하여 이 과제에 접근하였다. 우선 그는 각각의 괘를 의미 있는 연상에 기초한 단어로 전환하였다. 그런 다음 각 숫자를 음성 체계가 규정한 전환을 사용해서 단어로 전환하였다. 그러면 각 괘를 나타내는 단어들은 정신적 심상과의 상호작용을 통해 숫자를 나타내는 단어와 연합시킨 말뚝어로 작용한다. 그런 다음 그는 스토리법을 사용해서 상호작용하는 정신적 심상들을 함께 연결시킨다. 따라서 이러한 방법들의 교묘한 결합은 T.E.가 관계상 의미 없는 정보(괘-숫자의 쌍)를 의미 있는 심상으로 전환하고 그것을 스토리의 맥락 안에서 일련의 순서로 조직화하도록 하였다. 이것은 정교화와 조직화를 결합하여 특이 처리 과정을 성취하는 좋은 예다.

또한 T.E.는 숫자들의 배열을 기억하기 위해 다양한 말뚝어법과 음성 체계를 결합하였다. 예를 들어, 고든 등(1984)의 실험 3은 T.E.에게 8개의 행으로 분할되는 48개의 숫자 배열을 제시하였다. T.E.는 단어를 만들고, 뒤이어 음성 체계를 사용해서 각 행을 나타내는 시각적 심상을 만들었다. 그런 다음, 그는 각 행을 구성하는 숫자들을 3개씩 두 군으로 분리하였고, 다시 음성 체계를 사용해서 이것을 단어로 전환하였다. 이후 정신적 심상의 상호작용을 활용해서 각 행에 대한 장면을 만들었는데, 여기에는 행의 숫자군을 나타내는 단어의 심상이 포함되어 있다.

배열이 순서대로 혹은 타인에 의해 무작위로 선택된 행별로 쉽게 회상될 수 있기 때문에 이러한 방법은 검사 시행에서 T.E.에게 상당한 유연성을 부여한다. 이 방법은 T.E.의 완벽한 과제 수행으로 증명된 것처럼 확실히 효과적이다. 더욱이 V.P 혹은 S.보다 T.E.가 이 과제와 유사 과제를 완수하는 데 걸린 학습 시간 및 회상 시간이 더 적었다.

T.E.는 스토리, 얼굴 그리고 이름을 기억하기 위해 더 단순한 기억 기법을 사용했다. 제시 속도가 공식적인 기억 기법의 사용을 불가능하게 한 실험(Wilding & Valentine, 1985, 실험 1)에서 T.E.는 단지 정신적 심상을 사용함으로써 스토리의 주제와 에피소드에 대한 기억에서 통제 참가자의 수행을 능가하였다. 그러나 와일딩과 발렌타인이 언급했듯이, 만일 이런 유형의 학습 상황에서 대부분의 사람처럼 T.E.가 정신적 심상만을 사용했더라도, 그가 사용한 방법이 일반 사용자의 방법보다 분명히 더 효과적이었다. T.E.가 심상적 사고 검사에서 평균보다 4.8 표준편차 이상의 점수를 받은 것은 이런 주장을 뒷받침한다(Wilding & Valentine, 1985).

또한 T.E.는 얼굴을 기억하기 위해 시각적 심상을 사용했다. 그러나 이 경우에 그는 얼굴의 변별적 특징을 과장하여 그 특징을 얼굴 심상에 겹치게 하였다. T.E.는 이런 방법을 사용해서 5초씩 제시된 36개의 얼굴 목록을 완벽하게 재인하였다. 흥미롭게도 특이성에 대한 T.E.의 과장은 S.가 심상 변형을 사용한 것과 유사하다.

모든 측면을 고려하면, T.E.의 뛰어난 기억 수행은 기억 기법의 능숙한 적용과 흔치않은 우수한 심상적 사고 능력에서 비롯한다고 볼 수 있다. 비록 T.E.의 우수한 심상적 사고 능력이 기억술과 더불어, 광범위한 연습의 결과인지 아니면 그것의 사용 이전에 타고난 것인지 명확하지 않지만 그의 지식과 기억술 사용이 뛰어난 기억력에 기여한 것은 확실하다.

⚙ 요 약

이 장에서 논의된 사람들은 광범위한 배경, 능력 그리고 방법을 보여 준다. S.는 평범한 배경과 주의를 끌만한 공감각을 지닌 사람이었다. 그는 긴 목록의 글자, 숫자, 단어에 대한 극히 정확한 기억을 나타내었지만 의미 있는 재료에는 어려움이 있었다. V.P.는 높은 IQ와 다양한 언어의 전문성이 있는 사람으로, 광범위한 정보에 대한 탁월한 기억력을 나타냈다. 에이킨은 매우 지적이고 예외적으로 학력이 높았으며, 매우 분석적인 유형 처리를 사용하였다. 또한 다양한 다른 유형의 정보에 우수한 기억을 나타내었다. T.E.는 십 대에 기억술에 관한 관심을 발달시키고 숫자, 얼굴 및 스토리를 포함한 다양한 정보에 대한 뛰어난 기억을 보인 대학원생이었다.

몇 가지 상반된 주장에도 불구하고 이 장에서 논의된 모든 사람은 적어도 한 가지 이상의 기억 기법을 정기적으로 사용했다. S.는 장소법을 광범위하게 사용했고, 더 일반적으로 정신적 심상의 상호작용을 만들었다. V.P.의 방법에 관한 이용 가능한 특징은 거의 없지만 그의 기법에 의미 있는 정교화가 상당량 포함되었을 것이라 생각되었다. 에이킨은 어떤 기억 기법도 사용하지 않았다고 주장했지만 그가 리듬 조직화, 다양한 부호화 및 관계적 처리 과정을 광범하게 사용했음을 시사하는 증거들이 있다. 논의된 다른 사람들과 달리, T.E.는 그의 모든 기억 능력을 기억술의 사용으로 귀인하였다. 그는 시각적 심상의 상호작용과 말뚝어법의 어떤 요소뿐만 아니라 음성 체계와 스토리법을 광범위하게 사용하였다.

기억 기법에 정통하게 되면 누구나 실제로 우수한 기억을 가질 수 있다는 주장이 있다(Chase & Ericsson, 1982; Ericsson, 1985; Ericsson et al., 1980; Wilding & Valentine, 1985). 그러나 더 최근에 와일딩과 발렌타인(2006)은 여기서 논의된 개인이 보여 준 것처럼 광범한 기억 우수성은 단지 기억술 사용이나 연습을 통해 이루어질 수 없다고 주장했다. 이런 의견에 일반적으로 동의하지만 우리는 기억술의 사용이 광범위한 주제 영역에 걸쳐 기억 능력을 유의하게 향상시킬 수 있다고 믿는다. 더욱이 매우 전문화된 기억 능력은 적절한 기법과 광범한 연습을 통해 성취될 수 있다고 믿는다. 하지만 진짜 탁월하고 광범한 기억력은 유전적 소인, 환경적 요인 및 일반 적성을 포함한 다양한 요인의 산물일 것이다.

교육의 기억술 활용

기억술과 교육의 관계는 격렬한 논쟁을 벌이기도 하였지만 지속되어 왔다. 공식적인 교육에서 기억술의 입지는 효과적인 구전 의사소통을 가르치면서 교양과목 교육과정의 주요 목적을 지원하는 것이었다. 중세에서 20세기 초에 이르기까지 수사학 (rhetoric)은 대학 교육과정의 핵심이었고, 기억술은 그런 교육과정의 중요한 요소로 간주되었다. 그러나 그 시기 동안 기억술은 효과가 없거나 심지어 진정한 이해에 해롭다는 비판을 산발적으로 받았고, 중요한 교육에서 그 자체로 어떤 위상도 가질 수 없었다. 비판자들이 관찰한 바에 따르면, 기계적 기억은 지식의 습득 및 사용과 아무 관계가 없었다. 시대가 변했고 수사학은 대학 교육과정에서 더 이상 헤게모니를 가지지 못했고, 기억술의 공식 과정은 모든

교실에서 사라지게 되었다. 동시에 학습을 지원하는 기억술의 가
치에 대한 실용적 인식은 공식적인 교육에서 기억 기법의 선택적
적용으로 새로운 전기를 마련하였다. 그 결과는 기억술의 교실 적
용에 관한 상당량의 견고한 연구다.

이 장에서 우리는 마음속에 두 가지 목적을 가지고 그런 연구에
관한 개관을 제공할 것이다. 첫 번째 목적은 학문 분야와 재료의 유
형에 걸쳐 광범한 기억 기법의 적용을 보여 주는 것이다. 이러한 적
용은 제2언어의 어휘를 학습하는 것 같은 놀랍지 않은 경우도 있
고, 대수학(algebra)에서 다항식(polynomials)과 문제 해결을 학습하
는 것처럼 예상치 못한 경우도 있다.

두 번째 목적은 공식 교육에서 기억술의 사용과 관련된 쟁점을
강조하고, 그런 쟁점을 연구 가능한 질문으로 만드는 것이다. 예를
들어, 추상적 재료에 대한 기억에 심상이 별로 유용하지 않다는 기
본적인 연구 결과(Paivio, 1971)가 있다면 추상적 재료에 대해 시각
적 심상을 요하는 기억술을 사용하도록 권할 것인가? 학습과 기억
의 촉진에 대한 기억술 개발의 어려움 사이에 비용 이득의 비율은
어떠한가? 기억 기법이 너무 어려워서 학생들이 그것을 발달시킬
수 없다면 실제로 사용하지 않을 것이 분명하다.

기억술 장치의 효력은 장치의 기억 용이성(memorability)에 의해
결정되는 것 또한 명백하다. 이런 총서의 편집자 중 한 명은 로마제
국이 멸망한 15가지 이유에 대해 고등학교에서 경이로운 기억술을
학습했지만 불행하게도 기억술이 더 이상 기억나지 않는다고 말했
다. 기억술이 기억될 수 있다고 가정하면 그것이 해부호화(decode)
될 수 있다는 것이 중요하게 된다. 결국 기억술의 목표는 궁극적으

로 관심 있는 장치 자체가 아니다. 이러한 몇 가지 쟁점에 관한 연구가 이용 가능하며, 이후에 우리는 그런 연구를 선택적으로 살펴볼 것이다.

⚙ 적용 영역

기억술의 교육적 적용에 관한 현대의 연구는 광범한 기억 기법과 학문 분야를 포함한다. 이러한 문헌은 몇 가지 다른 방식으로 조직화될 수 있다. 연구들을 학문 분야별로 범주화함으로써 과제에 접근할 수 있고, 대신에 기억술 장치를 조직화 구조로 사용할 수도 있다. 좋은 효과를 위해 이러한 접근 중 어느 것이라도 사용할 수 있지만 우리는 세 번째 안을 선택했다. 즉, 한쪽 끝에는 단일 단어의 기계적 기억을, 다른 끝에는 유추적 추론을 놓고 인지적 요구의 차원에 따라 기억 기법의 목표를 순서화할 수 있다.

우리의 논의는 어휘와 용어 습득의 시작 차원에 따라 진행될 것이다. 그런 다음 분류 내에서 관계의 습득과 추론 과제에서 이러한 관계의 사용에 관한 연구로 옮겨간다. 이어서 수학에서 기억 기법의 적용을 살펴볼 것이고, 담화 기억에서 기억술 사용에 관한 연구로 마무리할 것이다.

외국어 습득

다른 언어를 학습하는 방법은 어휘 습득으로 가능해지며, 이것은 많은 학생에게 길고도 험난한 과정이다. 전통적인 반복연습(drill) 방법에 의한 어휘 학습은 어렵고 지루하다. 결과적으로 그 과정의 효율성을 향상시키는 교육 절차가 외국어 학습(foreign-language acqui-sition)에서 환영받을 뿐만 아니라 더 많은 관심을 촉진할 것이다. 이 단계는 기억 기법의 적용을 위해 완벽하게 설정된다. 기본 목표는 외국어 단어의 의미를 이미 알고 있는 언어의 단어와 동등화함으로써 단어쌍에 대한 기억을 습득하는 것이다. 따라서 우리가 외국어 어휘 습득을 위한 기억술 활용에 대해 상당량의 정보를 보유하고 있다는 것이 그리 놀랄 만한 일은 아니다.

　적어도 연구 목적을 위해 선호되는 기법은 외국어 어휘 습득의 맥락에서 개발된 핵심어법이다(Atkinson, 1975). 그 방법은 4장에 상세하게 묘사하였지만 여기서 간단하게 기억을 되살려 보고자 한다. 기법은 세 단계로 진행된다.

　첫 번째는 외국어 단어와 핵심어 간에 관계를 학습하는 것인데, 핵심어는 이미 알고 있는 언어에서 외국어 단어와 소리가 유사한 단어다. 두 번째 단계는 이미 알고 있는 언어에서 번역을 통해 외국어 단어의 의미를 가져오는 것이다. 이 단계에서 핵심어와 외국어 단어에 상응하는 모국어를 연결하기 위해 상호작용적 심상이 형성된다. 예를 들어, 학습해야 할 표적이 스페인어의 perro라는 단어라고 가정하자. 마지막 음절의 발음이 perro와 유사할 뿐만 아니라 perro의 의미(즉, dog)와 쉽게 연결될 수 있는 hero의 상호작용적 심상을 형성하기 쉽기 때문에, 핵심어로 hero를 가져오자. 처음 두 단계의 과정이 숙달되면 세 번째 단계는 외국어 어휘의 번역에 기억술을 사용하는 것이다. 의도는 perro가 hero로 연결되고 이것이

차례로 마음속에 상호작용적 심상을 불러일으켜서 dog로 다시 부호화되도록 한다는 것이다.

수많은 연구는 핵심어법이 외국어 어휘 학습에서 기계적인 암송이나 단지 자신의 책략에 맡겨 두는 것보다 더 효과적이라고 보고하였다(Cohen, 1987; Paivio & Desrochers, 1981). 앳킨슨(Atkinson, 1975)이 이 기법을 최초로 개발한 것은 러시아어-영어의 번역에서였지만 그 이후로 다른 언어들에도 사용되었다. 이들은 독일어-영어(Desrochers, Wieland, & Cote, 1991), 타갈로그어-영어(Wang, Thomas, & Ouellette, 1992), 그리고 중국어-영어(Wang & Thomas, 1992)를 포함한다. 더욱이 핵심어법은 노인(Gruneberg & Pascoe, 1996)과 아동(Pressley, Levin, & Miller, 1981)의 제2언어 학습에서도 효과적인 것으로 나타났다.

그러나 좀 더 최근에는 이러한 긍정적인 결과에 불리하게 작용하는 일련의 부정적인 결과들이 존재한다(예, Desrochers et al., 1991; Ellis & Beaton, 1993; Wang & Thomas, 1995).

핵심어법의 효과가 없음을 보고한 가장 철저한 연구 가운데 하나는 반 헬과 만(van Hell & Mahn, 1997)의 연구다. 이 연구에서 핵심어법은 외국어 학습에 경험이 있거나 없는 학생들을 대상으로 기계적 암송과 비교되었다. 학습 회기에 이어 각 학생들은 초기 학습 회기 후 즉시, 2주 후 그리고 3주 후에 다시 검사를 받았다. 검사들은 번역의 정확성뿐만 아니라 잠재기(latency) 측정을 포함하였다. 잠재기를 측정한 연구가 거의 없지만 번역에 걸린 시간은 능숙함의 중요한 지표다.

놀라운 결과는 외국어에 대한 경험에 따라 학습 방법의 효과가 다양했다는 것이다. 경험 많은 학생은 핵심어법이 사용되었을 때 보다 암송 이후에 더 수행이 뛰어났다. 경험 없는 학생은 두 기법 간에 차이를 보이지 않았다. 이러한 결과는 정확성과 잠재기 모두 에서 유지되었다.

반 헬과 만(1997) 그리고 다른 사람들이 보고한 것과 같은 결과들 은 외국어 어휘 습득에서 기억 기법 효과에 관한 쟁점에 혼란을 주 었다. 수많은 연구에 대한 대차대조표는 외국어 어휘 습득에서 핵 심어법의 사용을 지지하지만 기계적 암송에서 수행이 더 좋다는 반대 보고가 존재한다는 사실은 연구 간에 비일관성을 빨리 해결 할 것을 요구한다. 현 시점에서 표준적인 반복연습(drill) 기법보다 핵심어법이 더 좋은 혹은 더 나쁜 수행을 초래할지를 결정하는 결 정적 요인이 무엇인지 명확하지 않다.

용어의 습득

새로운 용어의 학습은 입문 과정에서의 첫 번째 요구 중 하나다. 그런 학습의 요구는 외국어 어휘를 학습하기 위한 것과 본질적으 로 동일하다. 즉, 용어와 그 의미 사이에 관계를 형성하는 것이다. 모국어든, 외국어든, 어떤 새로운 단어를 습득할 경우, 많은 학생 은 기계적인 반복 연습을 통해 새 용어를 정의와 연결하려고 시도 하면서 표준적인 반복 전략으로 이러한 과제에 접근할 것이다. 다 양한 기억 절차가 과제에 적용될 수 있지만 그렇게 하라는 명시적 지시가 없는 경우, 정교화 기억 전략을 사용하는 학생은 거의 없을 것이다(Soler & Ruiz, 1996). 이용 가능한 연구는 이것이 잘못된 것이고, 교수자의 적극적 개입으로 교정될 수 있음을 제시한다.

예를 들어, 핵심어법은 입문 과정에서 어느 정도 성공적으로 사용되어 왔다. 카니와 레빈(Carney & Levin, 1998a)은 심리학 개론의 용어 학습을 돕기 위해 그들이 개발한 '신경기억술(neuromnemonic)' 재료를 가지고 한 일련의 실험을 보고하였다. 카니와 레빈은 그들 절차의 효과를 검증하기 위해 신경기억기법을 기계적 반복 조건과 비교하였다. 예를 들어, 용어 가운데 하나는 thalamus(시상)이었고, 학습해야 할 의미는 '정보가 들어오는 중계소'였다. 두 가지의 약간 다른 핵심어 조건이 만들어졌는데, 두 가지 모두 음성학적이고 철자가 유사한 핵심어가 새로운 용어와 연합되어 있었다. 핵심어 조건 중 하나에서 실험자는 심상을 제공하였다. 예를 들어, thalamus(시상)의 심상은 '릴레이 경기를 상상하고, 첫 번째 주자가 다음 주자에게 바통 대신에 thermos(보온병-thalamus, 시상)를 건네는' 것이었다. 다른 핵심어 조건에서 참가자들은 용어의 의미를 핵심어(thermos)와 연결시키는 그들 자신만의 심상을 만들라는 지시를 받았다. 학습 단계 직후, 참가자들은 정의 대응 과제(definition-matching task)를 받고, 뒤이어 학습된 용어의 의미를 적용하는 선다형 검사를 받았다. 두 가지 검사에서 결과는 기억술 조건을 지지하는데, 두 검사 자체의 효과는 다르지 않았다.

카니와 레빈(1998a)의 핵심어법 사용은 참가자들로 하여금 학습해야 할 재료를 생성하여 정교화하도록 만드는데, 이는 기본적인 기억 연구에서 생성(generation) 및 정교화의 효과에 관한 논의(2장)와 일치한다. 핵심어 기억술이 아닌 다른 방법들도 이러한 과정을 촉진할 수 있고, 이것은 아마도 사용자에게 더 효과적일 것이다.

볼치(Balch, 2005)는 이러한 가능성을 조사하기 위해 두 가지 연구 조건을 추가하여 카니와 레빈의 연구를 본질적으로 반복하였다. 이러한 조건 중 하나는 참가자가 용어와 그 정의를 본 후 용어의 정의를 부연하는 것이고, 다른 조건은 참가자가 용어의 예를 생성할 것을 요구했다. 두 경우 모두, 연구 과제를 수행할 때 재료에 대한 약간의 정교화 및 생성적 처리가 일어날 것이다. 핵심어법과 비교할 때 용어의 예를 생성하는 것은 정의에 대한 기억 검사와 용어를 적용하는 능력 검사에서 상응할 만한 수행을 산출하였다. 정의를 다른 말로 표현하는 것은 학생들에게 빈번하게 권고되는 기법인데, 연구에서는 기계적 반복보다 낫지 않았다.

새로운 용어와 그 정의의 습득에서 핵심어 기억술의 촉진적 효과는 새로운 용어와 의미의 습득을 위한 유망한 교육적 지원을 제공한다. 볼치의 결과에서 분명해진 것처럼 다른 기법들도 핵심어법만큼이나 효과적일 수 있지만 이러한 기법들은 확실히 기억술만큼 학생들의 보다 능동적인 개입을 요구할 것이고, 핵심어 기억술보다 더 어렵고 오류가 나타나기 쉬울 것이다.

볼치의 자료는 새로운 개념의 예를 생성하는 것이 그 개념의 학습을 촉진한다는 것을 보여 주지만 학생들은 친숙하지 않은 개념의 새로운 예를 생성하는 데 어려움이 있고, 더 나쁜 경우에는 잘못된 예를 생성할 수도 있다. 이러한 맥락에서 핵심어 기법에 대해 학습해야 할 것들이 많이 남아 있다. 특히 우리는 더 긴 파지 기간에 대한 그것의 효력과 학생들이 초기 훈련을 받은 후 그것을 자발적으로 사용하기가 얼마나 쉬운지에 대해 알 필요가 있다.

관계 학습

새로 습득된 개념 간에 관계(relationships)를 학습하는 것은 어휘와 용어를 습득하는 것보다 더 복잡한 문제다. 우리는 개별적인 개념뿐만 아니라 위계적 관계를 구성하는 특정 상호 연결성을 습득해야 한다.

이러한 유형의 학습은 과학 분류학에서부터 역사의 계통학에 이르기까지 학문 분야의 스펙트럼에서 드문 필요 사항이 아니다. 이러한 경우의 대부분은 문자적 기억(verbatim memory)이 요구된다. 그런 요구는 공식적 기억술을 적용하기 위한 완벽한 세팅이다.

어떤 연구들은 개념 간의 관계를 학습하는 데 기억술 기법이 적용될 수 있음을 보여 주었다. 비교적 간단한 관계 학습 과제의 예로 8학년 학생들(우리의 중2)이 과학 수업에서 설명문을 읽으면서 각 미네랄이 지니고 있는 세 가지 성분으로 8가지 미네랄을 학습하게 하였다(Levin, Morrison, McGivern, Mastropieri, & Scruggs, 1986). 그들은 세 가지 학습법 가운데 하나를 사용하라는 지시를 받았다. 기억술 조건에서 각 미네랄의 이름은 지각적으로 유사한 핵심어와 연합되었고, 그것은 차례로 실험자가 제공한 그림에서 미네랄의 세 가지 성분과 관련되었다. 요약 조건에서 참가자들은 수업에서 문장을 읽는 동안 미네랄과 그 성분에 대한 정보를 도표 형태로 보았다. 자유 학습 조건에서는 학생들은 재료를 학습하기 위해서 자신만의 방법을 사용하도록 지시받았다. 성분 확인에 대한 즉시적 검사와 3일 지연 검사 모두 기억술 학습 조건이 모든 측정치에서 가장 좋은 수행을 나타내었다. 더욱이 학생들은 이 전략이 다른 두 가지 학습 기법보다 더 유용하다고 평정하였다. 이들 자료는 중학생들이 설명문에서 재료 물질을 학습하기 위해 핵심어법을 유리하게 사용할 수 있음을 증명한다.

레빈 등(1986)이 사용한 절차는 더 큰 관계 구조는 물론 그 구조에 내포된 특정 사실을 포함하는 더 복잡한 학습문제로 확장되었다. 로젠헥, 레빈 그리고 레빈(Rosenheck, Levin, & Levin, 1989)은 학생들에게 식물 분류학, 식물군명의 위계적 구조 그리고 그들의 구체적인 특성을 가르침으로써 원래 절차를 확장하였다. 학습할 재료는 16가지 식물군에 대한 분류 체계였으며, 이는 12쪽 분량의 설명문으로 기술되었다. 각 식물군의 이름과 주요 특성이 4개의 위계적 수준에 포함되었다. 참가자들은 대학생들로, 처음에는 군(group) 간의 관계에 초점을 맞추고, 다음 두 번째 읽을 때 특정 식물군의 이름과 그 특성에 초점을 맞추면서 텍스트를 두 번씩 읽으라는 지시를 받았다. 재료를 읽기 전에 학생들은 기억술 전략, 분류 전략 혹은 자유 학습을 사용하라는 지시를 받았다.

기억술 전략은 각 식물 이름에 대해 핵심어를 먼저 학습하는 것을 포함했다. 예를 들어, *angiosperm*(피자식물), *dicotyledon*(쌍떡잎식물), *rubiales*(꼭두서니목), *sapindales*(무환자나무목), *rosales*(장미목)에 대한 핵심어는 각각 *angel, dinosaur, Rubik's(cube), sap, rose*이었다. angiosperm(피자식물)은 rubiales, sapindales, rosales 목의 상위 분류인 dicotyledon(쌍떡잎식물) 강을 포함하는 아문이다. 일단 각 용어의 핵심어가 학습되면 기억술 전략을 사용하는 학생들은 그림 기억술을 사용하여 용어들 간에 관계를 학습하기 시작한다. 그런 방책의 예는 angiosperm과 dicotyledon 간의 위계적

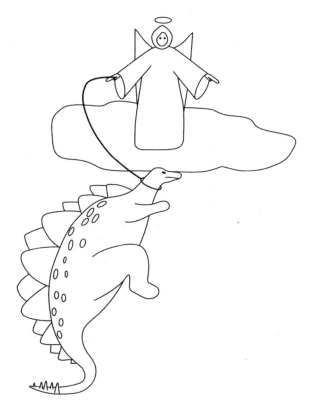

[그림 7-1]　dicotyledon(dinosaur)이 angiosperm(angel) 아문에 속하는
식물강임을 학습하기 위해 사용된 그림 기억술(출처: Rosenheck, M. B.,
Levin, M. E., & Levin, J. R., 1989, *Journal of Educational Psychology, 81*(2).
저자의 허락을 받음).

관계를 묘사하도록 고안된 [그림 7-1]에 제시되었다. 식물의 특성
에 초점을 맞추어 두 번째 읽을 때 각 식물에 대한 다른 그림 기억
술이 사용되었다. 예를 들어, angiosperm(피자식물)의 특성은 **꽃을
생산한다**는 것인데, 부케꽃을 들고 있는 angel(천사)의 그림은 그것
을 예시한다. 분류학 연구 집단은 핵심어를 학습하기보다 식물군
명칭에 친숙해지는 것으로 시작했다. 그런 다음 텍스트를 처음 읽

을 때 텍스트에 덧붙은 분류학 차트가 제공되었고, 두 번째 읽을 때 식물과 그 특성에 관한 관련 정보가 텍스트에서 강조되었다. 자유 학습 집단의 학생들은 원하기만 하면 필기를 하도록 하였다. 이후 시험에서 기억술 학습 조건은 새로운 예를 학습한 범주에 분류하는 시험에서 우수한 수행을 보였을 뿐만 아니라 텍스트에 특정 관계와 특성 정보에 대해 가장 좋은 기억력을 나타내었다.

새로운 예를 분류하는 것은 기억을 넘어서 획득한 정보의 사용을 요구하기 때문에 이러한 최근의 발견은 매우 인상적이다. 물론 이런 과제에서 기억술의 이점은 특정 용어에 대한 기억 이점에서 비롯되었지만 카니와 레빈(2003)의 후속 연구는 꼭 그렇지만은 않다는 것을 시사한다. 카니와 레빈은 기본 명칭의 최초 학습을 동등화하였지만 분류학 내에서 관계와 그것을 새로운 예로 확장한 것에 대한 시험에서 기억술 조건이 여전히 이점이 있음을 발견하였다.

전반적으로 이러한 일련의 실험은 핵심어법을 그림 기억술과 결합한 것이 2개월까지 특정 사실뿐만 아니라 구조적 관계의 습득을 용이하게 함을 보여 주었다는 측면에서 꽤 인상적이다. 특히 중요한 것은 문제 해결 검사에서 학습한 내용을 새로운 사례에 적용하는 데 기억술 학습이 이롭다는 것을 증명한 것이다.

관계 학습의 영역에서 마지막 예는 기억술과 검사를 대응시키는 것의 중요성을 보여 주기 위해 선택되었다. 이 경우 학생들은 특정 화가의 그림을 확인하는 것을 학습하였다(Carney & Levin, 2000b). 기억술 학습 기법의 두 가지 변형은 최초 학습에 대한 파지 검사뿐만 아니라 그 화가가 그린 새로운 그림의 확인으로 전이에서 독학과 비교되었다. 기억술 학습 조건은 음운이 유사한 핵심어에 따라 화가의 이름을 제시하는 것으로 시작하였다. 통제군 참가자들은 단순히 화가의 이름을 보았다. 기억술 조건에서 다음 단계의 학습은 핵심어와 관련된 쌍방향의 심상과 그림의 측면들을 묘사할 뿐만 아니라 화가의 이름과 핵심어에 수반된 그림을 제시하는 것이었다. 상세 기억술 조건에서 심상은 그 그림의 특정 세부 사항에 주의를 기울였다. 일반 기억술 조건에서 심상은 화가에게 특징적인 주제나 양식에 주의를 기울였다. 이 두 번째 단계에서 자유 학습 참가자들은 화가의 이름과 그림을 가장 잘 연합시키는 데 효과적인 기법은 무엇이든 사용했다.

학습 회기에 이어, 모든 참가자는 학습한 그림을 정확한 화가와 연결시키고 학습한 화가가 그린 새로운 그림을 확인할 수 있는 능력이 있는지를 즉시, 그리고 2일이 지난 후 다시 검사를 받았다. 최초 내용의 파지 검사에서 기억술 집단은 독학 집단을 능가하는 수행을 보였는데, 그들 간에 차이는 나타나지 않았다. 그러나 새로운 그림 검사에서 일반 기억술 집단이 최초 경험으로부터 가장 높은 수준의 전이를 보여 준 반면, 상세 기억술 집단은 독학 집단과 다르지 않았다. 이러한 결과는 전이 적절 처리(transfer-appropriate processing)의 기본 원리로부터 예측되었다(Morris, Bransford, & Franks, 1977). 즉, 가장 좋은 학습 절차는 이후 검사의 요구와 부합하는 것이다. 이런 경우 알고 있는 화가의 새로운 작품을 재인하는 요구는 화가의 작품을 특징짓는 일반적인 주제 또는 기술적 측면을 학습함으로써 가장 잘 충족된다. 이러한 결과는 습득 및 새로이 학습된 정보의 전이를 향상시키기 위해 적절하게 계획된 기억술 기법의 효과성을 잘 보여 준다.

대체로 공식적 교육에서 어디서나 요구하는 관계 학습은 기억술 기법으로부터 이점을 얻는 것처럼 보인다. 이런 일반화에 대한 중요한 경고는 코노팩과 윌리엄스(Konopak & Williams, 1988)의 연구에서 나온다. 그들은 레빈 등(1986)이 사용한 기억술이 평균 이하의 학습 능력을 가진 학생들의 수행을 용이하게 하지 않았음을 발견하였다. 핵심어법의 복잡성을 고려할 때 이러한 결과가 놀라운 것은 아니지만 추적되어야 할 필요가 있는 중요한 조언이다.

담화 기억술과 장소 기억술

공식적 그리고 비공식적 교육은 모두, 종종 담화적 진술에서 중요한 요점을 추출하고, 학습하며 기억하는 것의 문제다. 재료는 구두 또는 서면으로 제시될 수 있지만 어느 경우든 목표는 담화(discourse)로 전달된 중요한 요점을 학습하는 것이다. 기억술이 담화 기억에 미치는 영향에 관해 이용 가능한 연구는 거의 없지만 드 베니, 모에 그리고 코놀디(De Beni, Moe, & Cornoldi, 1997)는 장소 기억술이 강의와 같은 발성(spoken) 담화에 대한 기억을 촉진시키는 효과를 보여 주는 자료라고 보고하였다.

이 연구에서 고등학생들은 담화에 적용할 수 있도록 장소 기억술의 사용에 대해 6시간 훈련을 받았다. 초기 교육은 심상 형성에 집중되었고 학생들의 마을에 20개 장소를 기억하는 회기가 뒤따랐다. 다음으로, 학생들은 담화를 이해하고 구문에서 발췌한 부분의 의미를 요약한 단서 단어를 선택하고, 그 단서 단어의 심상을 형성하며 마음속으로 그 심상을 마을의 한 장소에 위치하는 연습을 했다. 통제 조건 또한 담화를 기억하기 위해 시연을 사용하는 실험 전 훈련을 6시간 동안 받았다. 마지막 훈련 회기가 끝나고 1주일 후, 학생들은 그들이 훈련받았던 방법을 사용해서 구문(600개에서 800개의 단어)을 학습하라는 요구를 받았다. 구문이 제시된 직후, 정확한 순서로 주요 요점을 기억하는 것을 강조하면서 회상이 요구되었다. 세 개의 실험에 걸쳐 텍스트가 달라졌으며, 즉시 및 지연 회상이 검사되었다. 텍스트 및 파지 기간과 상관없이 기억술 훈련 이후 담화 구문에 대한 기억은 인상적으로 향상되었다. 전통적인 시연 전략에 비해 많은 훈련 회기가 필요함에도 불구하고 기억술의 이점은 훈련에 허비한 시간을 상쇄할 수 있었다.

이러한 결론의 매우 중요한 한계점은 코놀디와 드 베니(1991)가 발견하고 드 베니 등(1997)의 연구에서 반복되었다. 즉, 장소 기억술의 이점은 발성 담화에만 적용된다. 서면적 구문은 실제로 시연 후에 더 잘 기억되었다. 드 베니 등(1997)은 이런 양식(modality) 효과를 선택적 간섭에 관한 브룩스(Brooks, 1967)의 고전적 연구의 맥락에서 흥미로운 설명을 제공하였다. 두 가지 유사한 과제가 동일한 양식에서 수행될 때 그 과제가 다른 양식으로 수행될 때만큼 효율적이지 않다. 브룩스는 사물을 공간에 둘 것을 요구하는 반응을 수행하는 것이 시각적 심상 사용을 간섭함을 보여 주었다. 구전에 기반을 둔 시연이 발성 담화의 처리 과정을 간섭하는 것과 유사한 방식으로, 심상에 기반을 둔 기억술은 읽기에 필요한 시각적 처리 과정을 간섭한다.

현 상태로는, 장소법에 대한 기억술 훈련이 발성 담화에서 주요

요점에 대한 학습과 기억을 촉진하는 것처럼 보인다. 기억술 훈련
이 강렬하고 계속해서 제시된 내용에 사용될 예정이었다는 점에서
이런 실험들의 절차와 결과는 수사학에서 기억술의 기원으로 거슬
러 올라간다. 그러나 이런 절차를 추천하기 전에, 우리는 대학교 강
의실에서 정상적으로 일어나는 담화에 관한 필기를 하는 조건을
포함한 실용적 연구를 추가로 살펴보고자 한다.

수학에서의 응용

산수에서 간단한 원리의 학습과 기억은 오래전부터 기억술을 사
용함으로써 촉진되어 왔다. 표준적인 예는 연산의 순서에 관한 것
인데, My(multiply, 곱셈), Dear(divide, 나눗셈), Aunt(add, 덧셈), Sally
(subtract, 뺄셈)는 일반적인 기억술이라 할 수 있다. 이 지식을 필요
로 하는 문제를 풀라는 요구를 좀처럼 받지 않았을지라도, 학생들
세대는 여전히 이 기억술을 기억할 것이다. 그러나 기억술이 복잡
한 수학 원리에 유용하다는 것은 그럴듯해 보이지 않지만 중학교
대수학(algebra) 수업에서 각운 기억술을 사용한 마치다와 칼슨
(Machida & Carlson, 1984)의 연구는 다른 것을 증명하였다.

두 개의 다른 학교에서 7학년 대수학 수업은 단항식, 다항식, 그
리고 그들을 사용해야 하는 문제 해결 단원에서 등식, 부등식 및 그
들을 사용한 문제 해결에 관한 단원으로 이어졌다. 모든 학생이 강
의, 발견 및 연습을 통한 전통적 교육을 받았지만, 한 학급은 단원
1에서 부가적인 기억술 교육을 받았다. 다른 학급은 단원 2에서 기
억술 교육을 받았다. 기억술은 단원 1에서 단항식과 다항식, 그리

고 단원 2에서 등식과 부등식에 사용할 수 있는 각운의 문자열이었
다. 사후 검사 결과, 두 단원 모두에서 기억술 조건이 유리하였다.
이러한 결과는 음성 각운이 수학 계산과 문제 해결의 학습과 파지
를 촉진시킬 수 있음을 보여 준다.

　수학 문제 해결에서 일어난 오류 분석은 학생들이 종종 단순히
수학적 요인을 망각하는 것이 아니라 부정확한 알고리듬을 따르고
(Resnick, 1981), 여기서 개발된 기억술은 알고리듬의 파지를 목표로
한다는 것을 보여 주었다는 측면에서 이러한 결론은 고무적이다.
그와 동시에 마치다와 칼슨(1984)의 연구에서 준거 수행이 새로운
문제에 기초했다는 것이 인상적이다. 비록 이런 유형의 교육에 의
해 지지될 수 있는 전이의 폭이 계속해서 탐색되어야 하지만 이러
한 실험은 좋은 시작점이다. 많은 학생이 대수학에서 경험하는 좌
절을 고려한다면 기억술을 만들고 습득하는 노력을 기울일 만한
가치가 있을 것이다.

✿ 간격 학습과 연습 검사의 이점

　어떤 주제에도 적용할 수 있는 두 가지 전략, 즉 간격 학습(spaced
study)과 연습 검사(practice tests)를 언급하지 않을 수 없다. 이러한
두 가지 전략은 광범하게 적용할 수 있을 뿐만 아니라 교수자 또는
학생들이 수행하기도 쉽다. 가장 중요한 것은 두 가지 전략의 효과
인데, 이것은 통제된 연구 상황에서 여러 차례 증명되었고 계속해
서 교실 상황에서의 적용도 늘고 있다.

배워야 할 내용을 한 번 이상 학습한다면 최초 학습 직후 복습이 뒤따르거나 일정 간격을 두고 복습이 일어날 수 있다. 간격 학습 효과에 관한 연구는 학습하는 동안 연습의 분포에 관한 에빙하우스(Ebbinghaus, 1885/1964)의 관심으로 거슬러 올라갈 수 있으며, 파쉬러, 로러, 세페다 그리고 카펜터(Pashler, Rohrer, Cepeda, & Carpenter, 2007)는 이 연구의 철저한 개관에서 통제된 실험들은 간격 학습이 파지에 이로움을 일관성 있게 보여 주었다고 언급하였다.

더욱이 파쉬러 등은 이러한 이득이 상당한 파지 기간에 걸쳐서 지속됨을 보여 주는 최근의 연구를 기술하였다. 중요하게도, 파쉬러 등은 첫 번째와 두 번째 학습 일화(episode) 사이의 최적의 분리를 권고하는 문헌에서 규칙성이 있다고 제안하였다. 이러한 권고는 학습 일화 간에 시간과 첫 번째 학습과 최종 검사 사이의 시간의 비율 형태로 제시된다. 학습 일화들이 최초 학습에서 최종 검사까지 전체 시간의 10~20%가량 분리될 때 최종 검사 기억이 최적화된다. 만일 첫 번째 노출 이후 50일에 최종 검사를 한다면 최적의 두 번째 학습 시간은 첫 번째 학습 이후 5~10일일 것이다. 교수자는 주제에 대해 한 번 이상 검사함으로써 이러한 정보의 이점을 얻을 수 있다. 각 검사를 준비하는 학생들은 자신이 무엇을 하는지 알지 못한 채 간격 학습을 사용할 것이다. 더욱이 우리는 교수자가 이러한 기억술 전략에 대해 학생들을 교육하고 학생들이 학습 절차에 전략을 수행하도록 격려할 것을 적극 추천한다.

또한 학생들이 검사 효과의 이점을 얻을 수 있도록 고무시켜야 한다. 연구는 기억을 검사하는 것이 적어도 장기간의 파지를 위한 부가적인 학습 일화보다 더 자주, 그리고 그만큼 유용하다는 것을 일관되게 보여 주었다(Roediger & Karpicke, 2007 참조). 간헐적인 검사는 내용에 대해 알고 있는 것과 모르는 것을 평가하도록 하는데, 이는 메타인지 연구에서 강조된 사실이다(Dunlosky, Serra, & Baker, 2007). 게다가 검사 자체가 파지를 촉진시킨다.

픽과 로슨(Pyc & Rawson, 2009)은 검사의 장기적 이득이 답을 인출하는 데 어려움의 직접적 함수라는 것을 증명하였다. 그들의 연구에서 픽과 로슨은 정답이 항상 인출됨을 확신하면서 배워야 할 내용의 학습에 정답의 인출을 포함시키는 조건을 설정하였다. 그들은 특정 답변의 인출 시도 간에 간격을 다양화하였고, 인출 간에 간격이 길수록 궁극적인 학습이 더 양호함을 발견하였다. 비록 긴 간격이 학습할 때 인출을 더 어렵게 만들지라도 말이다.

자가검사(self-testing)의 이점이 명백하게 나타날지라도, 뢰디거와 카픽(Roediger & Karpicke, 2007)은 많은 학생이 이러한 단순 전략을 일관되게 사용하지 않음을 지적하였다. 학생들이 검사의 이점을 인식하지 못하는 정도로, 교수자는 학습 절차의 일부로 이 기억술 전략을 격려할 수 있다. 더욱이 교수자는 누적 시험처럼 한 번 이상 해당 주제를 검사함으로써 검사 효과를 부과할 수 있다. 앞에서 언급했듯이 두 가지 검사를 위해 학습한 학생들은 간격 학습의 이점뿐만 아니라 검사 효과가 장기간 파지에 미치는 촉진적 효과를 경험할 것이다. 이런 전략들은 모두 사용하기 쉽고 교육뿐만 아니라 다른 목적을 위해서 기억술의 엄청난 이점을 제공한다.

✿ 연구의 지속 및 활용 이슈

우리가 고찰한 연구와 그와 같은 다른 연구들은 일반적으로 교육환경에서 기억술 사용에 대한 긍정적인 결과를 보고한다. 이 연구들 중 일부는 실제 교과에서, 또는 그런 환경과 매우 유사한 상황에서 수행되었지만 일부 연구는 통제된 실험실 실험에서 실시되었다. 통제된 실험은 적절하게 수행된다면 모호하지 않은 자료를 산출한다는 측면에서 가치 있지만 실제 교과 상황에서 실질적 수행을 목표로 수행되지 않았다. 우리는 기억술 책략이 기억에 이로울 수 있음을 알고 있을지라도, 기억술을 사용할 것인가의 결정은 잠재적인 비용에 비해 이득이 더 커야 한다는 것이 결론이다.

아마도 가장 뚜렷한 비용은 기억술을 개발하고 가르치거나 배우고 적용하는 데 필요한 시간과 노력일 것이다. 이러한 비용은 기억술 책략의 복잡성에 직접적으로 비례한다. 예를 들어, 로젠헥 등(1989)이 식물에 대한 분류 위계를 가르치기 위해서 사용한 절차를 고려해 보자. 이런 절차의 내용은 [그림 7-1]에 예시되어 있다. 이런 복잡한 기억술의 생성 및 이후 지지적인 내용의 준비는 상당한 노력을 필요로 하고 대부분의 교수자가 이용할 수 있는 자원을 넘어설 것이다. 마찬가지로 마치다와 칼슨(1984)이 대수 원리의 습득을 촉진하기 위해 사용한 것과 같은 기법을 가르치는 데 필요한 시간은 본질적인 주제를 희생하게 될 수 있으며, 이는 정당화하기 어려운 희생이다. 기초 연구는 다음의 최상 전략에 비해 기억술 수행의 비용을 명백하게 묘사하고 학습과 기억에서 이득에 대해 합리적 기대에 관한 정보를 가지고 결정을 내릴 수 있도록 한다.

만일 교수자가 기억술을 사용하기로 결정한다면 상당한 숙고가 필요한 이슈는 학생 또는 교수자, 누가 기억술을 생성할 것인가 하는 것이다. 기초적인 기억술 연구를 안내자로 사용한다면 대답은 간단하다. 생성 효과(generation effect)와 일치해서 자기가 생성한 내용은 타인이 제시한 내용보다 더 잘 기억되며(Slamecka & Graf, 1978), 따라서 학생 생성을 선택할 것이다. 그러나 실제 교과 상황에서는 기억술의 복잡성 측면에서 그런 결정을 내려야 한다. 책략이 너무 도전적이라면, 학생들은 스스로 그것을 사용할 수 없거나 사용하려고 하지 않을 것이 명백하다. 적어도 학생들이 성공적인 기억술의 생성에 기초한 요구에 편안해질 때까지 보수적 접근은 항상 교수자 생성 기법을 사용하게 된다.

우리를 안내할 더 많은 연구가 있다면 '누가 기억술을 생성해야 하는가'라는 질문에 대한 답변은 더 쉬워질 것이다. 몇 가지 기존 연구는 다양한 기억술의 원천을 포함하는데, 그 결과들은 비일관적이다(예, Bloom & Lamkin, 2006; Bobrow & Bower, 1969; Patton, D'Agaro, & Gaudette, 1991). 이런 비일관성은 아마도 기억술의 내용과 복잡성의 함수로서 자기 대 타인 생성 기법의 효과에 관한 프로그램 검토를 통해 제거될 수 있다.

정보가 상충되어 있는 또 다른 중요한 차원은 기억술이 장기적 파지에 미치는 효과다. 일부 연구는 기억술의 사용이 습득을 증가시킬 뿐만 아니라 장기 파지를 촉진한다고 제안한다. 여기서 쟁점의 일부는 '더 장기적인'이 좀처럼 1개월을 넘지 않는다는 것인 반면에, 또 다른 부분은 기존의 자료가 다시 비일관적이라는 것이다

(Blomm & Lamkin, 2006; Carney & Levin, 2000a). 이 쟁점의 해결은 새로운 재료의 용이한 습득이 종종 그 재료의 장기 파지의 비용이 된다는 것을 보여 주기 때문에 기초 연구의 맥락에서 매우 중요하다(Bjork, 1994). 여기서 문제는 기억술이 학습의 장기적 효과를 버리고 단기적 촉진을 얻을 가능성이 있다는 것이다. 적어도 1년 이상의 파지 범위에 걸쳐 다양한 내용과 기억술을 사용해서 파지의 쟁점을 다루는 프로그램에 관한 연구가 필수적이다.

우리는 기억술의 사용에서 개인차의 역할을 크게 무시했다. 물론 교육 맥락의 관심은 인지 능력에서 개인차의 측정이다. 우리가 가진 어떤 정보도 꽤 단순한 관계적 재료를 학습할 때 평균 이하의 학습 능력을 가진 학생이 핵심어 기억술로부터 이득을 얻을 수 없다는 것을 제시하지 않는다(Konopak & Williams, 1988). 이 결과는 기억술의 복잡성을 고려할 때 매우 놀랄 만한 것이 아니다. 또한 우리가 다음 장에서 보게 될, 인지재활에서 기억술의 이득이 손상의 심각도와 역상관이 있다는 결과와 일치한다. 그럼에도 특정 기억술과 그것이 적용되는 재료의 함수로써 건강한 사람들의 인지 능력의 개인차 효과에 대해 더 많은 연구가 필요하다.

마지막 쟁점이 가장 중요한 관심사일 것이다. 수행가(practitioner)는 기억술에 관한 결정을 하기 전에 학습자를 위한 명확한 목표를 가져야 한다. 이러한 관심은 재료의 선택을 넘어서 정확하게 학생이 그 재료에서 취할 것으로 기대되는 것에 관한 질문으로 향한다. 문자적 기억은 기억술 책략의 비교적 직접적이고 명백한 표적이지만 많은 교육은 '이해'를 추구한다. 이해의 과정은 표면적으로는 기억술 사용과 반대되는 것처럼 보이는데, 이러한 양립 불가능한 관계는 역사적으로 교육에서 기억술 사용에 대한 비판으로 인해서 상당 부분 만들어졌다. 그러나 이해와 기억의 심리적 과정 간에는 공생적 관계가 존재한다. 처리 과정의 수준에 관한 생각(Craik & Lockhart, 1972)은 기억이 이해의 부산물이라는 개념을 전제로 하며, 수많은 실험은 언어적 내용에 관한 의미 수준의 처리 과정—심지어 기억하고자 하는 의도가 전혀 없을지라도—이 더 우수한 기억을 초래한다는 것을 증명해 왔다. 의미 관계에 기초한 기억술 대 표면적 수준의 관계에 기초한 것의 직접적 비교는 거의 존재하지 않지만 우리는 기억술에서 의미 형성이 이후의 기억에 이로움을 제시하는 몇 가지 증거를 고찰했다. 게다가 우리가 고찰한 몇몇 증거는 기억술 사용으로 전달된 기억의 이점이 학생들로 하여금 새로운 상황에서 그 내용을 나중에 사용하도록 하는 데 도움이 됨을 시사한다. 즉, 기억은 나중에 유사한 내용의 이해를 촉진한다. 따라서 이왕이면 책략이 표적 내용의 의미와 관련되도록 기억술을 구성하는 것이 권장된다.

08 인지재활에서의 기억술

미국에서는 매해 약 150만 명이 교통사고, 추락, 폭행, 총상, 운동 중 부상의 결과로 외상성 뇌 손상(Traumatic Brain Injury: TBI)을 입고 이들 중 8~9만 명이 매해 장기적인 장애의 시작을 경험할 것으로 추정된다(Thurman, Alverson, Dunn, Guerrero, & Sniezek, 1999). 많지만 알려지지 않은 숫자의 사람들이 똑같이 장애를 일으키는 뇌 손상, 산소 결핍, 종양, 동맥류, 혈관 기형 및 감염에 의해 유발된 비외상성 뇌 손상을 경험할 것이다. 이러한 수치에 경미한 인지손상을 겪는 70세 이상 노인 인구의 20%와 함께 알츠하이머병을 가진 530만 명을 더해 보라(Alzheimer's Association, 2009). 절대적 수치는 노인 인구 때문에 급증할 것이다. 수백만 명 이상이 조현병(220만 명), 간질(2백만 명), 파킨슨병(1백만 명)처럼 인지적으로 쇠약하게 하는 다양한 질병으로 고통을 겪는다. 그러나 원인과 행동 표현이 다양하더라도, 다양한 상해와 질병이 심각한 정신적 역기능을 초래하고, 모두가 효과적인 인지재활(cognitive rehabilitation)로 호전되곤 한다. 여기서 제공된 추정치들은 이 분야의 연구 및 발달이 긴급하게 필요함을 시사한다.

유의한 인지적 역기능을 초래하는 거의 모든 상해 또는 질병은 현저한 기억 손실을 포함한다. 알츠하이머병과 같은 몇몇 사례에서 기억 손실은 문제의 첫 번째 지표이고, TBI와 같은 경우에는 기억의 회복 정도가 생산적인 일과로의 복귀 및 예후의 지표가 된다. 따라서 기억이 인지재활의 한 가지 표적이기는 하지만 기억이 학습과 기타 인지 기능에 중요하기 때문에 전체 훈련에 기초가 된다. 그런 측면에서 인지재활에서 기억의 역할은 고전적 수사학에서 그 역할과 유사하다.

기억은 다른 부분의 훈련 결과가 행동으로 옮겨지는 수단이다. 기억술에서 훈련이 수사학에서 자연적 기억을 보완하는 것처럼 기억술 훈련이 인지재활의 유용한 구성 요소일 수 있음을 상상할 수 있다. 우리는 지금 다양한 사례의 기억 역기능에 기억술을 적용하는 것에 관한 상당한 정보를 가지고 있으며, 이 장의 목적은 재활 영역에서 기억술 훈련과 관련된 쟁점을 개관하는 것이다. 우리는 기억재활에 관한 출판된 문헌들의 철저한 고찰은 시도하지 않았는데, 그 이유는 그런 문헌에 관한 몇몇 광범한 개관을 이용할 수 있기 때문이다(Halligan & Wade, 2005; High, Sander, Struchen, & Hart, 2005; Parenté & Herrmann, 2003; Wilson, 2007).

🔧 인지재활의 목표

인지재활은 상해나 질병이 초래한 뇌 손상으로 인해 장애가 있는 사람들을 괴롭히는 인지적 결함을 완화시키거나 경감시키려고 시도하는 과정으로 정의된다(Wilson, 2007). 인지재활은 치료 계획을 세우고 실시하는 것을 돕는 것을 포함해서 재활 과정에서 환자가 능동적인 역할을 취할 것을 요구한다는 측면에서 수많은 의학적 치료와 다르다. 예를 들어, 빠랑떼와 스테일플턴(Parenté & Stapleton, 1993)은 치료에서 더 진전이 있었던 다른 환자들에게 실제로 기억술을 제안하고 가르친다면, TBI 환자들이 기억술 기법을 더 쉽게 배울 것이라고 보고하였다. 왜냐하면 TBI 환자들은 치료자가 할 수 없는 방식으로 동료 환자가 자신의 문제에 공감한다고 믿기 때문이다. 물론 계획 수립에 환자의 관여 정도는 중대한 결함을 인식할 수 있을 정도로 충분한 수준의 인지 기능을 요구한다.

대부분의 의학적 치료와 달리 인지재활 프로그램은 개인이 정상적 환경으로 복귀하도록 하는 것이 목표이기 때문에 치료가 인지적 결함뿐만 아니라 사회적 · 정서적 결함에 총체적으로 초점을 맞출 때 가장 효과적이다(프로그램의 예로, Parenté & Herrmann, 2003; Wilson, Herbert, & Shiel, 2003 참조). 기억에 관여하는 구성 요소가 모든 프로그램에 녹아 있으며, 그것은 우리가 이 장에서 검토할 재활의 특정 요소이기도 하다.

재활(rehabilitation)이라는 단어의 전형적인 사용은 약물재활 혹은 무릎 수술 이후의 신체재활에서처럼 어느 정도 이전 상태로 회복이라는 뜻을 담고 있다. 불행하게도 심각한 뇌 손상 이후 기억에서 그런 목표는 도달하기 어려울 수 있다. 이런 이유로 우리의 논의는 손상(impairment)과 장애(disability)를 구별하여 진행될 것이다(Glisky, 2005; Wade, 2005).

세계보건기구(2001)의 정의에 따르면, 손상은 임상적 관찰을 이해하기 위해 고안된 구성 개념인 반면, 장애는 손상에 의해 야기된 구체적인 행동적 역기능이다. 기억 손상의 성공적인 치료는 질병 이전 혹은 상해 이전 상태로 기억을 회복시키는 것이다. 우리는 어떤 사례에서 이것이 가능하지 않음을 알고 있다. 예를 들어, 알츠하이머병 환자에게는 이전 기억 기능으로의 회복이 일어나지 않을 것이다. 또한 뇌염에서 유사한 결론에 이르게 하는 증거도 있다(Funnel & De Mornay Davis, 1996; Wilson, Baddeley, & Kapur, 1995). 그런 사례에서 치료의 목표는 손상으로 야기된 장애에 초점을 맞추면서 일상생활의 문제를 감소시키기를 바라는 것이다.

반면에, 뇌 상해 이후에 외상 후 기억상실증을 보이는 몇몇 사례는 종종 상당한 자발적(spontaneous) 회복, 때로는 완전한 기억 회복을 보여 준다. 이러한 많은 사례에서 외상 후 기억상실증 기간 이후 오래된 기억 손상이 기억술 치료를 받고 호전되었다. 그러나 후천성 뇌 손상에 관한 문헌마다 일관된 결과는 손상된 기억의 재활에서 효력은 뇌 손상의 심각도와 역상관이 있다는 것이다. 심각한 뇌 손상 이후 기억 손상은 치료에 반응하지 않으며(Wilson, 2005), 심각한 뇌 손상이 있는 경우 초래된 장애에 치료의 초점이 맞추어진다.

치료의 목표가 손상된 기억을 경감시키는 것일 때 가장 자주 사용되는 기법은 반복연습이다. 그 근거는 외과적으로 손상된 무릎을 사용함으로써 재활하는 것처럼 손상된 기억 과정도 연습으로 회복할 수 있다는 것이다. 우리가 볼 수 있듯이 현존하는 문헌들은 이러한 접근에 많은 지지를 보내지 않는다. 목표가 손상으로 초래된 장애를 치료하는 것으로 전환될 때 몇 가지 진전이 일어나는데, 여기에는 두 가지 기법이 꽤 쓸 만하다. 하나는 특정 장애를 표적으로 하는 기억 전략을 가르치는 것으로, 이는 새로운 정보에 대한 학습 또는 특정 활동에 대한 기억을 지원하기 위해 사용된다. 두 번째 기법은 외부 기억보조도구를 사용하는 것이다. 여기서 기술적 세련도의 차원에 따라 광범한 선택지를 사용할 수 있다.

✿ 손상된 기억을 위한 기억술 기법

이상에서 개관한 치료에 대한 접근들은 손상된 기억 과정을 회복시키는 것에서 손상된 과정에 대해 행동을 보완하는 것에 이르기까지 설정한 목표에 따라 다양하다. 물론 인지재활 프로그램은 두 가지를 모두 시도하지만 손상된 과정과 손상으로 초래된 장애의 구별을 염두에 두고 윌슨(Wilson, 2005)은 손상된 기억 과정의 회복에 대한 증거가 거의 없고 단지 내부 기억술이 그런 과정을 보완하도록 돕는다는 산발적인 증거만이 존재한다고 주장했다. 동시에 내부, 외부 기억술이 환자로 하여금 기억력이 필요한 일상 과제로 돌아가게 함으로써 기억 관련 장애를 다루는 데 유용함을 보여 주었다.

다음 절에서는 그런 결론에 도달한 몇몇 연구를 검토하게 될 것이다.

기억 과정에 대한 직접적 훈련

이용 가능한 증거는 기억에 대한 직접적인 훈련이 손상된 기억을 정상 기능으로 회복시키는 데 비효과적임을 시사한다(예: Benedict, Brandt, & Bergey, 1993; Godfrey & Knight, 1985; Middleton, Lambert, & Seggar, 1991). 이 접근의 예를 들면, 가드프리와 나이트(Godfrey & Knight, 1985)는 사회기술 훈련에 초점을 맞춘 활동에 참여하는 통제 조건과 직접적 기억 훈련의 효과를 비교하였다. 모든 참가자는 건망성 알코올중독자들이었다. 기억 훈련은 회상 과제가 뒤따르는 연합학습, 그림 재인 훈련, 최근 사건에 대한 기억을 유지하기 위한 연습을 포함하였다. 두 조건의 회기는 60분간 지속되며 8주 동안 주 4회씩 진행되었다. 훈련 전과 훈련 4주 후에 종합기억 평가가 실시되었다.

훈련 후 검사에서 기억훈련집단의 수행은 나아지지 않았다. 각 조건에서 환자가 6명씩으로 표본 크기가 작아서 이런 특정 연구로부터 결론이 제한되지만 그럼에도 이러한 자료는 다른 연구자들이 보고한 것과 일치한다. 대부분의 경우, 직접적 훈련은 훈련된 재료의 학습을 촉진하지만 훈련 효과는 그 재료를 넘어서 일반화되지 않는다. 직접적 훈련에 의해서든, 아니면 다른 방법에 의해서든, 손상된 기억 기능이 초기의 자발적 회복의 수준을 넘어서 회복될 수 있다는 증거는 거의 없다(예: Kapur, Glisky, & Wilson, 2002).

기억 전략 가르치기

기억 손상을 다루기 위해 빈번하게 사용되는 또 다른 접근은 실험실 연구에서 건강한 개인의 기억을 증진시키는 전략을 가르치는 것이다. 정교화 및 조직화를 포함해서 다양한 전략이 사용되어 왔지만 대부분 심상에 노력을 기울였다.

리처드슨(Richardson, 1995)은 문헌을 개관하여 심상 훈련의 효과가 매우 가변적이라고 결론을 내렸으며, 이런 변산성에 작용하는 몇 가지 중요한 기여를 분리해 내었다. 아마도 심상 훈련의 효과가 기억 손상의 심각한 정도와 역상관이 있다는 것이 가장 두드러진다. 이 사실은 심상 전략을 획득하기가 어렵기 때문인 것이 거의 확실하다. 예를 들면, 말뚝어(peg-word) 기법과 같이 더 복잡한 전략들은 중간 정도의 손상에서조차 매우 나쁜 결과를 산출하였다.

리처드슨이 언급한 중요한 문제는 일상 기억으로의 일반화가 결여되어 전략을 사용하는 것 자체가 기억되지 못하기 때문일 수 있다. 전반적으로 보면, 기능적으로 중성적인 재료에 대한 전략 훈련은 유익하지 못하다(Gade, 1994; Kaschel et al., 2002; Richardson, 1995).

반면에 전략 훈련은 기억 손상으로 야기된 장애를 다룰 때는 긍정적인 결과를 산출해 왔다. 예를 들면, 카쉘과 동료들(Kaschel et al., 2002)은 10주간 30회기로 구성된 강렬한 심상 훈련을 동일한 스케줄에 환자가 치료 중에 받는 표준 기억 훈련 사용과 비교하였다. 훈련은 흔한 사물의 단순한 이미지를 생성하는 것부터 시작해서 환자가 선택한 개별화된 과제 같은 더 복잡한 심상으로 진행되었다. 훈련 3개월 후 추적 검사에서 심상 집단은 표준 처치 집단보다 수행이 더 좋았고, 이러한 이득이 일상 활동으로까지 연장되었다는 것이 인상적이다. 카쉘 등은 가장 경미한 손상을 입은 사례에서 이 득이 가장 컸다고 경고하였다. 그럼에도 이러한 자료는 표적이 된 장애에 대한 전략 훈련의 유용성에 관한 지지를 일부 제공한다.

일상 활동으로 일반화를 획득하는데 카쉘 등이 사용한 절차의 성공은 상당 부분 환자들이 자신의 생활과 관련된 과제를 선택했 다는 사실 때문이다. 실제로 내부 기억술 전략은 손상된 환자가 그 전략을 써서 훈련한 재료를 기억할 수 있도록 효과적으로 사용 될 수 있지만, 그 재료를 넘어선 일반화에 대한 증거는 거의 없다 (Rees, Marshall, Hartridge, Mackie, & Weiser, 2007). 따라서 전략 훈련 으로부터 지속되는 이득은 기억 손상으로 장애가 있는 행동의 특 정 측면들을 목표로 해야 한다. 그 목표를 염두에 두고 연구는 새 로운 학습을 돕는 맥락에서 전략 조작의 긍정적 결과를 산출해 왔 다. 이러한 결과는 특정 기술 또는 지식을 목표로 하고 그 행동이 나 지식의 획득을 위해 특정 전략을 사용할 수 있다는 측면에서 고 무적이다.

상당한 관심을 받아 온 한 가지 기법은 무오류 학습(errorless learning)의 사용이다. 무오류 학습이란 오류 가능성을 제거한 습득 단계를 고안함으로써 설계되었다. 이러한 접근의 좋은 예는 베를 리와 윌슨(Baddeley & Wilson, 1994)의 연구다. 이 연구에서 기억상 실증 환자, 건강한 노인, 건강한 젊은 성인이 단어 목록을 학습해 야 했다. 한 조건에서는 시행착오에 의해 학습이 이루어졌다. 각 단 어에 대해 참가자들은 다음과 같은 종류의 정보를 얻었다. "나는 DE로 시작하는 다섯 글자로 된 단어를 생각하고 있다. 당신은 그 단어가 무엇인지 추측할 수 있는가?" 추측 이후, 참가자는 그 단어를 들었다. 이 조건의 목적은 학습 시행에서 오류를 유발하는 것이었다. 두 번째 조건에서 학습 시행은 오류 없이 일어났다. 예를 들면, 각 단어에 대해 제공된 정보는 "나는 DE로 시작하는 다섯 글자로 된 단어를 생각하고 있고, 그 단어는 DEALT이다."와 같은 형태를 취했다. 목록의 단어에 대한 기억은 모든 집단에서 무오류 시행에서 가장 좋았지만, 그 이점은 기억상실증 집단에서 가장 컸다.

무오류 학습 절차는 컴퓨터 기술을 가르치는 것(Glisky & Schacter, 1989)에서부터 치료자의 이름을 학습하는 상황(Wilson, Baddeley, Evans, & Shiel, 1994)에 이르기까지 기억상실증 환자에게 적용되어 왔다.

이 기법의 합리적 근거는 의식적으로 통제되는 인지와 자동적 처리 과정 간의 이론적 구별에 기초하며(Jacoby, 1991), 기억 손상은 의식적으로 통제되는 처리 과정에서 결함이 있다는 가정으로 기억 장애에 적용된다(예: Cermak, Verfaellie, Butler, & Jacoby, 1993). 무오류 학습 절차는 기억으로부터 자동적 인출을 지원하는 단서에 좌우되기 때문에 손상된 개인은 인출이 통제된 처리 과정을 요구한다면 이전 학습에서는 가능하지 않은 방식을 이용할 수 있다(예: Glisky & Schacter, 1989). 더욱이 초기 학습 동안 범한 오류들은 앞으로의 행동에 자동적으로 영향력을 발휘하여 오류가 지속되도록 할 수 있다. 이러한 오류의 억제가 의식적으로 통제된 과정이 이전 오류의 자동적 영향에 저항하기를 바라지만, 그러나 기억 손상은 의식적으로 통제 과정 자체를 제거해 버린다. 따라서 무오류 학습은 목표로 설정한 행동장애의 재활에 적합하다.

외부 기억 보조

기억 손상을 동반하는 장애를 치료하는 데 효과적인 또 다른 방법은 외부 기억 보조를 사용하는 것이다. 외부 보조는 내부 기억술 전략보다 사용하기 더 쉬운 경향이 있다. 이는 사람들이 일상생활에서 전략보다 외부 보조를 더 선호하는 것을 설명할 수 있으며 (Long et al., 1999), 외부 보조의 적용은 대부분 개인의 특정 장애를 목표로 설정하기 쉽다. 정상 기억을 가진 사례에서처럼 보조는 단순한 메모 노트부터 컴퓨터가 통제하는 페이징 시스템까지 온갖 범위를 아우른다. 외부 보조를 효과적으로 사용하는 데 가장 심각한 장애물은 기억력이 종종 요구된다는 것이다. 따라서 손상된 개인이 보조를 사용하는 것을 학습하는 동안 상당한 지원이 필요하며, 기술적으로 세련된 몇몇 도구의 경우 복잡성이 환자의 능력을 넘어설 것이다.

외부 보조가 매우 명백하고 꽤 이로운 영향을 준다는 상당한 증거가 존재한다(Kapur et al., 2002; Sohlberg, 2005). 윌슨 J. C.와 휴즈(Wilson, J. C., & Hughes, 1997)는 심각한 기억상실증이 있는 청년 J. C.의 흥미로운 사례를 보고했는데, 그는 그 자신의 보상 전략 시스템을 개발하였다. J. C.는 효과적인 전략을 개발하기 위해 노력하며 성공과 실패에 관한 광범한 기록을 담은 일기를 썼다. 그 정보는 같은 기간 동안 J. C.의 숙모가 지녔던 기록으로 보충되었다.

윌슨 등(1997)은 기억상실을 일으킨 뇌출혈 수술에서 회복된 후 10년 동안 J. C.의 진전을 추적할 수 있었다. 비록 그는 10년이라는 기간이 지난 후에도 여전히 심한 기억상실이 있지만 혼자 힘으로 살 수 있었고 완전히 독립적이었다. 이러한 성공은 부분적으로 그의 기억 손상에 다른 인지적 손상이 동반되지 않았다는 사실 때문이지만, J. C.가 개발한 전략이 없었더라면 그의 독립성은 성취될 수 없었을 것이다.

윌슨 등(1997)이 기술했듯이, 이러한 전략은 자신에 관한 단순한 기록에서 시작해서 데이터뱅크 시계, 임박한 약속을 상기시키는 개인용 전자수첩(personal organizer), 중요한 사건이 일어났을 때 그것을 녹음했다가 나중에 검토할 수 있는 소형 녹음기와 같은 보조 도구를 포함하는 것으로 진화하였다. 그는 자신의 오류 관찰을 통하여 두 가지 분리된 시스템으로 기억해야 할 정보를 기록하는 습관을 발달시켰다. 이러한 기억술 지원이 J. C.가 캠브리지 대학에서 법 공부를 다시 할 수 있을 정도로 충분하지는 않았지만, 혼자 힘으로 사는 그의 능력은 심각한 기억상실증으로 인한 장애를 극복하기 위한 간단한 외부 기억술의 힘을 보여 준 중요한 사례다.

또 다른 저차원의 기술 개입은 메모리북이다. 메모리북에는 중요하지만 자주 잊어버린다고 지목한 일상 활동에 대한 메모(reminder)뿐만 아니라 이름과 주소도 담겨 있다. 메모리북에는 또한 일어난 사건을 기록할 공간이 마련되어 있는데, 이는 이후의 기억을 지원하기 위해 사용될 수 있다. 몇 가지 연구들은 메모리북의 사용을 통한 몇몇 이득을 보고했다(예, Donaghy & Williams, 1998; Owensworth & MacFarland, 1999). 이런 유사한 연구들은 이득을 얻기 위해서는 메모리북의 사용에 대한 명확하고 체계적인 훈련이 요구된다고 경고하였다.

재활에서 첨단 장치가 더욱더 일반화되고 있으며, 이는 기억과 조직화를 돕기 위해 그런 장치의 사용이 일반 인구에서 증가하고 있는 경향을 반영한다. 장애가 없는 집단에서 사용되는 일부 장치들이 손상된 집단에도 연계되어 왔다. 예를 들어, 반 덴 브룩과 동료들(Van Den Broek et al., 2000)은 5명의 뇌 손상 환자 집단에게 음성전자수첩(voice-organizer)을 제공했는데, 이는 환자가 메시지를 스스로 녹음하도록 되어 있는 속기용 구술녹음기(dictaphone) 같은 장치다. 메시지 알람 기능을 가진 장치는 또 다른 사람에게 메시지를 전달하고 일과의 사소한 일을 수행하는 특정 과제에서 기억의 실패를 감소시키는 데 효과적이었다.

손상된 기억을 위해 명시적으로 고안된 장치가 증가하고 있고, 이들은 현재 이용 가능하며, 이들 중 일부는 세심한 평가를 받고 있다. 기억 손상 환자가 사용하도록 고안된 무선호출 시스템의 사용에서 전망이 밝은 결과가 도출되었다(다양한 장치 및 지원 체계의 기술은 Sohlberg, 2005 참조). 아마도 이 시스템 중 가장 철저하게 연구된 뉴로페이지(NeuroPage; Hersh & Treadgold, 1994)는 화면이 중앙 컴퓨터와 연결되어 있고 무선호출 회사와 전화로 연결된 휴대형 단말기다. 스케줄을 알려 주는 단서가 컴퓨터에 입력되고, 적절한 시기에 이 단서가 라디오 신호처럼 전환되어 단말기를 통해 개인 사용자에게 전송된다. 기억을 상기시키는 신호가 입력되면 단말기는 시각단서와 청각단서를 내보내고 화면에 메시지가 표시된다. 중요한 것은 사용자가 메시지를 확인하려면 무선호출 회사에 전화를 해야 하고, 사용자가 그렇게 하지 못하면 메시지가 재전송된다는 것이다. 단말기는 사용자들이 복잡하게 여기지 않도록 하나의 큰 버튼으로 통제된다. 일단 기억을 상기시키는 단서가 컴퓨터로 입력되면 더 이상의 인간 인터페이스는 필요하지 않다.

　뉴로페이지 시스템은 몇 가지 평가를 받아왔으며, 그중 하나는 규모가 매우 큰 것이었다. 윌슨, 엠슬리, 퀴르와 에반스(Wilson, Emslie, Quirk, & Evans, 2001)는 이 분야 연구에서 대규모 표본이라 할 수 있는 100명 이상의 뇌 손상 환자를 포함한 통제된 연구를 수행하였다. 2주의 기저선 기간 이후, 한 집단은 7주 동안 무선호출기를 받았다. 통제집단 구성원들은 무선호출기 대기자 목록에 올려진 채 통상적인 치료를 계속 받았다. 7주 후, 대기자 집단에게 무선호출기가 제공되었고 다른 집단에서는 제거되었다. 다음 5주에는 표적 행동에 대한 관찰이 이어졌다. [그림 8-1]은 성공적으로 완료된 표적 행동의 비율을 보여 준다. 초기 기저선에서 두 집단 간 차이가 나타나지 않았으나 그 시점 이후 무선호출기가 있는 집단은 그것이 없는 집단보다 상당히 양호한 수행을 보였다.

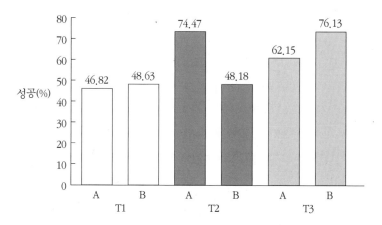

[그림 8-1] 성공 비율 퍼센트. 집단 A의 참가자는 무선호출기를 T2(8, 9주)에 소지하였고, 집단 B는 T3(15, 16주)에 소지하였고 T1은 기저선이다.
출처: Wilson, B. A. et al., 2001. *Neurosecigery, and Psychiatry, 70.*

현실적으로 뉴로페이지와 같은 무선호출 시스템의 유일한 단점은 프로그래밍을 위해 누군가 중앙 컴퓨터에 스케줄 정보를 전달해야 한다는 것이다. 즉, 개인 사용자가 프로그래밍을 할 수 없다. 또한 약간의 비용도 든다. 하지만 이런 시스템의 사용은 손상된 환자의 독립성을 증가시킴으로써 건강보험기금을 절약할 수 있을 것이다. 이런 시스템은 유연성이 있어서 다른 진단 집단에, 그리고 특정 집단의 회복 기간 중 다른 시기에 사용하도록 변경될 수 있다. 기술이 더 강력하고 편리해질 것이라는 사실과 함께 그런 기술의 초기 성공은 오늘날 기억 재활 연구에서 가장 유망한 발전을 이루고 있다.

⚙ 인지재활에서 기억술의 효력 평가하기

우리가 논의한 문헌에서 선택된 표본은 기억 재활에서 기억술 적용에 관한 꽤 많은 수의 발표된 연구 중 대표적인 것이다. 우리는 뇌 손상 이후 기억 과정이 이전 기능 수준으로 회복되기가 대개는 어렵다고 알고 있다. 많은 사례에서 특정 기억 기능을 담당하는 뇌 구조와 처리 과정이 손상되고 조직을 재생하는 것 외에 어느 것도 최초 기억 과정을 회복시킬 수 없기 때문에 이런 결론이 놀랍지는 않다. 반면에 몇몇 기억술 기법은 기억 손상에 의해 야기된 장애를 제거하지 않을지라도, 그것을 경감시키는 것처럼 보인다. 그러나 우리는 환자와 그 가족에게 어느 정도 확신을 가지고 집중적인 기억술 치료가 임상적으로 효과적일 것이라고 권할 수 있는 지점을 충분히 알고 있는가?

이 질문에 답하려는 시도는 증거(evidence) 기반 치료 지침을 만들기 위한 목적으로 체계적 개관의 형태를 취하였다. 이러한 개관이 인지재활의 모든 측면을 아우르지만 각각의 경우에 기억 재활에 특정 지면을 할애하였다. 이들 중 가장 규모가 큰 것은 씨서론과 동료들(Cicerone et al., 2000, 2005)이 제공했는데, 이는 2002년까지의 연구를 포함하고 있다. 그들의 개관은 경미하게 손상된 사례에서 기억 전략 훈련의 임상적 효과에 관한 약간의 증거가 있다고 결론을 내렸고, 이는 카셸 등(2002)의 심상 훈련 연구에 거의 전적으로 기초한 결론이다. 윌슨 등(2001)의 뉴로페이지 연구에 기초하여 중간 정도에서 심한 손상에는 외부 보조도구의 임상적 사용이 강하게 권고되었다.

리스 등(Rees et al., 2007)은 1986년과 2006년 사이에 발표된 연구를 조사한 또 다른 개관을 제공하였다. 그들의 결론은 장애를 경감시키기 위한 기억 훈련의 임상적 가치에 관해서 적어도 씨서론(Cicerone et al., 2000, 2005) 등의 결론만큼이나 열정적이었다. 리스 등은 효과가 얼마나 지속되는지 알 수 없고 경미하게 손상된 사례에서만 전략이 효과적이었다고 언급했지만 내부 기억 전략의 훈련이 효과적이라는 강한 증거도 있다고 결론을 내렸다. 또한 그들은 좀 더 심각한 사례에서도 외부 보조의 효력에 관한 강한 증거를 발견하였다. 좀 더 절망적인 측면에서 보면, 리스 등은 손상된 기억 과정을 회복시키기 위해 고안된 훈련 규정의 효력에 대한 증거가 없어서 임상적 활용을 정당화할 수 없다는 점에서 윌슨(2005)과 일치한다.

롤링, 파우스트, 비버리, 그리고 데마키스(Rohling, Faust, Beverly, & Demakis, 2009)에 의해 발표된 메타분석은 다양한 치료의 임상적 활용에 관한 중요한 정량적 평가를 제공한다. 이 분석은 씨서론 등이 개관한 동일한 문헌을 다루고 있기 때문에 치료 효력에 관한 양적 추정치를 제공하여 이전의 질적 분석에 기초한 결론과 비교할 수 있도록 한다는 측면에서 특히 유용한 정보를 제공하였다. 씨서론 등(2000, 2005)이 개관한 258개의 연구 가운데, 115개는 메타분석에 포함될 수 있는 충분한 정보를 가지고 있고, 그중 14개는 특별히 기억을 목표로 하였다. 모든 연구는 두 가지 일반적인 유형의 연구 설계 중 하나를 따랐다. 일부 설계는 단일집단 참가자들이 처치 전후에 준거 측정치에 따라 평가되었다. 다른 연구들은 첫 번째와 두 번째 검사 사이에, 기억에 효과적이라 생각되는 처치를 받지 않은 독립적인 통제집단을 포함하였다. 연구마다 다양한 형태의 통제활동이 사용되었지만 모든 경우에 흥미로운 결과는 통제 조건에 비해 처치 조건이 처치 후 측정치에서 호전을 보인다는 것이다.

연구 설계의 유형이 기억 재활의 효력을 평가하는 데 매우 중요한 변인인 것으로 판명되었다. 단일집단 설계를 사용한 연구들은 기억 치료의 효과 크기가 강한 효과에 상응한다는 결과를 산출하였다. 반면에 독립 통제집단 설계는 통계적으로 신뢰롭지 않은 매우 작은 효과 크기를 산출하였다. 그러나 이런 분석 과정에서 중요한 것이 발견되었다.

롤링 등(2009)은 독립집단 설계에서 통제 조건의 효과 크기가 유의하였고 중간 정도의 크기라는 것을 발견하였다. 즉, 통제집단은 어떤 효과적인 처치를 받지 않고도 처치 후 유의한 호전을 보여 주었다. 통제 조건의 이런 효과는 첫 번째 검사의 수행이 두 번째 검사에서 수행을 향상시키는 검사 효과(test effect)일 가능성이 높다.

　기억상실증 환자를 대상으로 한 연구에서 검사 효과가 발생했다는 것은 자동적 기억 처리 과정의 중요성에 관한 증거이지만, 검사 효과의 존재는 단일집단 설계를 사용한 연구의 해석에 대해 즉각적 함의를 가진다. 단일집단 설계에서 처치 효과에 검사 효과가 혼입되고 결과적으로 단일집단 설계 실험에서 나온 큰 처치 효과의 해석을 복잡하게 만든다. 그런 연구에서 산출된 처치 효과가 묵살된다면 메타분석이 기억 훈련의 효력에 관한 어떤 증거도 만들지 못한 셈이다. 대체로 질적 연구에서 나온 것보다 메타분석에 나온 효과적인 기억술 재활에 대한 지지가 더 약하다고 말하는 것이 안전할 것이다.

✿ 연구의 쟁점

　재활의 임상적 효력을 평가하기 위해 고안된 연구를 수행하는 것은 쉬운 과제가 아니다. 표적 집단에 대한 접근과 협조를 얻는 것은 도전이며, 치료에서 최우선의 목표는 매우 통제된 연구에서의 요구와 좀처럼 부합하지 않는다. 완벽하게 설계된 연구와 연구를 아예 하지 않는 것 중에 선택해야 했다면 처리 효력에 관해 우리가 가지고 있는 정보 중 많은 것은 존재하지 않았을 것이 확실하다. 동시에 재활의 효력을 판단하는 능력은 이용 가능한 정보의 질과 직접적으로 관계가 있다. 문헌을 개관하면 몇 가지 준거가 충족되기 어려울지라도, 잘 통제된 연구로부터 더 많은 자료가 필요하다는 것이 확실하다.

통제집단(control group)은 가장 중요한 고려 사항 중에 하나다. 롤링 등(2009)은 단일집단, 검사 재검사 설계에서 나온 결과를 해석하는 것의 어려움에 대해 극적으로 강조하고 있다. 검사 효과는 클 수도 있으며, 처치 효과와 완전히 혼입될 수도 있다. 더욱이 이 분야의 연구자들에게 통제 조건의 활동을 표준화하는 것에 대한 약간의 논의가 유용할지 모른다. 현재로서는 전혀 처치가 없는 것부터 치료자의 표준 처치요법에 이르기까지 통제집단 활동의 내용이 연구마다 매우 다양하다. 치료 기간도 다양한데, 이는 연구 간에 비교를 더 위태롭게 한다.

병인론(etiology, 병의 원인을 연구하는 기초의학 – 역자 주)과 연령에 관한 많은 연구에서 잠재적으로 내재된 혼입은 또 다른 중요한 고려 사항이다. 예를 들면, TBI와 뇌졸중을 모두 포함한 뇌 손상 환자의 표본은 이러한 혼입을 포함하고 있다. 왜냐하면 TBI의 주요 원인은 교통사고로, 주로 젊은 사람에게 일어나는 문제인 반면, 뇌졸중의 위험은 연령에 따라 증가하기 때문이다. 연령이 기억에 미치는 독립적 영향 때문에 이러한 혼입이 처치 효과에 영향을 줄 수 있다.

뇌 손상의 심각도는 처치의 효능에 대한 주요 결정인이다. 심각한 뇌 손상 이후 기억은 그 기억을 회복시키려는 시도에 무감각한 것처럼 보이는 반면, 경미한 손상은 기억 훈련으로부터 약간의 도움을 받는다.

많은 연구에서 손상의 심각도를 평가하기 어렵고, 연구들 간에 그런 평가는 좀처럼 가능하지 않다. 실제로 롤링 등(2009)은 이러한 요인 때문에 기억 처치의 효력에 관해 자신과 씨서론 등(2000, 2005)의 권고 간에 차이가 났다고 생각했다. 즉, 롤링 등은 메타분석에서 심각도의 영향을 제거할 어떤 방법도 없었고, 따라서 그 변인으로 인해 무너지고 말았다. 씨서론 등의 좀 더 긍정적인 권고는 경미하게 손상된 사람들을 대상으로 한 연구에 기초하였다. 다시 말해, 이 분야의 연구자들은 손상의 심각도에 관한 몇 가지 표준적인 측정치를 사용하는 것이 매우 유용하다고 보았다.

❂ 건강한 노화

우리는 정상적 노화의 기억력 감퇴에 대한 기억술 개입을 간략한 논의와 함께 긍정적인 언급으로 이 장을 마무리하고자 한다. 건강한 노화에 동반되는 기억 결함은 뇌 손상과 관련된 것보다 질적으로 문제가 되는 경우는 적지만 나이가 들어감에 따라 기억력 감퇴는 뚜렷해진다. 예를 들어, 35세와 80세 사이 1,000명의 참가자에게 5년 간격으로 두 번의 검사를 실시한 연구는 55세쯤 시작해서 60세까지 일화기억의 수행이 매우 감퇴된다는 결과를 보여 주었다 (Rönnlund, Nyberberg, Bäckman, & Nilsson, 2005). 현재 노화의 영향을 받는 기본적인 기억 과정과 재활 기법에 관한 통제된 연구들이 상당히 많은 것이 다행스럽다. 기억 결함을 보완할 수 있는 방법뿐만 아니라 근본적인 기억 과정을 성공적으로 재활하는 것처럼 보이는 접근에 대한 추후 연구들은 고무적인 결과를 보고하였다.

훈련이 노인의 일화기억 수행에 미치는 효과를 보고한 상당수의 연구가 이용 가능하다. 기억술 훈련 전후의 수행을 비교한 이런 연구에 대한 메타분석에서 베르헤겐, 마르깽 및 구센즈(Verhaeghen, Marcoen, & Goossens, 1992)는 훈련으로 인해 통제 조건에 비해 훈련 집단의 수행이 유의하게 향상되었다고 결론을 내렸다. 메타분석에 포함된 기억술 기법은 장소법, 이름 얼굴 학습, 조직화 전략이며, 결과는 개관된 연구에 사용된 다양한 기법이 동등하게 효과적이었다는 것을 보여 주었다. 훈련 8개월 후에도 기억 전략을 생성하는 훈련이 계속해서 노인들의 수행에 득이 된다는 보고는 고무적이다(Derwinger, Neely, & Bäckman, 2005).

크레이크와 동료들(Craik et al., 2007)은 71세에서 87세의 건강한 노인이 포함된 12주의 다양식 훈련 프로그램의 결과를 보고하였다. 기억력 관련 프로그램은 4주에 걸쳐 진행되었고 기억의 본질과 내부, 외부 기억 전략에 관한 훈련뿐만 아니라 수행을 향상시키는 방법에 관한 교육을 포함하였다. 평가는 훈련 이전과 훈련 이후 3개월과 6개월에 각각 이루어졌다. 훈련 전의 기저선(baseline)에 비해 훈련 후 수행은 6개월 평가에서 계속해서 향상된 효과를 보여 주었다. 연구자들은 자신들의 결과가 전체 훈련 프로그램의 일반적 효과 때문일 수 있다고 경고했지만 결과는 특정 기억 훈련의 이점에 관한 데어바인저 등(Derwinger et al., 2005)의 보고와 일치한다.

기본적 기억 과정의 노화 효과에 관한 입장은 이중처리 이론(dual-process theory)의 관점에서 유망한 연구에 초점을 맞추어 왔다. 이 장의 앞부분에서 기술한 것처럼 이중처리 이론은 기억이 두 가지 질적으로 다른 형태의 기억을 포함한다고 가정하는데, 그것은 이전 경험의 세부 사항에 대한 접근을 제공하는 의식적으로 통제된 처리(회고)와 그런 세부 사항에 접근하지 않는 자동적 처리(친숙성)다.

제이코비(예, Jacoby, 1999)는 노화가 통제적 처리에는 해로운 영향을 끼치지만 과거의 자동적 처리는 비교적 손상 없이 유지된다는 것을 확실히 보여 주었다. 이것은 친숙성 때문에 부적절한 항목을 마음속에 떠올리는 자동적 처리가 통제된 처리에 의해 저지받지 않는다는 것을 부분적으로 의미하는데, 이는 반복 오류와 같은 실수를 야기한다.

이러한 이론적 분석을 토대로, 제닝스와 제이코비(Jennings & Jacoby, 2003)는 회고 과정의 사용을 훈련하는 기법을 개발하였다. 그들은 자신들의 접근을 **반복 회피하기**(avoiding-repetitions) 절차라고 언급하였다. 참가자들은 나중에 기억할 단어 목록을 학습한다. 참가자들은 학습한 단어에는 '예.', 학습하지 않은 단어에는 '아니요.'라고 말하는 재인 검사가 뒤따른다. 더욱이 그들은 학습하지 않은 단어 중 일부는 검사에서 반복될 것이지만 학습하지 않은 단어에는 항상 '아니요.'라고 말해야 한다는 이야기를 정확히 듣는다.

노인들은 종종 친숙성에만 의존해서 반복된 새로운 항목에 '예.'라고 말할 것이다. 그들이 이전에 검사할 때 그 단어가 나왔음을 기억할 수 있다면 친숙성은 회고에 의해 저지될 것이고 이런 반복된 미끼에 정확하게 '아니요.'라고 말해야 할 것이다. 노인들에게 회고의 사용을 훈련시키기 위해 제닝스와 제이코비는 검사를 시작할 때 한두 개의 삽입 항목을 포함해서 매우 짧은 지연을 사용했다. 젊은 사람들의 수행에 기초해 미리 설정한 준거를 충족시키는 개인의 능력에 따라 지연은 점차 증가했다. 훈련 후, 노인들은 훈련 전 수행에 비해 뚜렷한 향상을 보였고, 젊은 사람들과 동등한 수준의 수행을 나타내었다. 더욱이 이 점은 3개월 간격을 두고도 지속되었다.

토스, 다니엘, 그리고 제이코비(Toth, Daniels, & Jacoby, 2005)는 제닝스와 제이코비가 기술한 이론과 기법을 사용해서 회고를 명시적으로 훈련시키는 '아트 딜러(Art Dealer)'라고 불리는 컴퓨터 게임을 개발했다. 플레이어의 목표는 세계적인 수준의 미술품을 수집하는 것으로, 이를 위해 사설 미술품 판매상에게 가서 유명 화가가 그린 원작 그림을 구입하려는 시도를 서른 번 한다. 플레이어는 그림을 사기 위해 금융업자에게 돈을 빌려야 하는데, 금융업자는 곧 있을 경매에서 팔리게 될 그림에 대한 정보를 플레이어에게 제공한다. 정보는 유명 화가가 그린 작품을 디지털화한 실제를 보여주는 형식을 취하며, 이것이 해당 라운드의 기억 세트를 구성한다. 세트를 보여 준 후, 판매가 진행되는데, 플레이어는 한 번에 하나씩 그림을 보고 그 그림을 살 것인지, 말 것인지를 결정해야 한다. 게임 규칙에 따라 최초 세트에 없던 그림은 위조품이므로 회피해야 한다. 이러한 위조품은 판매 과정 동안 반복해서 제시된다. 이런 맥락에서 제닝스와 제이코비가 기술한 반복 회피하기 절차가 시행된다. 각 판매에 이어 금융업자에게 피드백이 제공되며, 플레이어는 '갤러리'에 가서 컬렉션을 볼 수 있다. 경우에 따라 플레이어가 금융업자에게 많은 돈을 빌려야 할 수 있지만 어떤 균형을 유지해야 한다는 측면에서 재정 상태는 게임의 일부다. 때로는 기존 컬렉션의 일부를 팔아서 균형을 맞추기도 한다. 따라서 반복 회피하기 절차가 가정용 비디오 게임에 내장되어 있지만 지시와 기술은 이 게임이 기억 훈련 장치라는 것을 언급하지 않는다.

토스 등(Toth et al., 2005)은 한 집단의 노인에게 아트 딜러의 복사본을 제공하고 참여자가 30회의 게임 라운드를 완료할 때까지 하루에 1~2시간씩 게임을 하도록 한 연구 자료를 보고하였다. 비처치 통제집단은 플레이어와 똑같이 훈련 전후 평가를 받았다. 통제집단은 연령과 기타 중요한 변인에 따라 훈련집단과 세심하게 짝을 지었다. 훈련집단의 모든 개인은 30회의 게임 라운드를 모두 완료하였는데, 훈련 연구에서 이러한 순응도는 인상적이다. 훈련집단은 훈련 후 평가에서 훈련 전에 비해, 그리고 통제집단의 수행에 비해 상당한 이득을 보였다. 연구를 종료한 후 최종 면접에서 모든 플레이어는 그들이 만일 인지적 수행을 향상시킨다면 집에서 이 게임이나 유사한 게임을 하겠다고 말하면서 그 경험을 긍정적으로 평가하였고, 게임을 하는 것이 인지를 향상시킨다는 일반적인 생각을 호의적으로 인정하였다.

토스 등(2005)의 연구는 그 범위가 예비적이었지만 건강한 노인의 기억술 훈련에 게임 접근의 전망을 보여 주었다. 전통적인 기억술 훈련 요법보다 이 접근은 몇 가지 이점을 가진다. 컴퓨터 게임은 사람들이 재활을 하고 있는 것보다 놀이를 하고 있는 것처럼 느끼도록 하기 때문에 더 참여적으로 만든다. 예를 들어, 토스 등의 연구에서 11명의 플레이어 중 9명은 그들이 기억력 검사가 아니라 게임에 몰두하고 있는 것처럼 느꼈다고 말했다. 유사한 수의 참가자들은 게임이 기억 기능을 향상시킨다고 밝혀진다면 집에서 아트 딜러와 같은 게임을 할 것이라고 말했다. 중요한 실제적인 이점은 게임을 통한 훈련이 실험실이나 재활 장소에 최소한의 방문을 요구하며 훈련 스케줄도 개인이 결정할 수 있다는 것이다. 마지막으로, 컴퓨터 게임은 노인의 기억 기술을 유지하고 향상시키는 데 매력적이고 비교적 비싸지 않은 접근을 제공한다. 우리는 기억재활 분야에서 컴퓨터 게임의 개발과 배치가 증가하기를 기대한다.

⚙ 요 약

이 장에서 우리는 기억재활을 위한 시도로 흔히 사용되는 목표와 방법을 기술하였다. 개입은 전형적으로 두 가지 목표 중 하나에 맞춰지는데, 그것은 상해 이전 기능으로 기본적인 처리 과정의 회복 또는 손상된 처리 과정으로 야기된 장애의 경감이다. 사소한 뇌 상해나 정상적 노화에 동반되는 매우 경미한 손상을 제외하고, 손상된 처리 과정을 회복시키고자 하는 시도는 성공적이지 못하였다. 특정 장애를 목표로 설정한 처치는 긍정적인 결과를 산출했는데, 몇몇 사례에서 기억상실증이 있는 개인이 혼자 힘으로 살아가기도 하였다. 이런 극적인 성공은 드물지만 개인의 욕구를 위해 고안된 기억술 기법이 환자와 보호자 모두의 삶의 질을 향상시킨다는 것을 빈번하게 보여 주었다. 우리가 전진하기 위해서 계속해서 기법을 개발하는 것만큼 이런 기법을 평가하는 연구를 지원하는 것이 중요하다.

　우리가 살펴본 것처럼 이 분야에서 연구를 수행하는 것은 도전이며, 기존 연구는 완벽하지 못하다. 우리가 기억 손상에서 중요한 영역이라고 광범하게 느끼는 기억술을 적용하는데 성공하려면 재활기법과 그 효력에 관한 세심한 연구를 우선적으로 행해야 한다.

과연 현대 심리학에서
기억술이 설 자리는 있는가

이제 기억술에 관한 논의의 끝에서 우리는 첫 장의 제목에서 제기한 질문으로 돌아가는 것이 적절하다고 생각한다. 기억술에 관한 연구를 한다고 하더라도, 그것이 근대 심리학의 어디에 속할까? 이 마지막 장에서 우리는 이 질문을 다루고 있는 책의 간략한 개요를 제공할 것이다.

⚙ 기초 기억과학의 기억술

심리학에서 기억술 연구의 명백한 발상지는 기억과학자들의 공동체다. 역설적이지만 기억 연구의 기본 전제는 기억술을 광범위하게 수용하는 데 미묘한 장애물이 된다. 그중에 기억 이론의 적절한 주제가 기억의 자연적 작동이라는 것이 핵심이다. 자연적 기억과 인위적인 기억술 기법 간에 이러한 긴장은 새로울 것이 없으며, 현대 심리학에서 표현된 것처럼 특별히 다루기 힘들거나 도의에 어긋나는 것이 아니다.

반면에 자연적 기억을 설명하는 암묵적 목표가 인위적 기억을 쉽게 통합하지 않는다는 것은 사실이다. 에빙하우스(Ebbinghaus)의 시기 이래로 기초 과학의 목표는 기억의 작동을 설명하는 것이었다. 그에 반하여, 기억술의 유일한 목적은 기억을 향상시키는 것이다. 이러한 목표는 양립할 수 있지만 다르다. 이런 저런 이유로 기초적인 기억 연구에 관한 학술지에 기억술 연구는 거의 게재되지 못하였다.

그렇기는 하지만, 적어도 기초 기억과학과 기억술 간에 공생적 관계가 원칙적으로 존재한다. 기초 연구가 기억술에 기여하는 것은 대개 좀 더 중요한 요소로 인식된다. 결국 기억에 영향을 주는 것과 주지 않는 것에 관한 결정적인 권위는 세심하게 통제된 연구에 있다. 심상, 조직화 그리고 정교화를 촉진하는 조건은 집중적으로 연구되어 왔고, 모두 기억에 도움이 된다는 것이 명확하다. 이러한 세 가지 조작, 즉 심상, 조직화, 정교화는 모든 기억술 장치의 기초가 된다. 이를테면, 사람들은 기초적 연구가 기억술의 토대를 제공했다고 주장할 것이다. 이런 관점에서 관계는 공생적인 것이 아니라 비대칭적이고, 기억술은 적용에 지나지 않는다고 하는 과학의 지배를 받는다. 그러나 이런 관점은 심상, 조직화, 정교화가 기억에 관한 과학이 존재하기 오래전에 기억술에서 사용되었다는 역사적 사실에 의해 퇴색된다. 실로 많은 현대의 과학적 논문, 특히 심상에 관한 것은 기억술 장치에서 그런 조작의 고전적 사용을 언급함으로써 주제의 논의를 시작할 것이다.

　아마도 기초 연구와 기억술이 출발점은 같으나 가야 할 길은 다르다라는 것이 더 좋은 비유일 것이다. 출발점은 기억을 향상시키는 조작에 관한 직관이다. 기억술은 기억력을 촉진시키기 위한 장치를 만들기 위한 토대로 직관을 받아들인 반면, 기초 과학은 직관에서 이득이 어떻게 일어나는지 분석하는 것으로 나아갔다. 두 가지 길이 모두 초기 직관을 타당화하는 데 기여할 수 있다. 기억술이 그 목적에 도움이 되지 않을 수도 있고, 또는 기초 연구가 직관적 조작이 실제로 다른 어떤 것임을 발견할 수도 있다. 그 길을 따라가다 보면, 기초 및 응용 기억과학의 상호 이득을 위한 공생적 관계가 생길 수 있다.

✿ 기억술학

　우리는 기초 기억 연구와 기억술 간의 접점을 기억술학(mnemonology)이라고 부를 것을 제안하는데, 이는 본질적으로 기억을 향상시키는 과정에 관한 연구다. 이러한 많은 과정은 그들의 촉진적 효과를 타당화하는 기초 과학과 마찬가지로 책 전반에 걸쳐 기술되었다. 이전에 우리가 기술한 한 가지 예를 들면, 기초 연구는 조직화와 정교화의 결합 조작이 어느 하나만을 조작한 것보다 기억을 촉진한다는 것을 확립하였고, 이를 특이 처리 과정(distinctive processing)으로 언급하였다. 전문가들의 영역 특정적 기억을 특징 짓는 것 같은 것이 바로 특이 처리 과정임을 보여 주는 연구들이 있다(Rawson & van Overschelde, 2008; van Overschelde, Rawson, Dunlosky, & Hunt, 2005). 비록 기존 장치의 몇 가지 응용프로그램이 그럴지도 모르지만, 이러한 발견을 활용하기 위해 어떤 기억술도 의도적으로 개발되지 않았다. 이러한 원칙에 기초한 기법의 성공적인 생산물은 강력한 도구가 될 것이다. 기초 기억 이론이 진보함에 따라 기억술학은 기본적인 촉진적 처리 과정에 근거한 기법을 개발함으로써 새로운 발견을 활용하기 위한 입장에 서 있다.

또한 기억술학은 기억술 장치에 관한 연구를 통해 기초 연구의 목표에 기여할 것인데, 이는 어떤 변인이 이로운 효과를 가지는지의 맥락에서 유용한 과학적 정보를 산출할 수 있다. 이러한 맥락들은 기초 연구에서 정상적으로 용인되기보다는 더 풍부하고 더 복잡할 가능성이 있지만 이런 더 복잡한 상황이 새로운 현상에 대한 연구 관심을 자극하는 관찰을 이끌 수 있다.

예를 들면, 우리는 용어 정의를 학습하기 위해 세 가지 기법을 비교한 볼치(Balch, 2005)의 연구를 개관하였다. 흥미롭게도 볼치는 각 용어의 예를 생성하는 것이 핵심어 기억술(keyword mnemonic)과 동등한 수행을 보였으며, 두 가지 모두 정의를 의역하는 것보다 더 양호함을 발견하였다. 용어의 예를 생성하는 것이 그 정의를 의역하는 것보다 왜 정의에 관한 더 좋은 기억을 초래하는 것일까? 이 질문에 대한 답은 기억뿐만 아니라 이해에서 기초 처리 과정에 관한 우리의 이해에 기여할 것이다.

기억과학은 기억술에 관한 타당화된 권위이며, 그런 의미에서 그것은 심리학에서 기억술의 발상지다. 기억술학은 수행에 최적인 자연스러운 기억 과정을 확인하고 이런 과정을 적용하기 위해 전진함으로써 기초 과학에 기여한다. 두 가지 기획의 목표가 다른 것을 명시적으로 인식함으로써 기억술학은 역사적으로 기초 과학과 기억술 사이에 존재했던 긴장을 감소시킬 수 있으며, 기억술이 기초 기억 연구의 진지한 응용 지점으로 발전할 수 있도록 과학 단체 내에서 더 큰 노력을 기울일 수 있다.

✿ 교육에서의 기억술학

교육은 기억술의 최초 발상지다. 기억술 기법들은 일반 수사학 교육과정에 포함된 독립적인 과정으로 강의되었다. 의도는 학생이 구술 변론을 하는 유용한 도구를 갖추도록 하는 것이었다. 이런 기법의 유용성은 논쟁거리가 아니었으며, 기억술은 자연적 기억에 유리한 지원을 제공하는 것으로 가정되었다. 이런 태도는 시간이 흐르면서 변했는데, 지금 기억술은 우리가 아는 어떤 교육과정으로도 제공되지 않으며, 해당 기법의 효력은 연구에서 증명되어야 하는 문제다. 따라서 기억술학이 교육학 학술지에서 가장 분명해졌다는 사실이 놀라운 일은 아니다.

교육학 입장에서 혹은 그것을 모델로 하는 연구는 기억술에 관한 새로운 정보의 가장 활발한 근원 중 하나가 되었다. 현재는 연령, 훈련, 기법의 유형에 걸쳐 다양한 대규모 연구들이 이용 가능하다. 우리는 7장에서 이러한 연구의 사례를 검토하였다. 많은 문헌은 단순 어휘 습득에서부터 새로이 습득한 개념의 일반화에 이르기까지 다양한 재료를 배우고 기억하는 데 기억술이 꽤 이로울 수 있음을 보여 준다.

더 많은 연구 관심이 필요한 쟁점들 가운데 하나는 지식의 획득에서 기억술의 효력에 관한 것이다. 여기서 우리는 기억에 비해 지식이 맥락에 의해 덜 제한된다는, 광범하게 공유된 가정을 사용해서 기억과 지식을 구분하려고 한다. 즉, 지식은 획득 맥락과 다른 맥락으로 전이되고 일반화가 가능하다. 7장에서 고찰한 몇 가지 연구는 기억술 훈련이 획득된 재료를 새로운 상황에 적용하는 데 효과적임을 보고하였으며, 이것은 우리가 제기한 질문에 근접하기 시작한다. 이런 유형의 더 많은 연구는 환영받을 것이다.

관심을 가져야 할 또 다른 문제는 효과적일 뿐만 아니라 사용하기 쉬운 기억술의 개발에 관한 것이다. 우리가 고찰한 몇 가지 기법은 확실히 효과적이었지만 매우 복잡하기도 했다. 그런 복잡성은 교수자와 학생 모두를 낙담시킨다. 더 많은 관심을 기울일 때 이로운 많은 쟁점을 파악할 수 있으며, 이는 교육학과 심리학의 연구자들에게 잠재적으로 풍부한 영역에서 흥미로운 질문을 야기한다.

⚙ 재활에서의 기억술학

기억술과 교육학 간의 관계와 달리, 인지재활에서 기억술 기법의 사용은 논쟁의 여지가 없다. 기억 손실의 치료에 다른 선택이 있는가? 이 주제에 대한 오늘날의 문헌은 이전 기능의 회복과 장애에 대한 보완 사이를 구별하는 맥락에서 가장 잘 이해된다. 이러한 두 가지 목표에서 전통적인 기억술의 효과는 뇌 손상의 심각도에 따라 다르다.

전통적인 내부 기억술 전략은 건강한 노화와 관련된 것처럼 매우 경미한 손상에서 기억 기능의 성공적인 회복을 초래하였다. 그러나 더 심각한 손상의 경우, 외상 전 기능의 회복은 가능해 보이지 않는다. 이런 실패는 전혀 놀랍지 않다. 상해나 질병에 의해 뇌에 영향을 준 손상은 기억 능력을 제거한다. 신경 조직이 결여되면 어떤 양의 훈련도 원래 기억 기능을 회복시킬 수 없을 것이다. 그것은 마치 존재하지 않는 사지의 운동을 통하여 절단된 사지를 재활시키려고 시도하는 것과 같다. 그러나 이런 결론은 정상 조건하에서 내부 기억술의 유용성과 상관이 없으며 기억술학에서 향후 연구가 있을 때까지 그 자체가 개정의 대상이다.

반면에 문헌은 기억술 기법들이 보완적 훈련 서비스에서 가치있는 치료적 도구임을 명확히 보여 준다. 광범한 전통적 기억술 접근들은 일상 활동에서 손상된 기억을 보조하기 위해 효과적으로 사용되어 왔다. 또한 두 가지 부가적인 기법이 바람직한 결과를 산출하였다. 이들 중 첫 번째는 습득 과제에서 의식적 기억 요구를 본질적으로 무시함으로써 학습을 촉진하려고 시도한다. 이러한 접근은 스키너의 학습 이론 및 기억 연구에서 기초 이론과 수렴하는 드문 예다. 전자는 무오류 학습(errorless learning) 기법으로 명명되었고, 후자는 암묵적 기억의 예다.

습득 환경의 필수적인 요소는 오류 없이 바람직한 반응을 유발할 수 있도록 충분한 단서를 제공하는 것이다. 의도적인 기억 습득이 성공적 수행에 필수적인 것이 아니듯이 후속 검사 환경은 똑같이 강력한 단서 지원을 제공한다. 이러한 조건하에서 심각한 기억 상실증 환자들은 의도적 교수기법을 사용해서 그들이 이해할 수 없는 기술을 배웠다. 이런 접근의 주요 한계는 협소한 범위의 학습 일반화다. 일반화의 범위를 확장하는 것이 기억술학에서 중요한 도전거리다.

심각한 뇌 손상과 관련된 장애를 성공적으로 보완하는 두 번째 접근은 외부 기억술 지원을 사용하는 것이다. 이러한 기법들은 단순한 기록에서부터 정교한 컴퓨터 통제 개입에 이르기까지 기술의 정교화 측면에서 광범하다. 대체로 외부 기억술은 장애의 치료에 응용하는 데 몇 가지 긍정적 특징을 가진다. 그들 중 핵심은 대부분의 외부 장치들이 쉽게 개개인에게 맞춤식이 된다는 것이다. 특별한 기억 요구는 사람마다 매우 다양하고 주문 제작의 용이성이 치료에 도움이 된다.

연구는 메모리북, 전자수첩, 테이프 녹음기처럼 낮은 기술 장치로부터 긍정적인 결과를 보여 주었으나 이러한 저차원 기술의 기억술에 한 가지 중요한 결점은 사람들이 그것을 사용하는 것을 기억해야 한다는 것이다. 따라서 전자수첩이 손상이 없는 사람들에게는 필수적인 도구가 될 수 있지만 심한 기억 손상 환자에게는 사용이 제한된다. 장치들이 좀 더 정교해짐에 따라 그들은 사용할 것을 기억하지 못하는 장애를 극복하기 위해 고안되었다.

이런 기술은 흥미진진하다. 그것은 기억해야 할 내용뿐만 아니라 그 내용에 접근할 수 있는 단서를 제공한다는 측면에서 진짜 인위적 기억이다. 앞으로 엔지니어, 컴퓨터 과학자 그리고 심리학자의 협력은 이런 적용에서 더 많은 정교화를 초래하고 심각한 뇌 손상으로 고통을 겪고 있는 수백만 명에게 더 유망한 재활 방법을 제시할 것이다.

✪ 자연적 기억의 한계

매우 극소수의 사람만이 자신의 기억 능력에 깊은 인상을 받은 것처럼 보인다. 망각에 대한 불평이 뛰어난 기억력의 성공 스토리보다 훨씬 많다. 그런 신념과 호소는 우리의 행동이 보이는 증거와 역설적인 대조를 이룬다.

대부분의 레퍼토리가 학습되면 학습된 행동의 성공적인 수행은 기억에 달려 있다. 기억은 과거 경험을 현재로 가져오는 과정이다. 그것은 종(species)에게 경험한 상황을 인식하고 그것에 적절하게 반응하는 능력을 부여하는, 이롭고 효율적인 과정이다. 이 역할에서 기억은 강력하고 정확한 것으로 간주할 수 있다. 건강한 사람들은 걷기, 언어 사용, 운전, 에티켓, 좋아하는 음식, 어제, 심지어 그 전날 한 일과 같이 그들이 학습한 일을 좀처럼 잊어버리지 않는다.

목록은 기능적으로 무한하다. 기억만큼 생존에 중요한 어떤 것이 사람들이 생각한 것처럼 변화가 심하다면 그것은 자연의 잔인한 속임수일 것이다. 그렇다면 왜 기억은 그렇게 어려운 것처럼 보이는가?

이 질문에 대한 답은 인위적 목적을 위해 자연적 기억 과정의 선임에 그 뿌리를 둔다. 과거 경험을 현재 사용할 수 있도록 하는 것이 기억의 기능이라면 적절한 반응이 현재 상황에 전달된다는 의미에서 기억의 기본 요건은 이전 경험을 인식하는 능력이다. 이런 초기 기억은 우리가 지금 조건화(conditioning) 또는 절차기억(procedural memory)이라고 부르는 요소다. 이전 경험의 의식적 재생산은 이런 기능에 필수적이지 않다. 바틀렛(Bartlett, 1932)이 언급했듯이 "끊임없이 도전적인 환경의 세계에서 문자 그대로의 회상은 별로 중요하지 않다."(p. 204)

매우 상세화된 정보의 파지가 기억의 생물학적 발달에 대한 선택적 압력은 아니다. 게티즈버그 연설, 통장 계좌의 8자리 암호, 오늘 장보기 목록 또는 로마제국이 멸망한 15가지 이유와 같은 일에 대한 기억은 자연스럽게 떠오르지 않는다. 그런 세부 사항에 대한 암기는 사람의 팔로 날 수 없는 것처럼 자연적 기억과 양립할 수 없다. 그럼에도 그런 재료에 대한 기억은 우리의 능력을 평가하는 표준인 것 같은데, 적어도 부분적으로 기술이 진보할 때마다 상세화된 정보에 대한 요구가 확대되는 것처럼 보이기 때문이다.

✪ 기억술의 가치

기억술은 기억에 관한 매일의 요구에 대처하는 한 가지 방법을 제공한다. 외부 기억술의 광범한 사용에서 볼 수 있듯이, 이러한 사실은 모든 사람에게 명백하다. 그러나 우리의 목적은 내부 기억술에 대한 관심과 가치를 되찾는 것이다.

이 책에서 우리의 목표 중 일부는 공식적인 기억술 체계에 의해 기억술이 퇴색되지 않는다는 것을 증명해 왔다. 오히려 기억술의 영역은 기초 연구를 통해 수행에 도움이 된다고 알려진 모든 기억 원칙으로 확장된다. 기억이 정말로 어떻게 작동하는지에 관한 일부 지식으로, 우리는 각자 기억술 기법이 제공하는 강력한 보조수단을 이용할 수 있다.

맥락과 상관없이 자기 생성 기억술은 장치를 개인의 욕구와 능력에 맞춘다. 소규모의 기본 원칙과 약간의 창의성만 있으면 공식적 체계만큼 강력한 기억술을 구성할 수 있다. 예를 들어, 기억에 관한 기본 사실은 우리가 주의를 기울이지 않는 한 기억할 수 없다는 것이다. 이 원칙이 분명하지만 우리는 종종 그것을 위반하고 나중에 빈약한 기억 능력에 대해 불평한다. 당신이 누군가를 처음 소개받을 때 이름 외에 어떤 것을 생각하고 있다면 그 사람의 이름을 단기적으로 기억할 확률은 감소하며, 이런 일은 빈번하게 일어난다. 단순한 기억술 전략은 소개에 반응할 때 그 사람의 이름을 의도적으로 사용하고 대화가 지속된다면 계속해서 그렇게 하는 것이다.

더 복잡한 기억술의 발달은 다양한 상황적 요인을 고려해야 한다. 우리는 2장에서 이들 중 몇 가지를 기술했다. 이러한 요인 중 어느 것도 특별히 복잡하지 않지만 그들은 미래의 검사 환경에 관한 지식을 요구한다. 예를 들면, 정보를 재인 또는 회상해야 하는가? 맥락의 세부 사항에 대해 질문할까? 아니면 맥락과 상관없는 일반적인 정보에 대해 물을까? 그런 질문에 대한 답이 예견될 수 있는 정도에 따라 기억술은 그 검사 환경에 맞춰질 것이다.

개인적 기억술을 발달시키기 위해 중요한 또 다른 정보는 기억의 기본 원칙에 관한 지식이다. 이런 원칙 중 일부는 기억에 관한 우리 경험에 기초하여 직관적이다. 예를 들어, 대부분의 사람은 심상이 기억을 촉진한다는 것을 알고 있다. 다른 원칙은 명확하지 않지만 일단 이용하면 쉽게 이해된다. 우리는 3장에서 이러한 몇 가지 기본 원칙을 기술하였다. 우리의 신념에 따르면 동기화되어 있고 최소한으로 필요한 정보를 가진 사람은 기억술을 사용해서 자신의 기억 수행을 향상시킬 수 있다.

우리는 이 책에서 우리의 노력이 기억술학을 활성화시키고 사람들이 기억술을 사용하도록 격려하며 그들이 그렇게 하도록 돕는 것이기를 희망한다.

Ⅲ 참고문헌

Allen, D. I. (1970). Some effects of *advance organizers* and level of question on the learning and retention of written social studies material. *Journal of Educational Psychology, 61,* 333-339.

Alzheimer's Association (2009). 2009 Alzheimer's facts and figures. *Alzheimer's & Dementia, 5,* 234-270.

Angell, J. R. (1908). *Psychology: An introductory study of the structure and function of human consciousness.* Chicago: Holt.

Atkinson, R. C. (1975). Mnemotechniques in second language learning. *American Psychologist, 30,* 821-828.

Atkinson, R. C., & Raugh, M. R. (1975). An application of the mnemonic keyword method to the acquisition of a Russian vocabulary. *Journal of Experimental Psychology: Human Learning and Memory, 1,* 126-133.

Atkinson, R. C., & Shiffrin, R. M. (1968). Human memory: A proposed system and its control processes. In K. W. Spence & J. T. Spence (Eds.), *The psychology of learning and motivation: Advances in theory and research* (Vol. 2). New York: Academic Press.

Ausubel, D. P. (1960). The use of *advance organizers* in the learning and retention of meaningful verbal material. *Journal of Educational Psychology, 51,* 262-267.

Baddeley, A. D. (2000). The episodic buffer: A new component of working memory. *Trends in Cognitive Science, 4,* 417-423.

Baddeley, A., & Wilson, B. A. (1994). When implicit learning fails: Amnesia and the problem of error elimination. *Neuropsychologia, 32,* 53-68.

Balch, W. R. (2005). Elaborations of introductory psychology terms: Effects of test performance and subjective ratings. *Teaching of Psychology, 32,* 29-34.

Barnett, J. E., Di Vesta, F. J., & Rogozinski, J. T. (1981). What is learned in note taking? *Journal of Educational Psychology, 73,* 181-192.

Bartlett, F. C. (1932). *Remembering: An experimental and social study.* Cambridge: Cambridge University Press.

Beaton, A. A., Gruneberg, M. M., Hyde, C., Shufflebottom, A., & Sykes, R. N. (2005). Facilitation of receptive and productive foreign vocabulary learning using the keyword method: The role of image quality. *Memory, 13,* 458-471.

Bellezza, F. S. (1996). Mnemonic methods to enhance storage and retrieval. In E. L. Bjork & R. A. Bjork (Eds.), *Memory* (pp. 345-380). San Diego, CA: Academic Press.

Bellezza, F. S., Six, L. S., & Phillips, D. S. (1992). A mnemonic for remembering long strings of digits. *Bulletin of the Psychonomic Society, 30,* 271-274.

Benedict, R. H. B., Brandt, J., & Bergey, G. (1993). An attempt at memory retraining in severe amnesia: An experimental single-case study. *Neuropsychological Rehabilitation, 3,* 37-51.

Bjork, R. A. (1994). Memory and metamemory considerations in the training of human beings. In J. Metcalfe & A. Shimamura (Eds.), *Metacognition: Knowing about knowing* (pp. 185-205). Cambridge,

MA: MIT Press.

Blaxton, T. A. (1989). Investigatind dissociations among memory measures: Support for a transfer-appropriate processing framework. *Journal of Experimental Psychology: Learning, Memory, and Cognition, 15,* 657-668.

Bloom, C. M., & Lamkin, D. M. (2006). The Olympian struggle to remember the cranial nerves: Mnemonics and student success. *Teaching of Psychology, 33,* 128-129.

Bobrow, S. A., & Bower, G. H. (1969). Comprehension and recall of sentences. *Journal of Experimental Psychology, 80,* 455-461.

Boltwood, C. E., & Blick, K. A. (1970). The delineation and application of three mnemonic techniques. *Psychonomic Science, 20,* 339-341.

Boring, E. G. (1950). *A history of experimental psychology* (2nd ed.). New York: Appleton.

Bors, D. A., & MacLeod, C. M. (1996). Individual differences in memory. In E. L. Bjork & R. A. Bjork (Eds.), *Memory* (pp. 411-441). San Diego, CA: Academic Press.

Bousefield, W. A. (1953). The occurrence of clustering in recall of randomly arranged associates. *Journal of General Psychology, 49,* 229-240.

Bower, G. H. (1970a). Analysis of a mnemonic device. *American Scientist, 58,* 496-510.

Bower, G. H. (1970b). Imagery as a relational organizer in associative memory. *Journal of Verbal Learning and Verbal Behavior, 9,* 529-533.

Bower, G. H. (1978, February). Improving memory. *Human Nature,* pp. 65-72.

Bower, G. H., & Bolton, L. S. (1969). Why are rhymes easy to learn? *Journal of Experimental Psychology, 82,* 453-461.

Bower, G. H., Clark, M. C., Lesgold, A. M., & Winzenz, D. (1969). Hierar-chical retrieval schemes in recall of categorized word lists. *Journal of Verbal Learning and Verbal Behavior, 8,* 323-343.

Bradshaw, G. L., & Anderson, J. R. (1982). Elaborative encoding as an explanation of levels of processing. *Journal of Verbal Learning and Verbal Behavior, 21,* 165-174.

Brigham, F. J., & Brigham, M. M. (1998). Using mnemonic keywords in general music classes: Music history meets cognitive psychology. *Journal of Research and Development in Education, 31,* 205-213.

Brooks, J. O., Friedman, L., & Yesavage, J. A. (2003). Use of an external mnemonic to augment the efficacy of an internal mnemonic in older adults. *International Psychogeriatrics, 15,* 59-67.

Brooks, L. R. (1967). The suppression of visualization by reading. *Quarterly Journal of Experimental Psychology, 19,* 289-299.

Brown, A. S. (1979). Priming effects in semantic memory retrieval processes. *Journal of Experimental Psychology: Human Learning and Memory, 5,* 65-77.

Brown, E., & Deffenbacher, K. (1975). Forgotten mnemonists. *Journal of the History of the Behavioral Sciences, 11,* 342-349.

Bruce, D., & Clemons, D. M. (1982). A test of the effectiveness of the phonetic (number-consonant) mnemonic system. *Human Learning, 1,* 83-93.

Bugelski, B. R. (1968). Images as mediators in one-trial paired-associate learning: II. Self-timing in successive lists. *Journal of Experimental Psychology, 77,* 328-334.

Bugelski, B. R., Kidd, E., & Segmen, J. (1968). The image as a mediator in one-trial paired-associate learning. *Journal of Experimental Psychology, 76,* 69-73.

Buonassissi, J. V., Blick, K. A., & Kibler, J. L. (1972). Evaluation of experimenter-supplied and subject-originated descriptive-story mnemonics in a free-recall task. *Psychological Reports, 30,* 648.

Burns, D. J. (1996). The bizarre imagery effect and intention to learn. *Psychonomic Bulletin and Review, 3,* 254-257.

Campos, A., Amor, A., & Gonzalez, M. A. (2004). The importance of the keyword-generation method in keyword mnemonics. *Experimental Psychology, 51,* 125-131.

Canellopoulou, M., & Richardson, J. T. E. (1998). The role of executive function in imagery mnemonics: Evidence from multiple sclerosis. *Neuropsychologia, 36,* 1181-1188.

Carlson, L., Zimmer, J. W., & Glover, J. A. (1981). First-letter mnemonics: DAM (don't aid memory). *Journal of General Psychology, 104,* 287-292.

Carney, R. N., & Levin, J. R. (1991). Mnemonic facilitation of artists and their paintings: Effects of familiarity and correspondence. *Contemporary Educational Psychology, 16,* 154-170.

Carney, R. N., & Levin, J. R. (1994). Combining mnemonic strategies to remember who painted what when. *Contemporary Educational Psychology, 19,* 323-339.

Carney, R. N., & Levin, J. R. (1998a). Coming to terms with keyword method in introductory psychology: A neuromnemonic example. *Teaching of Psychology, 25,* 132-134.

Carney, R. N., & Levin, J. R. (1998b). Do mnemonic strategies fade as time goes by? Here's looking anew! *Contemporary Educational Psychology, 23,* 276-297.

Carney, R. N., & Levin, J. R. (2000a). Fading mnemonics: Here's looking anew, again! *Contemporary Educational Psychology, 25,* 499-508.

Carney, R. N., & Levin, J. R. (2000b). Mnemonic instruction with a focus on transfer. *Journal of Educational Psychology, 92,* 783-790.

Carney, R. N., & Levin, J. R. (2003). Promoting higher-order learning benefits by building lower-order mnemonic connections. *Applied Cognitive Psychology, 17,* 563-575.

Carruthers, M. J. (1990). *The book of memory: A study of memory in medieval culture.* New York: Cambridge University Press.

Carruthers, M. J. (2002). The Hugh of St. Victor, the three best memory aids for learning history. In M. J. Carruthers & J. M. Ziolkowski (Eds.), *The medieval craft of memory: An anthology of texts and pictures* (pp. 32-40). Philadelphia: University of Pennsylvania Press.

Cavanaugh, J. C., Grady, J. G., & Perlmutter, M. (1983). Forgetting and use of memory aids in 20 to 70 year olds' everyday life. *International Journal of Aging and Human Development, 17,* 113-121.

Cermak, L. S., Verfaellie, M., Butler, T., & Jacoby, L. L. (1993). Fluency versus conscious recollection in the word completion performance of amnesic patients. *Brain and Cognition, 20,* 367-377.

Chase, W. G., & Ericsson, K. A. (1982). Skill and working memory. In G. H. Bower (Ed.), *The psychology of learning and motivation* (Vol. 16, pp. 1-58). New York: Academic Press.

Cicerone, K. D., Dahlberg, C., Kalmar, K., Langenbahn, D. M., Malec, J. F.,

Berquist, T. F., et al. (2000). Evidence-based cognitive rehabilitation: Recommendations for clinical practice. *Archives of Physical Medicine and Rehabilitation, 81,* 1596-1615.

Cicerone, K. D., Dahlberg, C., Malec, J. F., Langenbahn, D. M., Felicetti, T., Kneipp, S., et al. (2005). Evidence-based cognitive rehabilitation: Updated review of the literature from 1998 through 2002. *Archives of Physical Medicine and Rehabilitation, 86,* 1681-1692.

Cimbalo, R. S., Clark, D., & Matayev, A. I. (2003). Relating sensation seeking and the von Restorff isolation effect. *Psychological Reports, 92,* 1287-1294.

Clark, L. V. (1960). Effect of mental practice on the development of a certain motor skill. *Research Quarterly, 31,* 560-569.

Cohen, A. D. (1987). The use of verbal and imagery mnemonics in second language vocabulary learning. *Studies in Second Language Acquisition, 9,* 43-62.

Cohen, B. H. (1963). Recall of categorized word lists. *Journal of Experimental Psychology, 66,* 227-234.

Colvin, S. S. (1911). *The learning process.* New York: Macmillan.

Corkill, A. J. (1992). *Advance organizers:* Facilitators of recall. *Educational Psychology Review, 4,* 33-67.

Corkill, A. J., Bruning, R. H., & Glover, J. A. (1988). *Advance organizers:* Concrete versus abstract. *Journal of Educational Research, 82,* 76-81.

Corkill, A. J., Glover, J. A., Bruning, R. H., & Krug, D. (1988). *Advance organizers:* Retrieval context hypotheses. *Journal of Educational Psychology, 80,* 304-311.

Cornoldi, C., & De Beni, R. (1991). Memory for discourse: Loci mnemonics and the oral presentation effect. *Applied Cognitive Psychology, 5,* 511-518.

Costa, P. T., & McCrae, R. R. (1976). Age differences in personality structure: A cluster analytic approach. *Journal of Gerontology, 31,* 564-570.

Couliano, I. P. (1987). *Eros and magic in the Renaissance.* Chicago: University of Chicago Press.

Craik, F. I. M. (2006). Distinctiveness and memory: Comments and a point a view. In R. R. Hunt & J. B. Worthen (Eds.), *Distinctiveness and memory* (pp. 425-442). New York: Oxford University Press.

Craik, F. I. M., & Lockhart, R. S. (1972). Levels of processing: A framework for memory research. *Journal of Verbal Learning and Verbal Memory, 11,* 671-684.

Craik, F. I. M., & Tulving, E. (1975). Depth of processing and the retention of words in episodic memory. *Journal of Experimental Psychology: General, 104,* 268-294.

Craik, F. I. M., Winocur, G., Heather, P., Malcolm, A. B., Edwards, M., Bridges, K., et al. (2007). Cognitive rehabilitation in the elderly: Effects on memory. *Journal of the International Neurological Society, 13,* 132-142.

Crowder, R. G. (1989). Imagery for musical timbre. *Journal of Experimental Psychology: Human Perception and Performance, 15,* 472-478.

Cundus, M. M., Marshall, K. J., & Miller, S. R. (1986). Effects of the keyword mnemonic strategy on vocabulary acquisition and maintenance by learning disabled children. *Journal of Learning Disabilities, 19,* 609-613.

De Beni, R., & Cornoldi, C. (1988). Does repeated use of loci create interference? *Perceptual and Motor Skills, 67,* 415-418.

De Beni, R., Moe, A., & Cornoldi, C. (1997). Learning from texts or lectures: Loci mnemonics can interfere with reading but not with listening. *European Journal of Experimental Psychology, 9,* 401-415.

De Chardin, P. T. (1959). *The phenomenon of man.* New York: Harper & Brothers Publishers.

D'Errico, F. (2001). Memories out of mind: The archeology of the oldest memory systems. In A. Nowell (Ed.), *In the mind's eye: Multidisciplinary approaches to the evolution of human cognition.* Ann Arbor, MI: International Monographs in Prehistory.

Derwinger, A., Neely, A. S., & Bäckman, L. (2005). Design your own memory strategies! Self-generated strategy training versus mnemonic training in old age: An 8-month follow-up. *Neuropsychological Rehabilitation, 15,* 37-54.

Desrochers, A., Wieland, L. D., & Cote, M. (1991). Instructional effects in the use of the mnemonic keyword method for learning German nouns and their grammatical gender. *Applied Cognitive Psychology, 5,* 19-36.

Donaghy, S., & Williams, W. (1998). A new protocol for training severely impaired patients in the usage of memory journals. *Brain Injury, 15,* 333-347.

Dretzke, B. J. (1993). Effects of pictorial mnemonic strategy usage on prose recall of young, middle-aged, and older adults. *Educational Gerontology, 19,* 489-502.

Drevenstedt, J., & Bellezza, F. S. (1993). Memory for self-generated narration in the elderly. *Psychology and Aging, 8,* 187-196.

Dunlosky, J., Serra, M. J., & Baker, J. M. (2007). Metamemory applied. In F. Durso, R. S. Nickerson, S. T. Dumais, S. Lewandowsky, & T. J. Perfect (Eds.), *Handbook of applied cognition* (2nd ed., pp. 137-162). New York: Wiley.

Eagle, S. P. (Producer), Woolf, J. (Producer), & Huston, J. (Director). (1951). *The African queen* [Motion picture]. United States: United Artists.

Ebbinghaus, H. (1964). In H. A. Ruger & C. E. Bussenius (Trans.), *On memory: A contribution to experimental psychology.* New York: Dover. (Original work published 1885)

Einstein, G. O., & Hunt, R. R. (1980). Levels of processing and organization: Additive effects of individual-item and relational processing. *Journal of Experimental Psychology: Human Learning and Memory, 6,* 588-598.

Elliot, J. L., & Gentile, J. R. (1986). The efficacy of a mnemonic technique for learning disabled and nondisabled adolescents. *Journal of Learning Disabilities, 19,* 237-241.

Ellis, N. C., & Beaton, A. (1993). Factors affecting the learning of foreign language vocabulary: Imagery keyword mediators and phonological short-tem memory. *The Quarterly Journal of Experimental Psychology, 46A,* 533-558.

Engel, W. E. (1991). Mnemonic criticism and Renaissance literature: A manifesto. *Connotations, 1,* 12-33.

Engel, W. E. (1997). Patterns of recollections in Montaigne and Melville. *Connotations, 3,* 332-354.

Engelkamp, J. (1995). Visual imagery and enactment of actions in memory. *British Journal of Psychology, 86,* 227-240.

Engelkamp, J. (1998). *Memory for actions.* Hove, England: Psychology

Press.

Engelkamp, J., & Dehn, D. M. (2000). Item and order information in subject-performed tasks and experimenter-performed tasks. *Journal of Experimental Psychology: Learning, Memory, and Cognition, 26,* 671-682.

Epstein, W., Rock, I., & Zuckerman, C. B. (1960). Meaning and familiarity in associative learning. *Psychological Monographs, 74*(4, Whole No. 491).

Ericsson, K. A. (1985). Memory skill. *Canadian Journal of Psychology, 39,* 188-231.

Ericsson, K. A., Chase, W. G., & Falloon, S. (1980). Acquisition of memory skill. *Science, 208,* 1181-1182.

Farah, J. M., & Smith, A. F. (1983). Perceptual interference and facilitation with auditory imagery. *Perception and Psychophysics, 33,* 475-478.

Fentress, J., & Wickham, C. (1992). *Social memory.* Oxford, UK: Blackwell.

Finkel, S. I., & Yesavage, J. A. (1989). Learning mnemonics: A preliminary evaluation of a computer-aided instruction package for the elderly. *Experimental Aging Research, 15,* 199-201.

Funnel, E., & De Mornay Davies, P. (1996). JBR: A reassessment of concept familiarity and a category specific disorder for living things. *Neurocase, 2,* 461-474.

Gade, A. (1994). Imagery as an aid in amnesia patients: Effects of amnesia subtypes and severity. In M. J. Riddoch & G. W. Humphreys (Eds.), *Cognitive neuropsychology and cognitive rehabilitation* (pp. 571-589). Hillsdale, NJ: Lawrence Erlbaum.

Glidden, L. M. (1983). Semantic processing can facilitate free recall in mildly retarded adolescents. *Journal of Experimental Child Psychology, 36,* 510-532.

Glisky, E. L. (2005). Can memory impairment be effectively treated? In P. W. Halligan & D. T. Wade (Eds.), *The effectiveness of rehabilitation for cognitive deficits* (pp. 135-142). Oxford, UK: Oxford University Press.

Glisky, E. L., & Schacter, D. L. (1989). Extending the limits of complex learning in organic amnesia: Training computer related work. *Neuropsychologia, 27,* 107-120.

Glover, J. A., Krug, D., Dietzer, M., & George, B. W. (1990). "Advance" advance organizers. *Bulletin of the Psychonomic Society, 28,* 4-6.

Godfrey, H., & Knight, R. (1985). Cognitive rehabilitation of memory functioning in amnesic alcoholics. *Journal of Consulting and Clinical Psychology, 43,* 555-557.

Gordon, P., Valentine, E., & Wilding, J. (1984). One man's memory: A study of a mnemonist. *British Journal of Psychology, 75,* 1-14.

Graf, P. (1982). The memorial consequences of generation and transformation. *Journal of Verbal Learning and Verbal Behavior, 21,* 539-548.

Gratzinger, P., Sheikh, J. I., Friedman, L., & Yesavage, J. A. (1990). Cognitive interventions to improve face-name recall. *Developmental Psychology, 26,* 889-893.

Grey, R. (1730). *Memoria technica: A new method of artificial memory.* London: Charles King.

Griffith, D., & Acthkinson, T. R. (1978). Mental aptitude and mnemonic enhancement. *Bulletin of the Psychonomic Society, 12,* 347-348.

Gruneberg, M. M. (1973). The role of memorization techniques in finals examination preparation: A study of psychology students. *Educational*

Research, 15, 134-139.

Gruneberg, M. M., & Pascoe, K. (1996). The effectiveness of the keyword method for receptive and productive foreign vocabulary learning in the elderly. *Contemporary Educational Psychology, 21,* 102-109.

Halligan, P. W., & Wade, D. T. (2005). *The effectiveness of rehabilitation for cognitive deficits.* Oxford, UK: Oxford University Press.

Hay, J. F., & Jacoby, L. L. (1996). Separating habit and recollection: Memory slips, process dissociations, and probability matching. *Journal of Experimental Psychology: Learning, Memory, and Cognition, 22,* 1323-1335.

Hyes, D. S., Chemelski, B. E., & Palmer, M. (1982). Nursery *rhymes* and prose passages: Preschoolers' liking and short-term retention of story events. *Developmental Psychology, 18,* 49-56.

Henshel, R. L. (1980). The purposes of laboratory experimentation and the virtues of deliberate artificiality. *Journal of Experimental Social Psychology, 16,* 466-478.

Herrmann, D. J. (1987). Task appropriateness of mnemonic techniques. *Perceptual and Motor Skills, 64,* 171-178.

Herrmann, D. J., Geisler, F. V., & Atkinson, R. C. (1973). The serial position function for lists learned by a narrative-story mnemonic. *Bulletin of the Psychonomic Society, 2,* 377-378.

Hersh, N., & Treadgold, L. (1994). NeuroPage: The rehabilitation of dysfunction by prosthetic memory and cuing. *NeuroRehabilitation, 4,* 187-197.

Higbee, K. L. (1997). Novices, apprentices, and mnemonists: Acquiring expertisewith the phonetic mnemonic. *Applied Cognitive Psychology,*

11, 147-161.

High, W. M., Sander, A. M., Struchen, M. A., & Hart, K. A. (2005). *Rehabilitation for traumatic brain injury.* New York: Oxford University Press.

Hill, D. S. (1918). An experiment with an automatic mnemonic system. *Psychological Bulletin, 15,* 99-103.

Hill, R. D., Allen, C., & McWhorter, P. (1991). Stories as a mnemonic aid for older learners. *Psychology and Aging, 6,* 484-486.

Hunt, E., & Love, T. (1972). How good can memory be? In A. W. Melton & E. Martin (Eds.), *Coding processes in human memory* (pp. 237-250). New York: Wiley.

Hunt, R. R. (2006). The concept of distinctiveness in memory research. In R. R. Hunt & J. B. Worthen (Eds.), *Distinctiveness and memory* (pp. 3-25). New York: Oxford University Press.

Hunt, R. R. (2008). Coding processes. In H. L. Roediger, III (Ed.), *Cognitive psychology of memory.* Vol. 2 of *Learning and memory: A comprehensive reference,* 4 vols. (J. Byrne, Ed.). Oxford, UK: Elsevier.

Hunt, R. R., & Einstein, G. O. (1981). Relational and item-specific processing in memory. *Journal of Verbal Learning and Verbal Behavior, 20,* 497-514.

Hunt, R. R., & Marschark, M. (1987). Yet another picture of imagery: The role of shared and distinctive information in memory. In M. Pressley & M. McDaniel (Eds.), *Imaginal and mnemonic processes.* Berlin: Springer-Verlag.

Hunt, R. R., & McDaniel, M. A. (1993). The enigma of organization and distinctiveness. *Journal of Memory and Language, 32,* 421-445.

Hunt, R. R., & Smith, R. E. (1996). Accessing the particular from the general: The power of distinctiveness in the context of organization. *Memory and Cognition, 24,* 217-225.

Hunter, I. M. L. (1977). An exceptional memory. *British Journal of Psychology, 68,* 155-164.

Hyde, T. S., & Jenkins, J. J. (1969). Differential effects of incidental tasks on the organization of recall of a list of highly associated words. *Journal of Experimental Psychology, 82,* 472-481.

Hyde, T. S., & Jenkins, J. J. (1973). Recall for words as a function of semantic, graphic, and syntactic orienting tasks. *Journal of Verbal Learning and Verbal Behavior, 12,* 471-480.

Iaccino, J., & Byrne, J. (1989). Mental layouts of concealed objects as a function of imagery type and experimental conditions. *Bulletin of the Psychonomic Society, 27,* 402-404.

Intons-Peterson, M. J. (1992). Components of auditory imagery. In D. Reisberg (Ed.), *Auditory imagery* (pp. 45-71). Hillsdale, NJ: Lawrence Erlbaum.

Intons-Peterson, M. J., & Fournier, J. (1986). External and internal memory aids: When and how often do we use them? *Journal of Experimental Psychology: General, 115,* 267-280.

Ironsmith, M., & Lutz, J. (1996). The effects of bizarreness and self-generation on mnemonic imagery. *Journal of Mental Imagery, 20,* 113-126.

Jacoby, L. L. (1983). Remembering the data: Analyzing interactive processes in reading. *Journal of Verbal Learning and Verbal Behavior, 22,* 485-508.

Jacoby, L. L. (1991). A process dissociation framework: Separating automatic from intentional uses of memory. *Journal of Memory and*

Language, 30, 513-541.

Jacoby, L. L. (1999). Ironic effects of repetition: Measuring age-related differences in repetition. *Journal of Experimental Psychology: Learning, Memory, and Cognition, 25,* 3-22.

Jacoby, L. L., & Whitehouse, K. (1989). An illusion of memory: False recognition influenced by unconscious perception. *Journal of Experimental Psychology: General, 118,* 126-135.

James, W. (1890). *The principles of psychology.* New York: Holt.

Jamieson, D. G., & Schimpf, M. G. (1980). Self-generated images are more effective mnemonics. *Journal of Mental Imagery, 4,* 25-33.

Javawardhana, B. (1997). Free recall in the incidental learning paradigm by adults with and without severe learning difficulties. *British Journal of Developmental Disabilities, 43,* 108-121.

Jennings, J. M., & Jacoby, L. L. (2003). Improving memory in older adults: Training recollection. *Cognitive Neurorehabilitation, 13,* 417-440.

Johnson, J. L., & Hayes, D. S. (1987). Preschool children's retention of rhyming and nonrhyming text: Paraphrase and rote recitation measures. *Journal of Applied Developmental Psychology, 8,* 317-327.

Kapur, N., Glisky, E. L., & Wilson, B. A. (2002). External memory aids and computers in memory rehabilitation. In A. D. Baddeley, M. D. Koppelman & B. A. Wilson (Eds.), *Handbook of memory disorders* (2nd ed., pp. 757-783). Chichester: John Wiley.

Kaschel, R., Della Sala, S., Cantagallo, A., Fahlböck, A., Laaksonen, R., & Kazen, M. (2002). Imagery mnemonics for the rehabilitation of memory: A randomized group controlled trial. *Neuropsychological Rehabilitation, 12,* 127-153.

Keenan, J. M. (1983). Qualifications and clarifications of images of *concealed objects:* A reply to Kerr and Neisser. *Journal of Experimental Psychology: Learning, Memory, and Cognition, 9,* 220-230.

Keenan, J. M., & Moore, R. E. (1979). Memory for images of concealed objects: A reexamination of Neisser and Kerr. *Journal of Experimental Psychology: Learning, Memory, and Cognition, 5,* 374-385.

Kerr, N. H., & Neisser, U. (1983). Mental images of concealed objects. *Journal of Experimental Psychology: Learning, Memory, and Cognition, 9,* 212-221.

Kerr, N. H., & Winograd, E. (1982). Effects of contextual elaboration on face recognition. *Memory and Cognition, 10,* 603-609.

Khan, M., & Paivio, A. (1988). Memory for schematic and categorical information: A replication and extension of Rabinowitz and Mandler (1983). *Journal of Experimental Psychology: Learning, Memory, and Cognition, 14,* 558-561.

Kilgour, A. R., Jakobson, L. S., & Cuddy, L. L. (2000). Music training and rate of presentation as mediators of text and song recall. *Memory and Cognition, 28,* 700-710.

Kinneavy, J. L. (1990). Contemporary rhetoric. In W. B. Horner (Ed.), *The present state of scholarship in historical and contemporary rhetoric.* Columbia: University of Missouri Press.

Kolers, P. A. (1979). A pattern analyzing basis of recognition. In L. S. Cermak & F. I. M. Craik (Eds.), *Levels of processing in human memory* (pp. 363-384). Hillsdale, NJ: Lawrence Erlbaum.

Kolers, P. A., & Perkins, D. N. (1975). Spatial and ordinal components of form perception and literacy. *Cognitive Psychology, 7,* 228-267.

Konopak, B. C., & Williams, N. L. (1988). Eighth graders' use of mnemonic imagery in recalling science content information. *Reading Psychology: An International Quarterly, 9,* 232-250.

Kovar, S. K., & Van Pelt, C. (1991). Using first-letter mnemonic to improve basketball set-shot. *Perceptual and Motor Skills, 72,* 1383-1390.

Krinsky, R., & Krinsky, S. G. (1994). The peg-word mnemonic immediate but not long-term memory in fifth-grade children. *Contemporary Educational Psychology, 19,* 217-229.

Krinsky, R., & Krinsky, S. G. (1996). Pegword mnemonic instruction: Retrieval times and long-term memory performance among fifth-grade children. *Contemproary Educational Psychology, 21,* 193-207.

Kroll, N. E. A., & Tu, S. F. (1988). The bizarre mnemonic. *Psychological Research/Psychologische Forschung, 50,* 28-37.

Kubler-Ross, E. (1969). *On death and dying.* New York: Simon & Schuster.

Kuo, M. L. A., & Hooper, S. (2004). The effects of visual and verbal coding mnemonics on learning Chinese characters in computer-based instruction. *Educational Technology Research and Development, 52,* 23-38.

Kyllonen, P. C., Tirre, W. C., & Christal, R. E. (1991). Knowledge and processing speed as determinants of associative learning. *Journal of Experimental Psychology: General, 120,* 57-79.

Lachman, R., Lachman, J., & Butterfield, E. C. (1979). *Cognitive psychology and information processing: An introduction.* Hillsdale, NJ: Lawrence Erlbaum.

Lang, V. A. (1995). Relative association, interactiveness, and the bizarre imagery effect. *American Journal of Psychology, 108,* 13-35.

Langan-Fox, J., Platania-Phung, C., & Waycott, J. (2006). Effects of *advance organizers*, mental models and abilities on task and recall performance using a mobile phone network. *Applied Cognitive Psychology, 20,* 1143-1165.

Leopold, A. (1949). *A Sand County almanac.* New York: Oxford University Press.

Levin, J. R., Levin, M. E., Glasman, L. D., & Nordwall, M. B. (1992). Mnemonic vocabulary instruction: Additional effectiveness evidence. *Contemporary Educational Psychology, 17,* 156-174.

Levin, J. R., Morrison, C. R., McGivern, J. E., Mastropieri, M. A., & Scruggs, T. E. (1986). Mnemonic facilitation of text-embedded science facts. *American Educational Research Journal, 23,* 489-506.

Lewis, M. Q (1971). Categorized lists and cued recall. *Journal of Experimental Psychology, 87,* 129-131.

Liberty, C., & Ornstein, P. A. (1973). Age differences in organization and recall: The effects of training categorization. *Journal of Experimental Child Psychology, 15,* 169-186.

Loftus, E. F. (1979). *Eyewitness testimony.* Cambridge, MA: Harvard University Press.

Loftus, E. F. (1993). The reality of repressed memories. *American Psychologist, 48,* 518-537.

Long, T. E., Cameron, K. A., Harju, B. L., et al. (1999). Women and middle-aged individuals report using more prospective memory aids. *Psychological Reports, 85,* 1139-1153.

Lorayne, H. (1957). *How to develop a super-power memory.* Hollywood, FL: Fell.

Luria, A. R. (1968). *The mind of a mnemonist.* New York: Basic Books.

Machida, K., & Carlson, J. (1984). Effects of verbal mediation strategy on cognitive processes in mathematics learning. *Journal of Educational Psychology, 76,* 1382-1385.

Manning, B. A., & Bruning, R. H. (1975). Interactive effects of mnemonic techniques and word-list characteristics. *Psychological Reports, 36,* 727-736.

Marschark, M., & Hunt, R. R. (1989). A re-examination of the role of imagery in learning and memory. *Journal of Experimental Psychology: Learning, Memory and Cognition, 15,* 710-720.

Marshall, P. H., Nau, K., & Chandler, C. K. (1979). A structural analysis of common and bizarre visual mediators. *Bulletin of the Psychonomic Society, 14,* 103-105.

Massen, C., & Vaterrodt-Plunnecke, B. (2006). The role of proactive interference in mnemonic techniques. *Memory, 14,* 189-196.

Mastropieri, M. A., Scruggs, T. E., & Fulk, B. M. (1990). Teaching abstract vocabulary with the keyword method: Effects on recall and comprehension. *Journal of Learning Disabilities, 23,* 92-96.

May, J. E., & Clayton, K. N. (1973). Imaginal processes during the attempt to recall names. *Journal of Verbal Learning and Verbal Behavior, 12,* 683-688.

Mayer, R. E. (2003). Memory and information processes. In W. M. Reynolds & G. E. Miller (Eds.), *Handbook of psychology: Educational psychology*(Vol. 7, pp. 47-57). Hoboken, NJ: John Wiley and Sons.

McAllister, H. A., Bearden, J. N., Kohlmaier, J. R., & Warner, M. D. (1997). Computerized mug books: Does adding multimedia help? *Journal of*

Applied Psychology, 82, 688-698.

McDaniel, M. A., DeLosh, E. L., & Merritt, P. S. (2000). Order information and retrieval distinctiveness: Recall of common versus bizarre material. *Journal of Experimental Psychology: Learning, Memory, and Cognition, 26,* 1045-1056.

McDaniel, M. A., & Einstein, G. O. (1986). Bizarreness as an effective memory aid: The importance of distinctiveness. *Journal of Experimental Psychology: Learning, Memory, and Cognition, 12,* 54-65.

McDaniel, M. A., & Einstein, G. O. (1993). The importance of cue familiarity and cue distinctiveness in prospective memory. *Memory, 1,* 23-41.

McDaniel, M. A., Einstein, G. O., DeLosh, E. L., May, C. P., & Brady, P. (1995). The bizarreness effect: It's not surprising, it's complex. *Journal of Experimental Psychology: Learning, Memory, and Cognition, 21,* 422-435.

McGeoch, J. A., & McDonald, W. T. (1931). Meaningful relation and retro-active inhibition. *American Journal of Psychology, 43,* 579-588.

McKinlay, W. W. (1992). Achieving generalization in memory training. *Brain Injury, 6,* 107-108.

Merriam-Webster Collegiate Dictionary. (2007). Springfield, MA: Merriam-Webster.

Middleton, D. K., Lambert, M. J., & Seggar, L. B. (1991). Neuropsychological rehabilitation: Microcomputer assisted treatment of brain-injured adults. *Perceptual and Motor Skills, 72,* 527-530.

Miller, G. A. (1956). The magical number seven plus or minus two: Some limits on our capacity for processing information. *Psychological Review, 63,* 81-97.

Moe, A., & De Beni, R. (2004). Studying passages with the loci method: Are subject-generated more effective than experimenter-supplied loci pathways? *Journal of Mental Imagery, 28,* 75-86.

Moe, A., & De Beni, R. (2005). Stressing the efficacy of the loci method: Oral presentation and the subject-generation of the loci pathway with expository passages. *Applied Cognitive Psychology, 19,* 95-106.

Mohr, G., Engelkamp, J., & Zimmer, H. D. (1989). Recall and recognition of self-performed acts. *Psychological Research/Psychologische Forschung, 51,* 181-187.

Morris, C. D., Bransford, J. D., & Franks, J. J. (1977). Levels of processing versus test-appropriate strategies. *Journal of Verbal Learning and Verbal Behavior, 16,* 519-533.

Morris, P. E., & Greer, P. J. (1983). The effectiveness of the *phonetic mnemonic* system. *Human Learning: Journal of Practical Research and Applications, 3,* 137-142.

Morris, P. E., & Reid, R. L. (1970). The repeated use of mnemonic imagery. *Psychonomic Science, 20,* 337-338.

Moss, B. J., Worthen, J. B., Haydel, L. A., Mac Mahon, B. D., & Savoy, S. C. (2008). Relationships between personality variables and bizarreness effects in free recall. *American Journal of Psychology, 121,* 175-188.

Mumford, C., & Hall, C. (1985). Effects of internal and external imagery on performing figures in figure skating. *Journal of Applied Sport Psychology, 10,* 171-177.

Murphy, S. M. (1990). Models of imagery in sport psychology: A review. *Journal of Mental Imagery, 14,* 153-172.

Nakamura, G. V., Kleiber, B. A., & Kim, K. (1992). Categories, propositional representations, and schemas: Test of a structural hypothesis. *American Journal of Psychology, 105,* 575-590.

National Institute on Aging (1998). NIA's progress report on Alzheimer's disease.

Neisser, U., & Kerr, N. (1973). Spatial and mnemonic properties of visual images. *Cognitive Psychology, 5,* 138-150.

O'Brien, E. J., & Wolford, C. R. (1982). Effect of delay in testing on retention of plausible versus bizarre mental images. *Journal of Experimental Psychology: Learning, Memory, and Cognition, 8,* 148-152.

Ong, W. J. (2002). *Orality and literacy: The technologizing of the word* (2nd ed.). New York: Routledge.

Owensworth, L., & MacFarland, K. (1999). Memory remediation in long-term acquired brain injury: Two approaches in diary training. *Brain Injury, 13,* 605-626.

Packman, J. L., & Battig, W. F. (1978). Effects of different kinds of semantic processing on memory for words. *Memory and Cognition, 6,* 502-508.

Paivio, A. (1969). Mental imagery in associative learning and memory. *Psychological Review, 76,* 241-263.

Paivio, A. (1971). *Imagery and verbal processes.* New York: Holt, Rinehart, and Winston.

Paivio, A. (1991). Dual coding theory: Retrospect and current status. *Canadian Journal of Psychology, 45,* 255-287.

Paivio, A., & Desrochers, A. (1981). Mnemonic techniques in second language learning. *Journal of Educational Psychology, 73,* 780-795.

Parenté, R., & Herrmann, D. (2003). *Retraining cognition: Techniques and applications.* Austin, TX: PRO-ED.

Parenté, R., & Stapleton, M. (1993). An empowerment model of memory training. *Applied Cognitive Psychology, 7,* 585-602.

Park, D. C., Smith, A. D., & Cavanaugh, J. C. (1990). Metamemories of memory researchers. *Memory and Cognition, 18,* 321-327.

Pashler, H., Rohrer, D., Cepeda, N. J., & Carpenter, S. K. (2007). Enhancing learning and retarding forgetting: Choices and consequences. *Psychonomic Bulletin and Review, 14,* 187-193.

Patton, G. W. (1986). The effect of the *phonetic mnemonic* system on memory for numeric material. *Human Learning: Journal of Practical Research and Applications, 5,* 21-28.

Patton, G. W., D'Agaro, W. R., & Gaudette, M. D. (1991). The effect of subject-generated and experimenter-supplied code words on the phonetic mnemonic system. *Applied Cognitive Psychology, 5,* 135-148.

Patton, G. W., & Lanzy, P. D. (1987). Testing the limits of the phonetic mnemonic system. *Applied Cognitive Psychology, 1,* 263-271.

Peterson, L. R., & Peterson, M. J. (1959). Short-term retention of individual verbal items. *Journal of Experimental Psychology, 58,* 193-198.

Piaget, J. (1928). *Judgment and reasoning in the child.* New York: Harcourt Brace.

Pressley, M., Levin, J. R., & Miller, G. E. (1981). The keyword methods and children's learning of foreign words with abstract meanings. *Canadian Journal of Psychology, 35,* 283-287.

Pyc, M. A., & Rawson, K. A. (2009). Testing the retrieval effort hypothesis: Does greater difficulty correctly recalling information lead to higher levels of memory? *Journal of Memory and Language, 60,* 437-447.

Raugh, M. R., & Atkinson, R. C. (1975). A mnemonic method for learning a second-language vocabulary. *Journal of Educational Psychology, 67*, 1-16.

Rawson, K. A., & Van Overschelde, J. P. (2008). How does knowledge promote memory? The distinctiveness theory of skilled memory. *Journal of Memory and Language, 58,* 646-658.

Reason, J. T., & Lucas, D. (1984). Using cognitive diaries to investigate naturally occurring memory blocks. In J. E. Harris & P. E. Morris (Eds.), *Everyday memory errors, actions, and absentmindedness* (pp. 53-70). London: Academic Press.

Reddy, B. G., & Bellezza, F. S. (1986). Interference between mnemonic and categorical organization in memory. *Bulletin of the Psychonomic Society, 24,* 169-171.

Rees, L., Marshall, S., Hartridge, C., Mackie, D., & Weiser, M., for the ERABI Group. (2007). Cognitive interventions post acquired brain injury. *Brain Injury, 21,* 161-200.

Resnick, L. B. (1981). Instructional psychology. *Annual Review of Psychology, 32,* 659-704.

Richardson, J. T. E. (1978). Reported mediators and individual differences in mental imagery. *Memory and Cognition, 6,* 376-378.

Richardson, J. T. E. (1995). The efficacy of imagery mnemonics in memory remediation. *Neuropsychologia, 33,* 1345-1357.

Roediger, H. L. (1980). The effectiveness of four mnemonics in ordering recall. *Journal of Experimental Psychology: Human Learning and Memory, 6,* 558-567.

Roediger, H. L., & Karpicke, J. D. (2007). The power of testing memory: Basic research and implications for educational practice. *Perspectives* on *Psychological Science, 1,* 181-211.

Roediger, H. L., III, & McDermott, K. B. (1995). Creating false memories: Remembering words not presented in lists. *Journal of Experimental Psychology: Learning, Memory, and Cognition, 21,* 803-814.

Roediger, H. L., Stellon, C. C., & Tulving, E. (1977). Inhibition from part-list cues and rate of recall. *Journal of Experimental Psychology: Human Learning and Memory, 3,* 174-188.

Rogers, T. B., Kuiper, N. A., & Kirker, W. S. (1977). Self reference and the encoding of personal information. *Journal of Personality and Social Psychology, 35,* 677-688.

Rohling, M. L., Faust, M. E., Beverly, B., & Demakis, G. (2009). Effectiveness of cognitive rehabilitation following acquired brain injury: A meta-analytic re-examination of Cicerone et al.'s (2000, 2005) systematic reviews. *Neuropsychology, 23,* 20-39.

Rönnlund, M., Nyberberg, L., Bäckman, L., & Nilsson, L. G. (2005). Stability, growth, and decline in adult life span development of declarative memory: Cross-sectional and longitudinal data from a population-based study. *Psychology and Aging, 20,* 3-18.

Rosenheck, M. B., Levin, M. E., & Levin, J. R. (1989). Learning botany concepts mnemonically: Seeing the forest and the trees. *Journal of Educational Psychology, 81*(2), 196-203.

Rubin, D. C. (1995). *Memory in oral traditions: The cognitive psychology of epic, ballads, and counting-out rhymes.* New York: Oxford University Press.

Rubin, D. C., & Wallace, W. T. (1989). Rhyme and reason: Analyses of dual retrieval cues. *Journal of Experimental Psychology: Learning, Memory,* and Cognition, 24, 698-709.

Ryan, D., Blakeslee, T., & Furst, D. (1986). Mental practice and motor skill learning: An indirect test of the neuromuscular feedback hypothesis. International Journal of Sport Psychology, 17, 60-70.

Schacter, D., & Tulving, E. (1994). What are the memory systems of 1994? In D. Schacter & E. Tulving (Eds.), Memory systems. Cambridge, MA: MIT Press.

Schacter, D. L., Wagner, A. D., & Buckner, R. L. (2000). Memory systems of 1999. In E. Tulving & F. I. M. Craik (Eds.), The Oxford handbook of memory. New York: Oxford University Press.

Schacter, D. S., & Wiseman, A. L. (2006). Reducing memory errors: The distinctiveness heuristic. In R. R. Hunt & J. B. Worthen (Eds.), Distinctiveness and memory (pp. 89-107). New York: Oxford University Press.

Schultz, D. P., & Schultz, S. E. (1992). A history of modern psychology (5th ed.). Orlando, FL: Harcourt Brace.

Sellen, A. J. (1994). Detection of everyday errors. Applied Psychology: An International Review, 43, 475-498.

Slamecka, N. J. (1985). Ebbinghaus: Some associations. Journal of Experimental Psychology: Learning, Memory, and Cognition, 11, 414-435.

Slamecka, N. J., & Graf, P. (1978). The generation effect: Delineation of a phenomenon. Journal of Experimental Psychology: Human Learning and Memory, 4, 592-604.

Sohlberg, M. M. (2005). External aids for management of memory impairment. In W. M. High, A. M. Sander, M. A. Struchen, & K. A. Hart (Eds.), Rehabilitation for traumatic brain injury (pp. 41-71). New

York: Oxford University Press.

Soler, M. J., & Ruiz, J. C. (1996). The spontaneous use of memory aids at different educational levels. *Applied Cognitive Psychology, 10,* 41-51.

Solso, R. L., & Biersdorff, K. K. (1975). *Recall* under conditions of cumulative cues. *Journal of General Psychology, 93,* 233-246.

Stalder, D. R. (2005). Learning and motivational benefits of acronym use in introductory psychology. *Teaching of Psychology, 32,* 222-228.

Stallings, S. L., & Derry, S. J. (1986). Can an *advance organizer* technique compensate for poor reading conditions? *Journal of Experimental Education, 54,* 217-222.

Sweeney, C. A., & Bellezza, F. S. (1982). Use of keyword mnemonics in learning English vocabulary. *Human Learning, 1,* 155-163.

Tanner, W. P., & Swets, J. A. (1954). A decision-making theory of visual detection. *Psychological Review, 61,* 401-409.

Thomas, M. H., & Wang, A. Y. (1996). Learning by the keyword mnemonic: Looking for long-term benefits. *Journal of Experimental Psychology: Applied, 2,* 330-342.

Thompson, C. P., Cowan, T. M., & Frieman, J. (1993). *Memory search by a memorist.* Hillsdale, NJ: Lawrence Erlbaum.

Thompson, D. N. (1998). Using *advance organizers* to facilitate reading comprehension among older adults. *Educational Gerontology, 24,* 625-638.

Thomson, D. L., & Tulving, E. (1970). Associative encoding and retrieval: Weak and strong cues. *Journal of Experimental Psychology, 86,* 255-262.

Thorndike, E. L. (1907). *The elements of psychology* (2nd ed.). New York:

A. G. Seiler.

Thorndike, E. L. (1911). *Animal intelligence.* New York: Macmillan.

Thurman, D. J., Alverson, C., Dunn, K. A., Guerrero, J., & Sniezek, J. E. (1999). Traumatic brain injury in the United States: A public health perspective. *Journal of Head Trauma Rehabilitation, 14,* 602-615.

Tinti, C., Cornoldi, C., & Marschark, M. (1997). Modality-specific auditory imaging and the interactive imagery effect. *European Journal of Cognitive Psychology, 9,* 417-436.

Toth, J. P., Daniels, K. A., & Jacoby, L. L. (2005). *Art Dealer: A computer game for enhancing cognition in older adults.* Unpublished manuscript, available from Jeffrey P. Toth, tothj@uncw.edu.

Troutt-Ervin, E. d. (1990). Application of keyword mnemonics to learning terminology in the college classroom. *Journal of Experimental Education, 59,* 31-41.

Tulving, E. (1962). Subjective organization in free recall of "unrelated" words. *Psychological Review, 69,* 344-354.

Tulving, E. (1972). Episodic and semantic memory. In E. Tulving & W. Donaldson (Eds.), *Organization of memory.* New York: Academic Press.

Tulving, E. (1983). *Elements of episodic memory.* Oxford, UK: Oxford University Press.

Tulving, E. (1985). How many memory systems are there? *American Psychologist, 40,* 385-398.

Tulving, E., & Pearlstone, Z. (1966). Availability versus accessibility of information in memory for words. *Journal of Verbal Learning and Verbal Behavior, 5,* 381-391.

Tulving, E., & Thomson, D. M. (1973). Encoding specificity and retrieval processes in episodic memory. *Psychological Review, 80,* 352-373.

Van Dam, G., Brinkerink-Carlier, M., & Kok, I. (1985). The influence of embellishment and prequestions on free recall of a text. *Journal of General Psychology, 112,* 211-219.

Van Den Broek, M. D., Downes, J., Johnson, Z., et al. (2000). Evaluation of an electronic memory aid in the neuropsychological rehabilitation of prospective memory deficits. *Brain Injury, 14,* 455-462.

Van Hell, J. G., & Mahn, A. C. (1997). Keyword mnemonics versus rote rehearsal: Learning concrete and abstract foreign words by experienced and inexperienced learners. *Language Learning, 47,* 507-546.

Van Overschelde, J. P., Rawson, K. A., Dunlosky, J., & Hunt, R. R. (2005). Distinctive processing underlies skilled memory. *Psychological Science, 16,* 358-361.

Veit, D. T., Scruggs, T. E., & Mastropieri, M. A. (1986). Extended mnemonic instruction with learning disabled students. *Journal of Educational Psychology, 78,* 300-308.

Verhaeghen, P., Marcoen, A., & Goossens, L. (1992). Improving memory performance in the aged through mnemonic training: A meta-analytic study. *Psychology and Aging, 7,* 242-251.

Viertel, P. (1953). *White hunter, black heart.* New York: Doubleday.

Waddill, P. J., & McDaniel, M. A. (1998). Distinctiveness effects in recall: Differential processing or privileged retrieval? *Memory and Cognition, 26,* 108-120.

Wade, D. T. (2005). Applying the WHO ICF framework to the rehabilitation of patients with cognitive deficits. In P. W. Hallign & D. T. Wade

(Eds.), *The effectiveness of rehabilitation for cognitive deficits* (pp. 31-42). Oxford, UK: Oxford University Press.

Waite, C. J., Blick, K. A., & Boltwood, C. E. (1971). Prior usage to the first-letter technique. *Psychological Reports, 29,* 630.

Wallace, W. T. (1994). Memory for music: effect of melody on recall of text. *Journal of Experimental Psychology: Learning, Memory, and Cognition, 20,* 1471-1485.

Wallace, W. T., & Rubin, D. C. (1988). Memory of a ballad singer. In M. M. Gruneberg, P. E. Morris, & R. N. Sykes (Eds.), *Practical aspects of memory: Current research and issues, Vol. 1: Memory in everyday life* (pp. 257-262). Oxford, UK: Wiley & Sons.

Wallace, W. T., & Rubin, D. C. (1991). Characteristics and constraints in ballads and their effects on memory. *Discourse Processes, 14,* 181-202.

Wang, A. Y. (1983). Individual differences in learning speed. *Journal of Experimental Psychology: Learning, Memory, and Cognition, 9,* 300-311.

Wang, A. Y., & Thomas, M. H. (1992). The effect of imagery-based mnemonics on long-term retention of Chinese characters. *Language Learning, 42,* 359-376.

Wang, A. Y., & Thomas, M. H. (1995). The effect of keywords on long-term retention: Help or hindrance? *Journal of Educational Psychology, 87,* 468-475.

Wang, A. Y., & Thomas, M. H. (2000). Looking for long-term effects on serial recall: The legacy of Simonides. *American Journal of Psychology, 113,* 331-340.

Wang, A. Y., Thomas, M. H., Inzana, C. M., & Primicerio, L. J. (1993).

Long-term retention under conditions of intentional learning and the keyword mnemonic. *Bulletin of the Psychonomic Society, 31,* 545-547.

Wang, A. Y., Thomas, M. H., & Ouellette, J. A. (1992). Keyword mnemonic and retention of second-language vocabulary words. *Journal of Educational Psychology, 84,* 520-528.

Watson, J. B. (1914). *Behavior: An introduction to comparative psychology.* New York: Holt.

White, K. D., Ashton, R., & Lewis, S. (1979). Learning a complex skill: Effects of mental practice, physical practice, and imagery ability. *International Journal of Sport Psychology, 10,* 71-78.

Wilding, J., & Valentine, E. (1985). One man's memory for prose, faces, and names. *British Journal of Psychology, 76,* 215-219.

Wilding, J., & Valentine, E. (1991). Superior memory ability. In J. Weinman & J. Hunter (Eds.), *Memory: Neurochemical and abnormal perspectives* (pp. 209-228). New York: Harwood.

Wilding, J., & Valentine, E. (1994). Memory champions. *British Journal of Psychology, 85,* 231-244.

Wilding, J., & Valentine, E. (1997). *Superior memory.* Hove, England: Psychology Press.

Wilding, J. M., & Valentine, E. R. (2006). Exceptional memory. In K. S. Ericsson, N. Charness, P. J. Feltovich, & R. R. Hoffman (Eds.), *The Cambridge handbook of expertise and expert performance.* New York: Cambridge University Press.

Wilson, B. A. (1995). Management and remediation of memory problems in brain-injured adults. In A. D. Baddeley, B. A. Wilson, & F. N. Watts

(Eds.), *Handbook of memory disorders* (pp. 451-479). Chichester, England: Wiley.

Wilson, B. A. (2005). Management and remediation of memory problems in brain-injured adults. In A. Baddeley, M. Kopelman, & B. Wilson (Eds.), *The essential handbook of memory disorders for clinicians.* West Sussex, England: John Wiley.

Wilson, B. A. (2007). Cognitive rehabilitation. In F. Durso (Ed.), *Handbook of applied cognition* (2nd ed., pp. 585-604). West Sussex, England: John Wiley.

Wilson, B. A., Baddeley, A., Evans, J., & Shiel, A. (1994). Errorless learning in rehabilitation of memory impaired people. *Neuropsychological Rehabilitation, 4,* 307-326.

Wilson, B. A., Baddeley, A. D., & Kapur, N. (1995). Dense amnesia in a professional musician following Herbes simplex virus encephalitis. *Journal of Clinical and Experimental Psychology, 17,* 668-681.

Wilson, B. A., Emslie, H. C., Quirk, K., & Evans, J. (2001). Reducing everyday memory and planning problems by means of a paging system: A randomized crossover study. *Journal of Neurology, Neurosurgery, and Psychiatry, 70,* 477-482.

Wilson, B. A., Herbert, C. M., & Shiel, A. (2003). *Behavioral approaches in neuropsychological rehabilitation: Optimizing rehabilitation procedures.* Hove, England: Psychology Press.

Wilson, B. A., J. C., & Hughes, E. (1997). Coping with amnesia: The natural history of a compensatory memory system. In A. J. Parkin (Ed.), *Case studies in the neuropsychology of memory* (pp. 179-190). Hove, England: Psychology Press/Lawrence Erlbaum.

Winnick, W. A., & Brody, N. (1984). Auditory and visual imagery in free recall. *Journal of Psychology, 118,* 17-29.

Wollen, K. A., & Cox, S. (1981). Sentence cuing and the effectiveness of bizarre imagery. *Journal of Experimental Psychology: Human Learning and Memory, 7,* 386-392.

Wollen, K. A., & Margres, M. G. (1987). Bizarreness and the imagery multiprocess model. In M. A. McDaniel & M. Pressley (Eds.), *Imagery and related mnemonic processes: Theories, individual differences and applications* (pp. 103-127). New York: Springer-Verlag.

Wong, M. R. (1974). Additive effects of advance organizers. *Journal of Structural Learning, 4,* 165-173.

Wood, L. E., & Pratt, J. D. (1987). Pegword mnemonic as an aid to memory in the elderly: A comparison of four age groups. *Educational Gerontology, 13,* 325-339.

World Health Organization. (2001). *The international classification of functioning, disability, and health (ICF).* Geneva: Author.

Worthen, J. B. (2006). Resolution of discrepant memory strengths: An explanation of the effects of bizarreness on memory. In R. R. Hunt & J. B. Worthen (Eds.), *Distinctiveness and memory* (pp. 133-156). New York: Oxford University Press.

Worthen, J. B., Fontenelle, S. F., Deschamps, J. D., & Foreman, E. (2008, November). *Limitations of second-language instruction using the keyword method.* Paper presented at the 48th annual meeting of the Psychonomic Society, Chicago.

Worthen, J. B., Garcia-Rivas, G., Green, C. R., & Vidos, R. A. (2000). Tests of a cognitive resource allocation account of the bizarreness effect.

Journal of General Psychology, 127, 117-144.

Worthen, J. B., & Hunt, R. R. (2008). Mnemonics: Underlying processes and practical applications. In H. L. Roediger, III (Ed.), *Cognitive psychology of memory.* Vol. 2 of *Learning and memory: A comprehensive reference,* 4 vols. (J. Byrne, Ed.). Oxford, UK: Elsevier.

Worthen, J. B., & Loveland, J. M. (2003). Disruptive effects of bizarreness in free and cued recall of self-performed and other-performed acts: The costs of item-specific processing. In S. P. Shohov (Ed.), *Advances in psychology research* (Vol. 24, pp. 3-17). Hauppauge, NY: Nova Science.

Wynn, T., & Coolidge, F. L. (2003). The role of working memory in the evolution of managed foraging. *Before Farming, 2,* 1-16.

Wynn, T., & Coolidge, F. L. (2008). A stone-age meeting of minds. *American Scientist, 96,* 44-51.

Yarmey, A. D. (1984). Bizarreness effects in mental imagery. In A. A. Sheikh (Ed.), *International review of mental imagery* (Vol. 1, pp. 57-76). New York: Human Sciences Press.

Yates, F. A. (1966). *The art of memory.* London: Routledge & Kegan Paul.

Yeo, R. (2004). John Locke's "new method" of commonplacing: Managing memory and information. *Eighteenth-Century Thought, 2,* 1-38.

Yoshimura, E. K., Moely, B. E., & Shapiro, S. I. (1971). The influence of age and presentation order upon children's free recall and learning to learn. *Psychonomic Science, 23,* 261-263.

Young, R. K. (1985). Ebbinghaus: Some consequences. *Journal of Experimental Psychology: Learning, Memory, and Cognition, 11,* 491-495.

Ziegler, S. G. (1987). Comparison of imagery styles and past experience in skill performance. *Perceptual and Motor Skills, 64,* 579-586.

Zoller, C. L., Workman, J. S., & Kroll, N. E. A. (1989). The bizarre mnemonic: The effect of retention interval and mode of presentation. *Bulletin of the Psychonomic Society, 27,* 215-218.

ⓜ 찾아보기

저자소개

▶ 제임스 워던(James B. Worthen)

미국 텍사스 테크 대학교에서 실험심리학으로 박사학위를 받았다. 미시건 공과대학교와 브라운스빌에 있는 텍사스 대학교를 거쳐 현재는 사우스 이스턴 루이지애나 대학교 교수로 재직 중이며, 예술, 인문 및 사회과학 대학의 부학장을 맡고 있다. 괴이성과 특이성의 기억술 효과에 관한 연구에 매진하고 있다.

▶ 리드 헌트(R. Reed Hunt)

미국 뉴멕시코 대학교에서 실험심리학으로 박사학위를 받았다. 다트머스 대학교, 퍼먼 대학교, 그린즈버러에 있는 노스캐롤라이나 대학교에서 강의하였고, 현재는 샌안토니오의 텍사스 대학교에서 교수로 재직 중이다. 인간의 기억에 관한 연구에 관심을 가지고 있으며, 현재 『기억(Memory)』과 『실험 심리학: 학습, 기억 및 인지(The Journal of Experimental Psychology: Learning, Memory, and Cognition)』의 부편집장을 맡고 있다.

역자소개

▶ **이재호**(Lee Jaeho)

중앙대학교 문리과대학 심리학과를 졸업하고, 고려대학교 대학원에서 실험심리학으로 석사와 박사 학위를 받았다. 고려대학교 행동과학연구소 연구위원을 지냈고, 성균관대학교 사회과학대학에서 책임연구원을 지내는 동안 중앙대학교 심리학과에서 겸임교수를 역임하였다. 현재는 계명대학교 심리학과에 재직하고 있다. 주요 관심 분야는 언어, 인지, 문화, 지식 표상이며, 저 · 역서로는 『인지심리학의 제문제 II: 언어와 인지』(공저, 학지사, 1998), 『언어와 사고』(공역, 학지사, 2007), 『현대 심리학 이해』(2판, 공저, 학지사, 2008), 『인지심리학』(3판, 공저, 학지사, 2009) 등이 있다.

▶ **최윤경**(Choi Yoonkyung)

고려대학교 문과대학 심리학과를 졸업하고 고려대학교 대학원에서 임상심리학으로 석사와 박사 학위를 받았다. 고려대학교 의료원에서 임상심리 레지던트 과정을 이수하였고, 고려대학교 의료원 정신과에서 임상심리전문가를 역임하였다. 현재 계명대학교 심리학과에 재직하고 있다. 주요 관심 분야는 기억, 외상 후 스트레스 장애, 외상 후 성장, 인지행동치료이며, 저 · 역서로는 『트라우마의 치유』(공역, 학지사, 2010), 『최신 심리평가』(공저, 하나의학사, 2010), 『재난과 외상의 심리적 응급처치』(2판, 공저, 학지사, 2014) 등이 있다.

니모놀로지-기억 전략의 심리학-

Mnemonology: Mnemonics for the 21st Century

2014년 5월 20일 1판 1쇄 인쇄
2014년 5월 30일 1판 1쇄 발행

지은이 • James B. Worthen · R. Reed Hunt
옮긴이 • 이재호 · 최윤경
펴낸이 • 김진환
펴낸곳 • (주) **학지사**

121-838 서울특별시 마포구 양화로 15길 20 마인드월드빌딩
대표전화 • 02-330-5114   팩스 • 02-324-2345
등록번호 • 제313-2006-000265호

홈페이지 • http://www.hakjisa.co.kr
커뮤니티 • http://cafe.naver.com/hakjisa

ISBN 978-89-997-0150-4 93180
Korean Translation Copyright ⓒ 2014 by Hakjisa Publisher, Inc.

정가 13,000원

인터넷 학술논문 원문 서비스 뉴논문 www.newnonmun.com

이 도서의 국립중앙도서관 출판시도서목록(CIP)은 서지정보유통지원
시스템 홈페이지(http://seoji.nl.go.kr)와 국가자료공동목록시스템
(http://www.nl.go.kr/kolisnet)에서 이용하실 수 있습니다.
(CIP 제어번호: CIP2014015517)